全国职业院校汽车类专业工作手册式新形态教材

附微课视频

汽车发动机机械系统拆装与修理

中德诺浩（北京）教育科技股份有限公司 / 组编

吕丕华 / 主编

大连理工大学出版社

内容简介

本书是全国职业院校汽车类专业工作手册式新形态教材。全书分为二十四个任务，包括发动机性能检测、气缸体的拆装与检查、活塞连杆组的拆装与检查、曲轴飞轮组的拆装与检查、曲柄连杆机构的拆装与检查、正时机构的拆装与检查、气门传动组的拆装与检查、气门组的拆装、气门组的检查、气缸盖的检查与修理、配气机构的检查与组装、机油压力的检查、机油滤清器和机油泵的检查、冷却系统的检查、冷却系统部件的检查、进气与排气系统的检查、汽油发动机燃油供给系统的检查、柴油发动机燃油供给系统的检查、启动系统与点火系统的拆装与检查、发动机总成分解、配气机构检修工艺、曲柄连杆机构检修工艺、发动机总装工艺。

本书可作为全国职业院校汽车类专业的教学用书，也可作为汽车售后服务企业相关技术人员与社会人士的培训参考用书。

本套教材由吕丕华主编，本书由许智达负责编写。

图书在版编目(CIP)数据

汽车发动机机械系统拆装与修理 / 中德诺浩（北京）教育科技股份有限公司组编. -- 大连 : 大连理工大学出版社, 2024.9

ISBN 978-7-5685-4998-1

Ⅰ. ①汽… Ⅱ. ①中… Ⅲ. ①汽车－发动机－机械系统－车辆检修－教材 Ⅳ. ①U472.43

中国国家版本馆 CIP 数据核字(2024)第 109553 号

大连理工大学出版社出版

地址：大连市软件园路 80 号　邮政编码：116023

发行：0411-84708842　邮购：0411-84708943　传真：0411-84701466

E-mail：dutp@dutp.cn　URL：https://www.dutp.cn

大连天骄彩色印刷有限公司印刷　大连理工大学出版社发行

幅面尺寸：210mm×285mm　印张：15　字数：421 千字

2024 年 9 月第 1 版　2024 年 9 月第 1 次印刷

责任编辑：唐　爽　责任校对：陈星源

封面设计：张　莹

ISBN 978-7-5685-4998-1　定　价：59.80 元

序

当前，我国处于由制造大国向制造强国、由人力资源大国向人力资源强国发展的重要时期，党和国家为此制定了一系列科教兴国、人才强国的战略措施。

在人才队伍中，工作在生产一线的技能型人才是重要基础。高素质技能型人才队伍是推动经济社会发展的重要保障，职业教育是培养高素质技能型人才的主要渠道。尽管世界各国国情不同，发展职业教育的条件、政策和具体措施各异，但无论是发达国家还是新兴工业化国家，都非常重视职业教育在培养高素质技能型人才中发挥的重要作用，把发展职业教育作为人力资源开发、振兴经济、增强国力的战略选择。

德国的职业教育水平处于世界领先地位。德国经济在世界金融危机中能依然稳健发展，与其因职业教育发达而拥有大量的高素质技能型人才是分不开的。完备的法律制度和各方面的高度重视，为德国的职业教育发展提供了有力保障。德国的双元制职业教育制度将劳动人事制度与教育制度有机地结合在一起。学校和企业都是培养人才的主体，并承担相应责任，学校和企业的教学计划、形式和内容虽各有侧重，但又相互联系，且均以工作任务为教学载体，将技能学习和训练、理论学习和运用有机结合，充分发挥学生在教学中的主体作用，着力培养学生承担社会责任的能力、独立发现和解决问题的能力，以及在实践中自主学习的能力。

改革开放以来，我国在借鉴国外先进职业教育经验方面取得了可喜成就。我国职业教育的对外交流与合作就是从借鉴和学习德国经验开始的，中德诺浩（北京）教育科技股份有限公司为此做了积极而有效的探索。

长期以来，该公司致力于引进德国的汽车职业教育资源，与德国手工业协会合作，在国内与以德国品牌为主的汽车合资企业和各类职业院校共同开展教育工作。经过多年的探索，结合我国国情，该公司成功引进德国汽车类专业职业教育的课程体系、教学素材和教学方法，并利用互联网手段进行了全方位本土化，在此基础上与300多所职业院校联手，为我国汽车维修企业培养了大批优秀人才。与此同时，该公司组织中德两国的汽车技术专家、经验丰富的维修技师和职业教育专家，共同编写了全国职业院校汽车类专业工作手册式新形态教材。这套教材以培养高技能人才为目标，内容选自实际操作，既原汁原味地吸纳了德国经验，又结合我国实际情况充实了教学内容，旨在推动我国汽车维修技能型人才的培养与世界接轨。我期待这套教材能在我国培养国际标准汽车高技能人才方面发挥重要作用，在中国由汽车大国向汽车强国迈进的征程中做出应有的贡献。

唐天标

（本序作者系第十一届全国人大常委会委员、第十一届全国人大教科文卫委员会副主任委员，中国人民解放军总政治部原副主任，上将军衔）

前言

职业教育是国民教育体系和人力资源开发的重要组成部分，肩负着培养多样化人才、传承技术技能、促进就业创业的重要职责。随着新型工业化的推进和科学技术的发展，现代职业教育体系已成为国家竞争力的重要支撑。为贯彻落实全国职业教育大会精神，推动现代职业教育高质量发展，加快构建现代职业教育体系，建设技能型社会，弘扬工匠精神，培养更多高素质技术技能人才，满足我国汽车产业迅猛发展对高端技术技能型汽车人才的需求，编者在总结多年来将德国汽车类专业职业教育中国本土化经验的基础上，编写了这套全国职业院校汽车类专业工作手册式新形态教材。

本套教材将理论基础和实践应用有机结合，在引领学生学习汽车专业知识的同时培养学生的实际操作技能，具有以下特点：

(1)以企业一线任务为引导，将理论知识与实践技能完美结合。

(2)教学任务有序化设计，从简单到复杂，循序渐进，不断深化。

(3)采用四色印刷，版面简洁清晰、主题明确、色彩清新。

(4)配有丰富的数字化教学资源，学生可通过扫描每个任务专属的二维码进行浏览和自学。

本套教材的编写充分发挥了学生的主体地位，优化了课堂设计，便于调动学生的学习积极性和主动性，还可培养学生的创新意识和创新能力。

本套教材是职业院校汽车类专业核心课程教材，也可供从事汽车研究、设计、制造、使用和维修的工程技术人员学习和参考。

尽管我们在探索教材特色方面做出了许多努力，但教材中仍可能存在一些不足，恳请广大读者批评指正，并将意见和建议反馈给我们，以便修订时改进。

编　者

目录

任务一 发动机性能检测

<table>
<tr><th colspan="4">汽车发动机机械系统拆装与修理任务工单</th></tr>
<tr><td>客户信息</td><td>姓名</td><td colspan="2">电话</td></tr>
<tr><td rowspan="2">车辆信息</td><td>车型</td><td>VIN 码</td><td>行驶里程</td></tr>
<tr><td></td><td></td><td></td></tr>
<tr><td>客户描述</td><td colspan="3">发动机抖动 □　发动机工作不良 □　排气管冒蓝烟 □　发动机漏油、漏水 □
发动机动力不足 □　发动机加速不良 □　发动机怠速不稳 □　发动机异响 □
耗油量增大 □　发动机烧机油 □　水温过高 □　发动机无法启动 □
其他：
______
______
______</td></tr>
</table>

<table>
<tr><th colspan="2">车辆外观检查</th><th colspan="2">车辆内部检查</th></tr>
<tr><td>凹凸 □</td><td rowspan="4"></td><td>污渍 □</td><td rowspan="4"></td></tr>
<tr><td>划痕 □</td><td>破损 □</td></tr>
<tr><td>石击 □</td><td>色斑 □</td></tr>
<tr><td>油漆 □</td><td>变形 □</td></tr>
<tr><td>明确具体工作任务</td><td colspan="3">______
______
______</td></tr>
</table>

<table>
<tr><td colspan="12">发动机基础检查</td></tr>
<tr><td>机油液面</td><td colspan="3">过高□ 过低□ 正常□</td><td>冷却液液面</td><td colspan="3">过高□ 过低□ 正常□</td><td>气缸压力</td><td colspan="3">无缸压□ 过低□ 正常□</td></tr>
<tr><td colspan="12">发动机拆装检测项目</td></tr>
<tr><td colspan="2">曲柄连杆机构</td><td colspan="2">配气机构</td><td colspan="2">润滑系统</td><td colspan="2">冷却系统</td><td colspan="2">供给系统</td><td colspan="2">启动与点火系统</td></tr>
<tr><td colspan="2">气缸体检测 □</td><td colspan="2">气缸盖检测 □</td><td colspan="2">机油泵检测 □</td><td colspan="2">水泵检测 □</td><td colspan="2">燃油泵检测 □</td><td colspan="2">启动机拆装检查□</td></tr>
<tr><td colspan="2">活塞检测 □</td><td colspan="2">进、排气门检测 □</td><td colspan="2">机油油道检测□</td><td colspan="2">节温器检测 □</td><td colspan="2">滤清器检测 □</td><td colspan="2">点火线圈检查 □</td></tr>
<tr><td colspan="2">活塞环检测 □</td><td colspan="2">气门弹簧检测□</td><td colspan="2">滤清器检测 □</td><td colspan="2">散热水箱检测□</td><td colspan="2">喷油器检测 □</td><td colspan="2">火花塞拆装检查□</td></tr>
<tr><td colspan="2">连杆检测 □</td><td colspan="2">气门座圈检测□</td><td colspan="2">机油液面检测□</td><td colspan="2">水管检测 □</td><td colspan="2">燃油轨道检测 □</td><td colspan="2">高压导线检查 □</td></tr>
<tr><td colspan="2">曲轴检测 □</td><td colspan="2">凸轮轴检测 □</td><td colspan="2">机油压力检测□</td><td colspan="2">密封性检测 □</td><td colspan="2">油压调节器检测□</td><td colspan="2">控制电路检查 □</td></tr>
<tr><td colspan="2">轴瓦检测 □</td><td colspan="2">液压挺柱检测□</td><td colspan="2"></td><td colspan="2"></td><td colspan="2">燃油压力检测 □</td><td colspan="2"></td></tr>
<tr><td colspan="2">飞轮组检测 □</td><td colspan="2">正时机构检测□</td><td colspan="2"></td><td colspan="2"></td><td colspan="2">进气系统检测 □</td><td colspan="2"></td></tr>
<tr><td colspan="2">曲轴油封检测□</td><td colspan="2"></td><td colspan="2"></td><td colspan="2"></td><td colspan="2">排气系统检测 □</td><td colspan="2"></td></tr>
</table>

- 能够通过实际操作掌握检测工具、拆卸工具的使用方法
- 能够通过实际操作掌握发动机气缸压力的检测方法
- 能够通过检测数据对发动机进行分析并掌握相关专业术语

- 发动机组成及工作原理
- 发动机气缸压力的检测
- 发动机排量的计算

- 四冲程发动机的工作原理
- 气缸压力表的使用方法
- 发动机气缸压力的检测方法

- 发动机气缸压力的检测方法
- 发动机气缸压力的检测流程

一、知识讲解

(一)发动机气缸压力的检测

1.检测气缸压力的原因

发动机是提供汽车动力的核心,发动机性能直接影响车辆的使用状况。发动机技术状况变差的最根本原因是气缸密封性能下降,判断气缸密封性能最有效的方法是检测气缸压力。

2.检测工具

气缸压力表用于检测气缸压力的大小，由表头、连接软管、单向进气阀和接头组成，如图 1-1 所示。表头有指针式和数字液晶式两种。接头也有两种形式，一种为推入式接头，另一种为螺纹式接头，如图 1-2 所示。目前，大多数气缸压力表采用螺纹式接头。

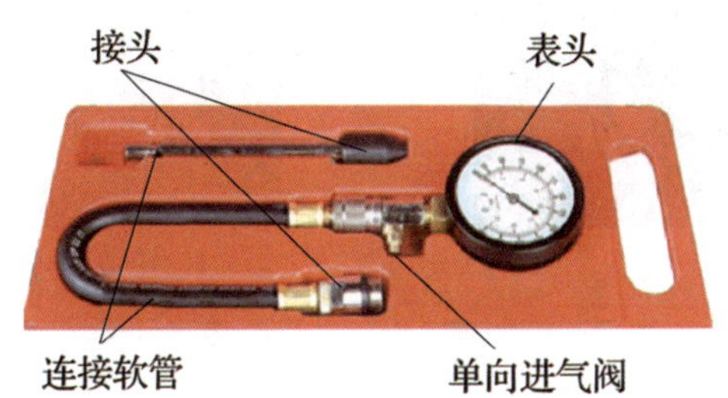

图 1-1 气缸压力表

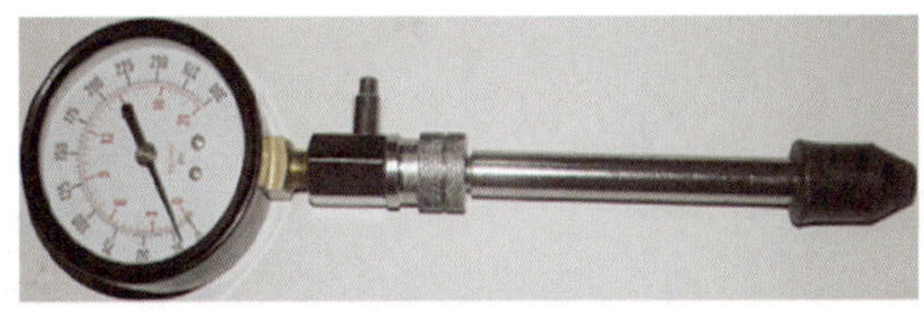

(a) 推入式接头

(b) 螺纹式接头

图 1-2 接头的两种形式

3.气缸压力表的使用方法

在使用推入式气缸压力表检测气缸压力时，需要人为按压表头，使橡胶接头完全压入火花塞座孔内，并保证在启动发动机检测压力时，接头处不能漏气。

配有螺纹式接头的气缸压力表在检测气缸压力时只需将接头旋入待测气缸火花塞座孔处，启动发动机进行检测即可(图 1-3)。

(a)推入式气缸压力表的使用方法

(b)螺纹式气缸压力表的使用方法

图 1-3 气缸压力表的使用方法

4.检测条件

(1)首先要保证冷却液温度达到正常工作温度(图 1-4)。

(2)检查空气滤清器，保证其清洁、畅通(图 1-5)。

图 1-4　冷却液达到正常工作温度

图 1-5　保证空气滤清器清洁、畅通

(3)检查蓄电池电量,保证电量充足(图 1-6)。

(4)保证启动机能正常工作(图 1-7)。

图 1-6　保证蓄电池电量充足

图 1-7　保证启动机能正常工作

(5)要求节气门达到全开位置(图 1-8)。

图 1-8　节气门达到全开位置

5.气缸压力的检测方法

(1)将火花塞全部拆下,注意拆卸之前要先用压缩空气吹净火花塞周围,将拆下的火花塞按顺序摆放好,不要磕碰电极。绝对不允许将异物掉入火花塞座孔。

(2)为了防止在检测过程中喷油器持续喷油和点火,需要拔掉燃油泵熔丝或继电器和点火线圈插头(图 1-9、图 1-10、图 1-11)。

图 1-9 燃油泵熔丝

图 1-10 燃油泵继电器

图 1-11 点火线圈插头

(3)安装气缸压力表。

(4)将加速踏板踩到底。

(5)转动点火开关,使启动器运转 3~5 s(不少于 4 个压缩行程),待气缸压力表达到并保持最大压力后停止。

(6)记下读数,按下单向进气阀使气缸压力表读数归零。

(7)按此方法依次检测各缸压力,确保每缸不少于两次,每缸检测结果取平均值。

(8)检测时,启动机运转时间不能过长或过短,时间过长会消耗电能并损坏启动机,时间过短则会达不到检测标准。

6.安装注意事项

(1)安装火花塞时不能倾斜,应垂直于火花塞孔装入。

(2)火花塞应按照标准力矩拧紧。

(3)安装完毕后检查点火线圈和气缸接线是否安装到位。

(二)发动机的组成及工作原理

1.四冲程发动机的组成

四冲程发动机由配气机构、曲柄连杆机构、启动系统、点火系统(柴油机无)、燃油供给系统、润滑系统、冷却系统组成(图 1-12)。

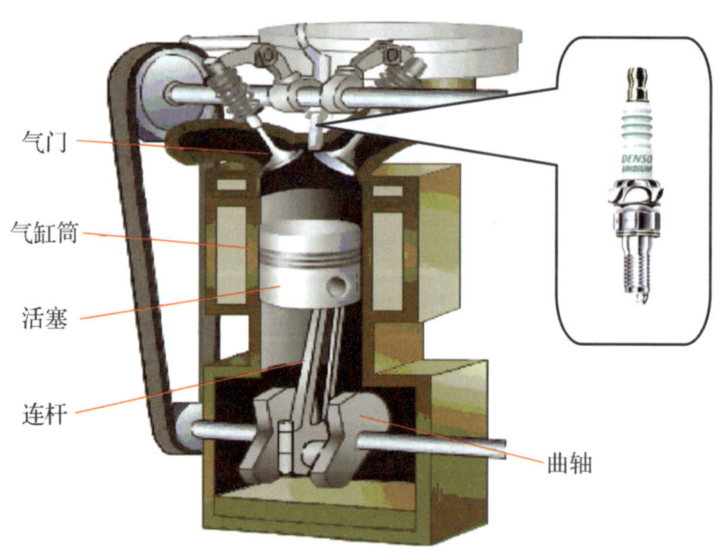

图 1-12 四冲程发动机的组成

2.四冲程发动机的工作原理

四冲程发动机包括进气、压缩、做功、排气四个行程(行程也称为冲程,见图 1-13),把燃料燃烧产生的作用力转变为曲轴的扭矩力,从而对外输出动力。

(1)活塞上止点与下止点。活塞顶离曲轴回转中心最远处为上止点(TDC);活塞顶离曲轴回转中心最近处为下止点(BDC)(图 1-14)。

(2)四冲程发动机的工作循环过程如图 1-15~图 1-18 所示。

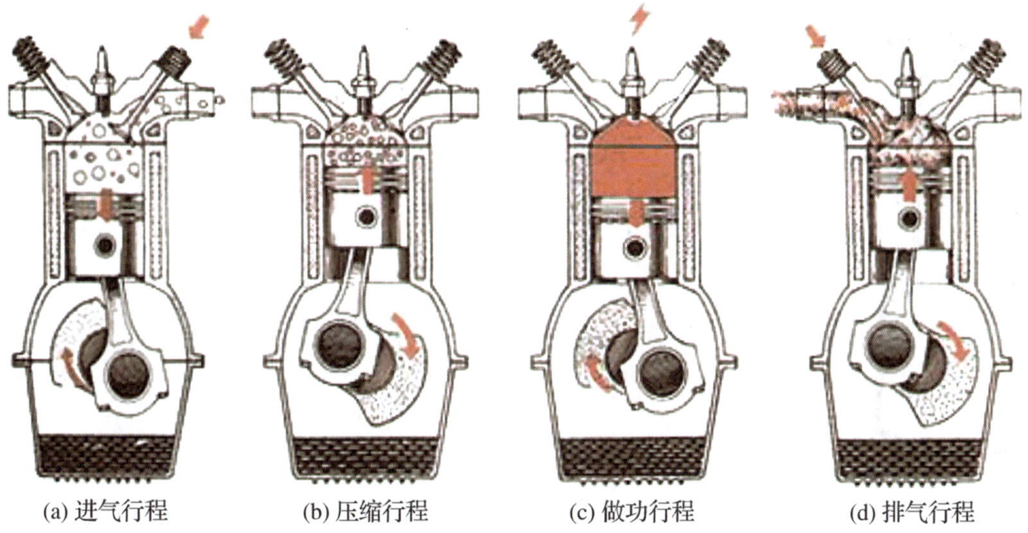

图 1-13 四冲程发动机的工作循环

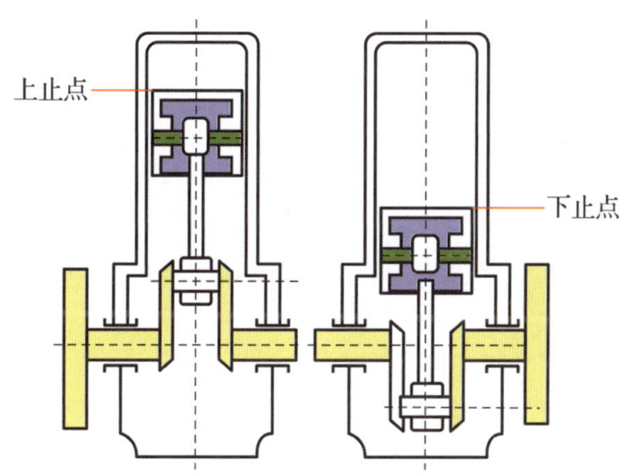

图 1-14 活塞上止点与下止点

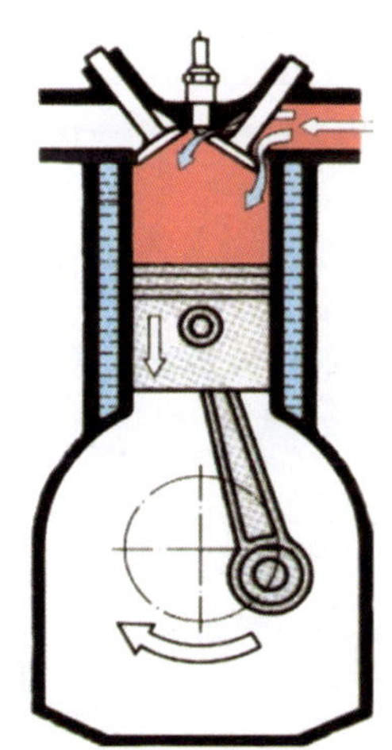

进气行程：

曲轴旋转，活塞由上向下运动。此时，排气门关闭，进气门打开，可燃混合气或纯净空气进入气缸。

图 1-15 进气行程

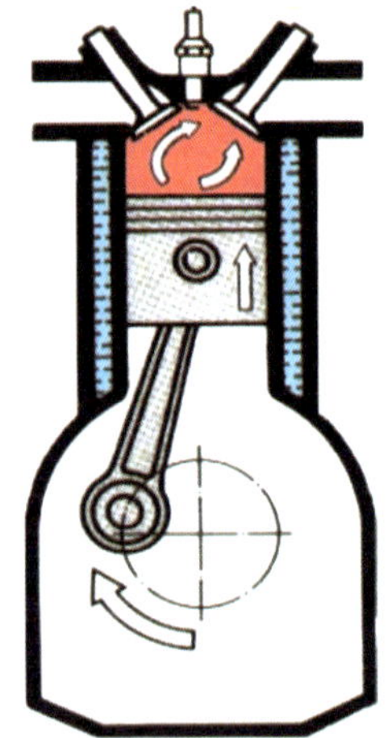

压缩行程：

曲轴继续旋转，进、排气门关闭，活塞由下向上运动，气缸内气体受到压缩，压缩气体的温度、压力不断上升。

图 1-16　压缩行程

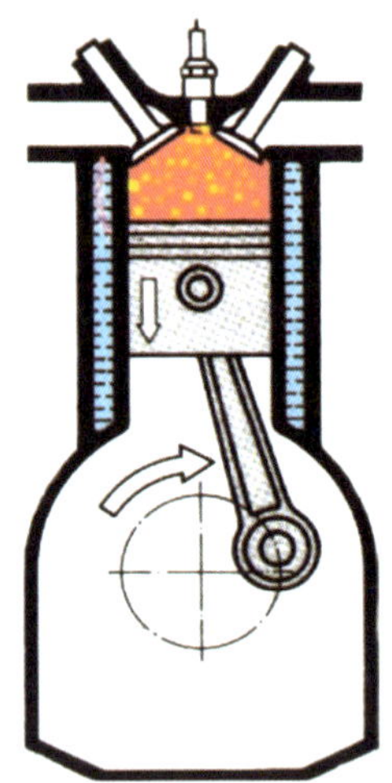

做功行程：

燃烧和膨胀行程也称做功行程。进、排气门仍然关闭，当活塞向上运行接近顶点时，混合气或纯净空气被点燃。其燃烧后释放出大量的热量使气缸内气体温度和压力急剧上升，高温、高压气体膨胀，推动活塞由上向下运动，通过连杆使曲轴旋转并输出机械功。

图 1-17　做功行程

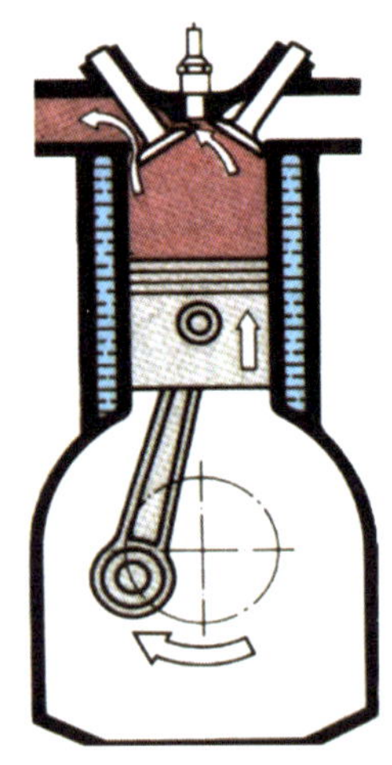

排气行程：

做功接近终了时刻，排气门打开，进气门仍然关闭，靠废气的压力先进行自由排气，活塞由下再向上运动时，继续把废气强制排出到大气中。

图 1-18　排气行程

（三）发动机排量的计算

在气缸中，活塞由上止点移动到下止点所扫过的容积称为活塞排量，也称为气缸工作容积，一般以 V_h 表示。气缸筒是圆柱体，假设气缸直径为 D，活塞行程即上止点到下止点

之间的距离为 S，则有

$$V_h=\frac{\pi D^2}{4}\times S\times 10^{-6}$$

压缩比：

如图 1-19 所示，活塞在上止点时其上方的气缸空间为燃烧室，其容积称为燃烧室容积，一般以 V_c 表示。活塞在下止点时其上方的全部容积称为气缸总容积，一般以 V_a 表示。气缸总容积等于燃烧室容积与工作容积之和，即 $V_a=V_c+V_h$。压缩比为气缸总容积与燃烧室容积之比，用 ε 表示，即

$$\varepsilon=\frac{V_a}{V_c}=1+\frac{V_h}{V_c}$$

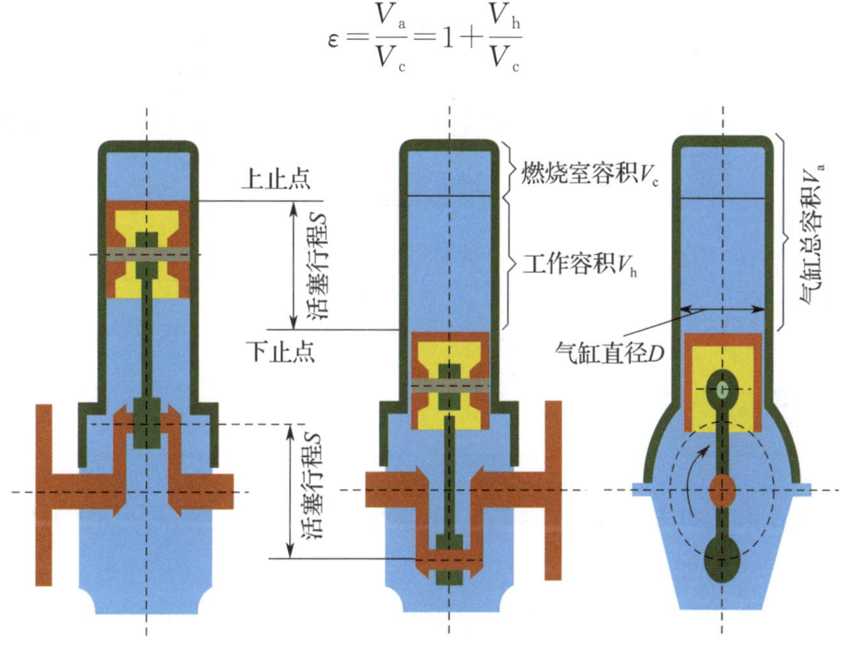

图 1-19 气缸相关参数

多缸发动机中，所有气缸活塞排量的总和称为发动机排量，一般以 V_H 表示，单位为升（L）。假设缸数为 i，单位为升（L），那么

$$V_H=V_h\times i$$

二、任务准备

在下列图片中勾选出完成本任务所需的工具、设备、资料等。

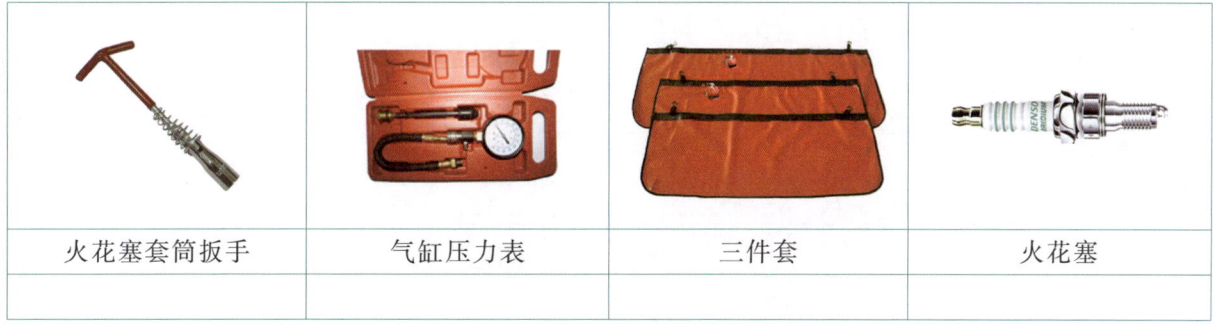

火花塞套筒扳手	气缸压力表	三件套	火花塞

万用表
工具车
尖嘴钳
抹布
维修手册
举升机
发动机润滑油(简称机油)
维修手册
发动机实训设备
实训车辆

三、防护措施

(1)进入车间应穿工作鞋、戴工作帽;工作服应整洁、无破损;操作时不可佩戴手表等金属饰品,以防划伤车辆表面。

(2)举升车辆时应严格按照举升机使用方法进行操作,并通知其他人员远离举升设备。

(3)更换油液或配件时,应处理好油液和配件的回收、清理工作,以免对工作环境造成污染。

四、任务分配

任务分配见表1-1。

表1-1 任务分配

职务	代码	姓名	工作内容
组长	A		监督、管理组员工作
组员	B		准备实训所需车辆及设备
	C		
	D		准备实训所需工具及资料
	E		

五、任务实施

（一）操作流程

完成表 1-2 中工作内容对应工作步骤的排序。

表 1-2　　操作步骤

工作步骤	工作内容
	读取并记录气缸压力表上的数值
	拔掉燃油泵熔丝或继电器和点火线圈插头
	启动发动机实训设备，使其运转 10 min
	清理发动机火花塞周围，并用吹尘枪清理干净
	将所有气缸的火花塞全部拆下
	将加速踏板踩到底，保证节气门全开，启动发动机（台架）

（二）实施记录

结合实施过程，对照表 1-3 中的检查项目，勾选出实际的检查结果，并填写表 1-4。

表 1-3　　气缸压力检测实施记录（1）

序号	检查项目	检查结果	备注
1	发动机实训设备是否可以正常使用	是 □　否 □	
2	燃油泵熔丝是否拆卸	是 □　否 □	
3	继电器是否拆卸	是 □　否 □	
4	点火线圈是否拆卸	是 □　否 □	
5	是否使用专用工具拆卸火花塞	是 □　否 □	
6	气缸压力表是否可以正常安装并使用	是 □　否 □	

表 1-4　　气缸压力检测实施记录（2）

车型		发动机型号		发动机排量		压缩比	
气缸	标准缸压值	第一次测量值	第二次测量值	第三次测量值	平均值	缸压差	结论
1 缸							
2 缸							
3 缸							
4 缸							
解决方法							

查询维修手册中的气缸直径与活塞行程，计算发动机实际排量（表 1-5）。

表 1-5　　发动机排量计算表

查询项目	气缸直径	活塞行程
查询数值		
计算过程记录	$V_H = V_h \times i$	

六、检查

(一)自检

结合本组任务操作过程,对任务执行过程中的操作规范性进行检查,检查操作过程中是否存在表 1-6 中所列的问题,并把检查结果填写在表 1-6 中,分析、讨论应如何避免并总结规范的操作方法。

表 1-6　　自检

检查项目	检查结果
火花塞安装位置是否正确	是 □　否 □
燃油泵熔丝或继电器和点火线圈是否安装回位	是 □　否 □
发动机是否可以正常启动	是 □　否 □
所测得的各气缸压力值是否正常	是 □　否 □

(二)互检

组与组之间相互进行操作过程及结果检查,并把检查结果填写在表 1-7 中。

表 1-7　　互检

检查项目	检查结果
火花塞安装位置是否正确	是 □　否 □
燃油泵熔丝或继电器和点火线圈是否安装回位	是 □　否 □
发动机是否可以正常启动	是 □　否 □
所测得的各气缸压力值是否正常	是 □　否 □

七、课堂小结

任务二 气缸体的拆装与检查

<table>
<tr><th colspan="4">汽车发动机机械系统拆装与修理任务工单</th></tr>
<tr><td>客户信息</td><td>姓名</td><td colspan="2">电话</td></tr>
<tr><td rowspan="2">车辆信息</td><td>车型</td><td>VIN 码</td><td>行驶里程</td></tr>
<tr><td></td><td></td><td></td></tr>
<tr><td>客户描述</td><td colspan="3">发动机抖动 □ 发动机工作不良 □ 排气管冒蓝烟 □ 发动机漏油、漏水 □
发动机动力不足 □ 发动机加速不良 □ 发动机怠速不稳 □ 发动机异响 □
耗油量增大 □ 发动机烧机油 □ 水温过高 □ 发动机无法启动 □
其他：
______
______
______</td></tr>
<tr><td colspan="2">车辆外观检查</td><td colspan="2">车辆内部检查</td></tr>
<tr><td>凹凸 □
划痕 □
石击 □
油漆 □</td><td></td><td>污渍 □
破损 □
色斑 □
变形 □</td><td></td></tr>
<tr><td>明确具体工作任务</td><td colspan="3">______
______
______</td></tr>
</table>

发动机基础检查					
机油液面	过高□ 过低□ 正常□	冷却液液面	过高□ 过低□ 正常□	气缸压力	无缸压□ 过低□ 正常□

发动机拆装检测项目					
曲柄连杆机构	配气机构	润滑系统	冷却系统	供给系统	启动与点火系统
气缸体检测 □	气缸盖检测 □	机油泵检测 □	水泵检测 □	燃油泵检测 □	启动机拆装检查□
活塞检测 □	进、排气门检测 □	机油油道检测□	节温器检测 □	滤清器检测 □	点火线圈检查 □
活塞环检测 □	气门弹簧检测□	滤清器检测 □	散热水箱检测□	喷油器检测 □	火花塞拆装检查□
连杆检测 □	气门座圈检测□	机油液面检测□	水管检测 □	燃油轨道检测 □	高压导线检查 □
曲轴检测 □	凸轮轴检测 □	机油压力检测□	密封性检测 □	油压调节器检测□	控制电路检查 □
轴瓦检测 □	液压挺柱检测□			燃油压力检测 □	
飞轮组检测 □	正时机构检测□			进气系统检测 □	
曲轴油封检测□				排气系统检测 □	

- 通过拆解气缸体，掌握各零部件组成、功能及工作原理
- 能够正确使用和查找维修手册中的标准值

- 发动机气缸体的组成
- 气缸体平面度的检测
- 气缸磨损的检测
- 气缸体的安装注意事项

任务重点

- 气缸体平面度的检测
- 气缸体圆度、圆柱度的检测
- 气缸、轴承座孔的测量和计算
- 外径千分尺、游标卡尺、量缸表等量具的使用方法

- 气缸体和气缸盖平面度的检测
- 气缸体圆度、圆柱度的检测
- 外径千分尺、游标卡尺、量缸表等量具的使用方法

一、知识讲解

(一)发动机气缸体的组成

1.发动机排气管冒蓝烟的原因

发动机排气管冒蓝烟一般是由于机油进入燃烧室参与燃烧导致的。原因一般有两点：一是气门杆与气门导管间隙过大或气门油封失效；二是活塞环和气缸的间隙过大，导致曲轴箱内的机油上窜到燃烧室。

2.发动机气缸的组成

发动机气缸主要由气缸体、气缸盖罩、气缸盖和油底壳等零部件组成，如图 2-1 所示。

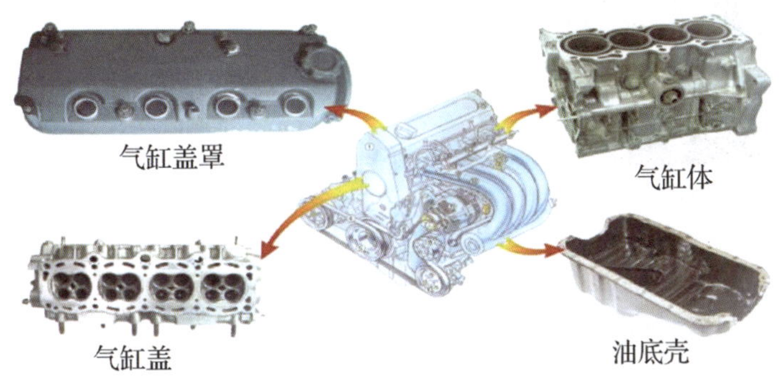

图 2-1 发动机气缸的组成

3.气缸体的拆解及注意事项

首先拆卸活塞、连杆，再拆曲轴(图 2-2)。

 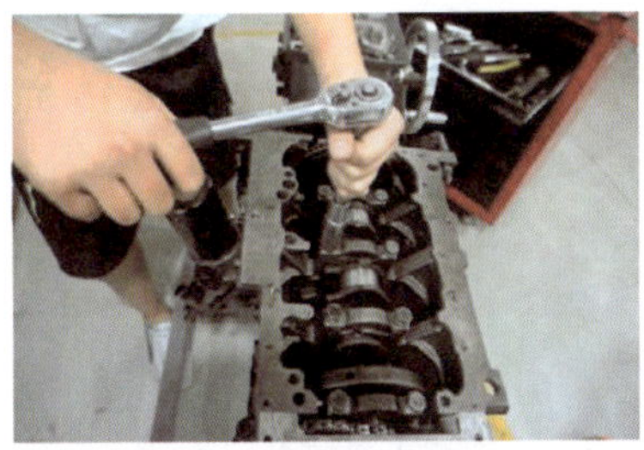 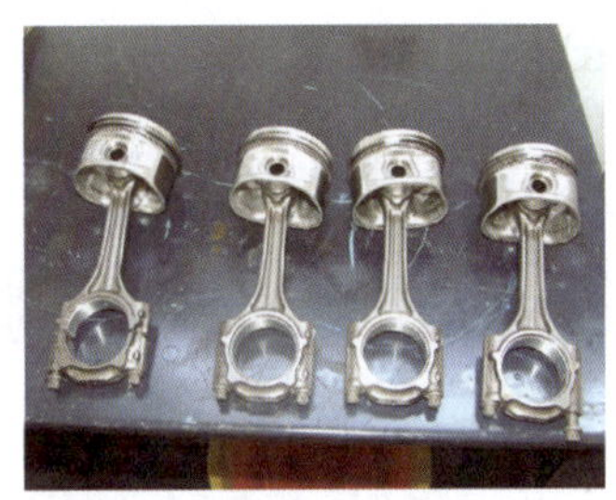

图 2-2 拆卸活塞、连杆及曲轴

拆卸活塞、连杆和曲轴时需要注意各缸活塞要按照顺序拆卸和摆放，连杆轴承盖与主轴承盖也要按照各缸顺序拆卸和摆放。拆卸时注意保持发动机机体清洁。

(二)气缸体平面度的检测

1.气缸体平面度的检测原因

在发动机工作过程中，活塞在气缸中做高速往复运动，气缸体承受高温、高压气体作用力，气缸体和气缸盖配合形成一个密封的空间。当气缸体平面变形大于技术要求时，可能会出现漏气、漏油冲坏气缸垫，使发动机无法正常工作。因此，要在发动机出现相应故障后，对气缸体进行平面度检测，以确定其是否产生翘曲变形。

2.气缸体平面度的检测方法

检测时，将刀口尺倾斜一定角度检测对角线，并至少选取 5 个点，注意观察刀口尺与被检测平面之间是否有空隙，根据空隙大小放入合适厚度的厚薄规，要求塞尺与平面之间存在轻微的摩擦，从而确定该处的变形量。在平面上任意位置测量，每(50×50)mm^2 范围内应不大于 0.5 mm(图 2-3)。

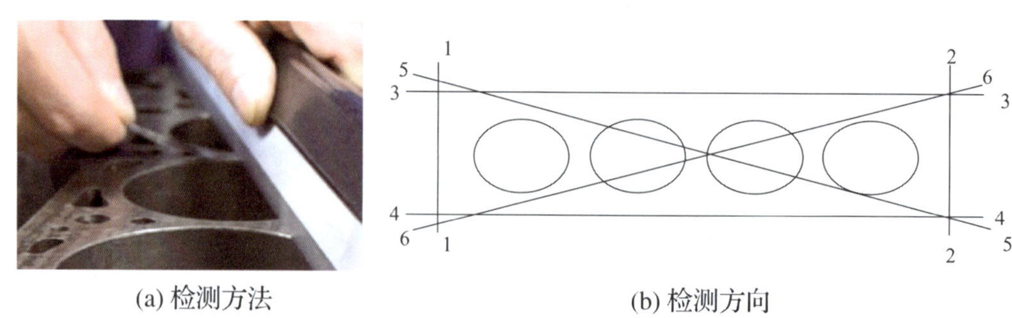

(a) 检测方法　　(b) 检测方向

图 2-3　气缸体平面度的检测

3.气缸体平面度的检测标准

检测全长小于 600 mm 的气缸体平面时，平面度误差应不大于 0.15 mm；检测全长大于 600 mm 的铸铁气缸体时，平面度误差应不大于 0.25 mm；铝合金气缸体平面度误差应不大于 0.15 mm。

帕萨特 ANQ 发动机气缸体的最大允许变形量为 0.1 mm，最小气缸修理尺寸为 139.4 mm。

当检测的气缸体平面度超过技术要求时需要修复或更换，而能否修复要依据维修手册中的规定确定。

(三)气缸磨损的检测

1.气缸的磨损原因

发动机工作时，气缸上部温度高，润滑油变稀，油膜质量差；高压气体进入活塞环槽将活塞环压紧在缸壁上，第一道环压力最大，第二道环次之。因此，气缸磨损后呈上大下小的锥形(图 2-4)。

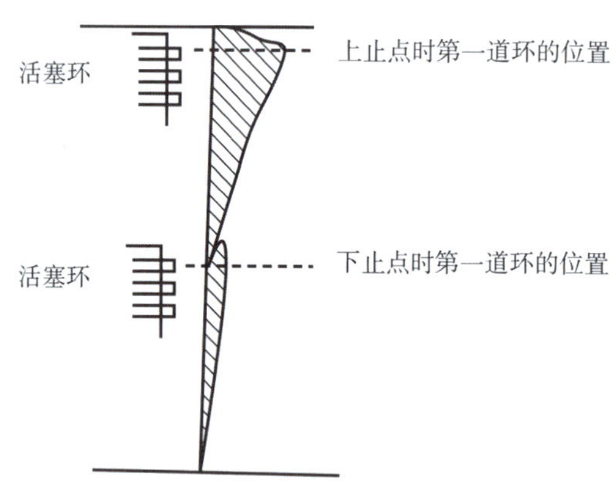

图 2-4　气缸磨损

当发动机缸壁温度低，而缸内压力大时，气缸内的水蒸气会在缸壁上形成水珠，这些水珠与废气接触生成酸性物质附着在缸壁上，对缸壁会产生腐蚀作用。

气缸与活塞环在润滑不良的情况下，相互之间会有微小部分金属直接接触摩擦，形成局部高温而出现附着、脱落，逐渐扩展而成为粘着磨损。

一般多缸发动机因两端气缸冷却效率高，所以磨损严重，靠中间部分的气缸磨损相对轻一些。

2.气缸磨损的检测方法

一般在气缸体上部距气缸上平面 10 mm 处，气缸中部和气缸下部距缸套下部 10 mm 处三点，按①②两个方向分别测量气缸的直径（图 2-5）。

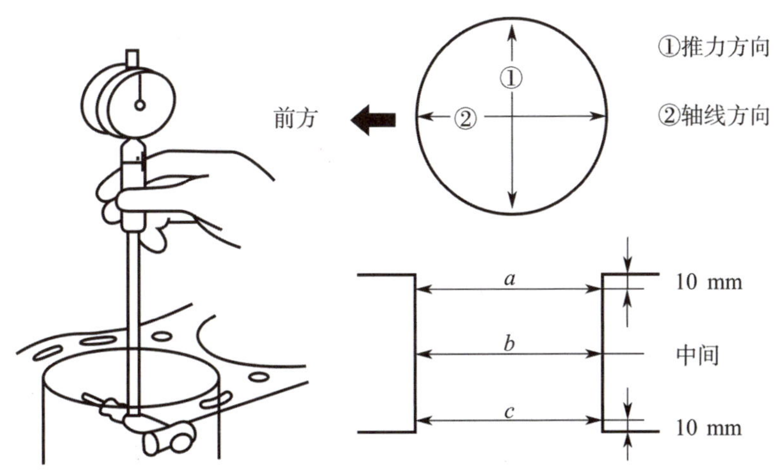

图 2-5 检测气缸磨损情况

3.气缸圆度误差检测

气缸圆度误差是由同一截面上的最大直径减去最小直径，然后除以 2 得出的。对图 2-5 所示的三个截面所测得的圆度误差进行比较，最后取最大值作为被测气缸的圆度误差（图 2-6）。

4.气缸圆柱度误差检测

气缸圆柱度误差是由不同截面上的最大直径减去最小直径，然后除以 2 得出的。如图 2-7 所示，检测部位一般选在气缸的上、下部位，即气缸磨损的最大处和最小处。计算时，同一气缸所测得的直径的最大值与最小值之差的一半即为被测气缸的圆柱度误差。

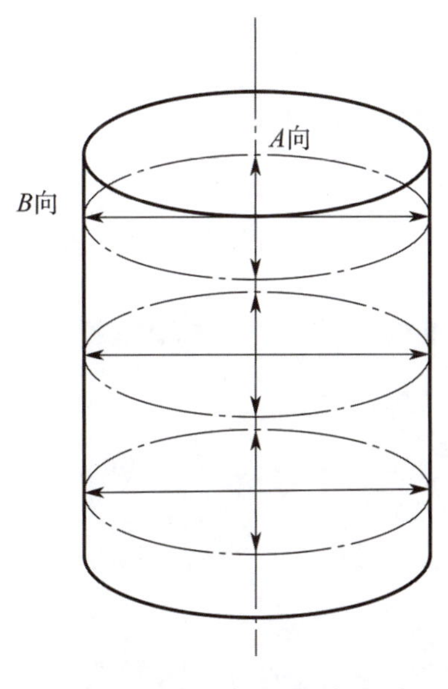

图 2-6 检测气缸圆度误差

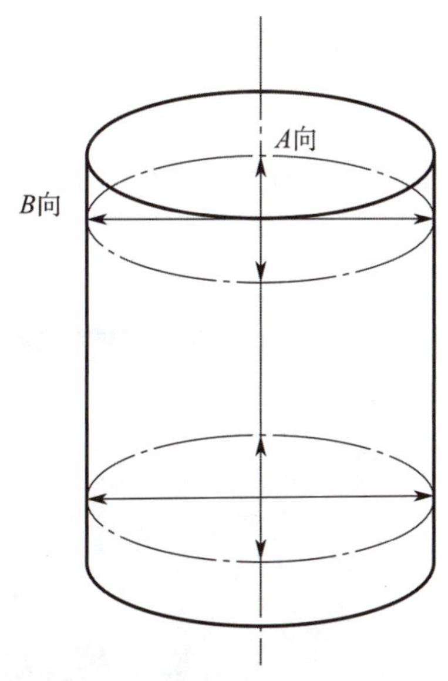

图 2-7 检测气缸圆柱度误差

5.气缸最大磨损尺寸

一般发动机气缸最大磨损尺寸在前、后两缸的上部，计算时同一台发动机所测得的气缸直径中的最大值与标准缸径之差即发动机的最大磨损尺寸。

6.测量气缸体的注意事项

如图 2-8 所示，在测量缸径时应注意内径百分表表杆应垂直于气缸截面方向，即同一测量点的最小直径。前后摆动量缸表，当表盘指针指到最小数值时即表明内径百分表表杆与气缸截面已经垂直，此时读数为标准读数。当大指针顺时针方向离开零位时，表示气缸直径小于标准缸径；当大指针逆时针方向离开零位时，表示气缸直径大于标准缸径。

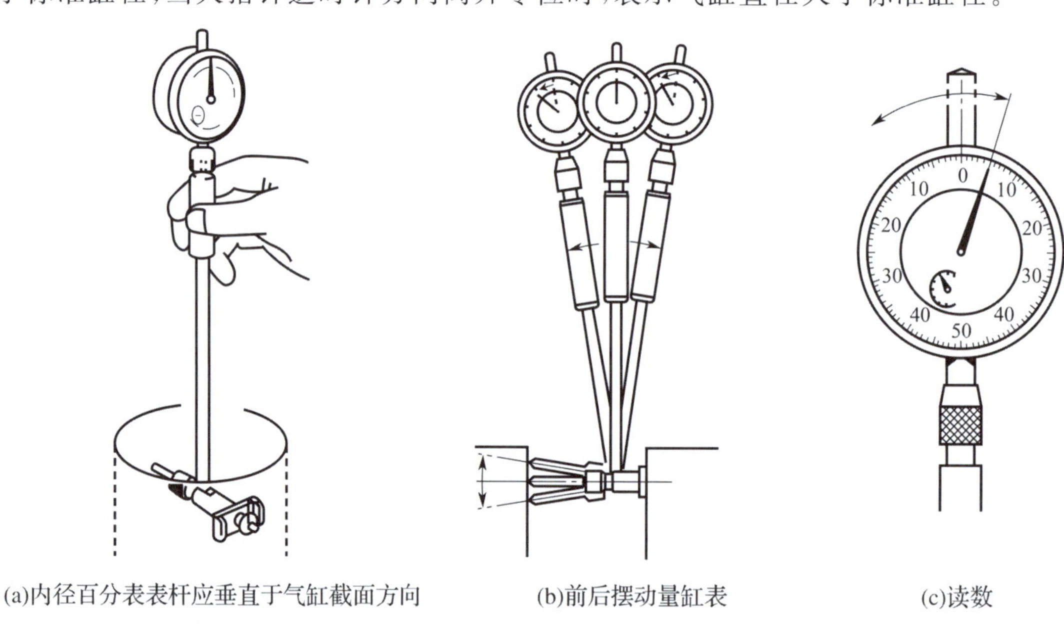

(a)内径百分表表杆应垂直于气缸截面方向　　(b)前后摆动量缸表　　(c)读数

图 2-8　测量气缸体的注意事项

测量完一个截面以后，不能直接拉动量缸表到新的测量位置，应先取出量缸表并将其重新移到新的位置，以防损坏气缸壁和量缸表。

(四)气缸体的安装注意事项

如图 2-9 所示，在安装气缸体时，应注意活塞与连杆的装配标记，活塞顶部标有气缸号，首先注意活塞所属气缸号，其次注意连杆的方向，然后用活塞环压缩器(图 2-10)和橡胶锤将组装好的活塞连杆压入气缸内，最后查询维修手册，确定连杆螺栓的拧紧力矩，分三次拧紧连杆螺栓。

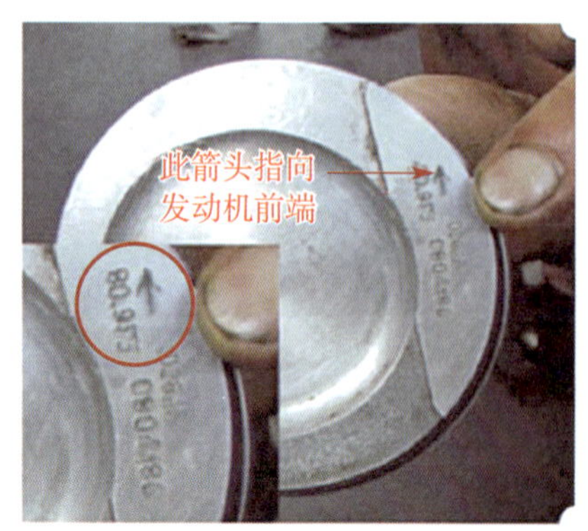

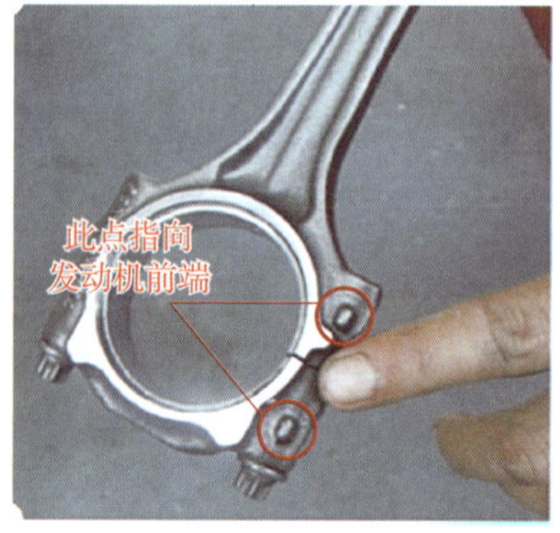

图 2-9　气缸体的安装注意事项

(a)活塞环压缩器的外形

(b)活塞环压缩器的使用方法

图 2-10 活塞环压缩器的外形及使用方法

二、任务准备

在下列图片中勾选出完成本任务所需的工具、设备、资料等。

扭力扳手	钢直尺	三件套	吹尘枪
塞尺	工具车	工具套件	千分尺
活塞环压缩器	抹布	游标卡尺	量缸表

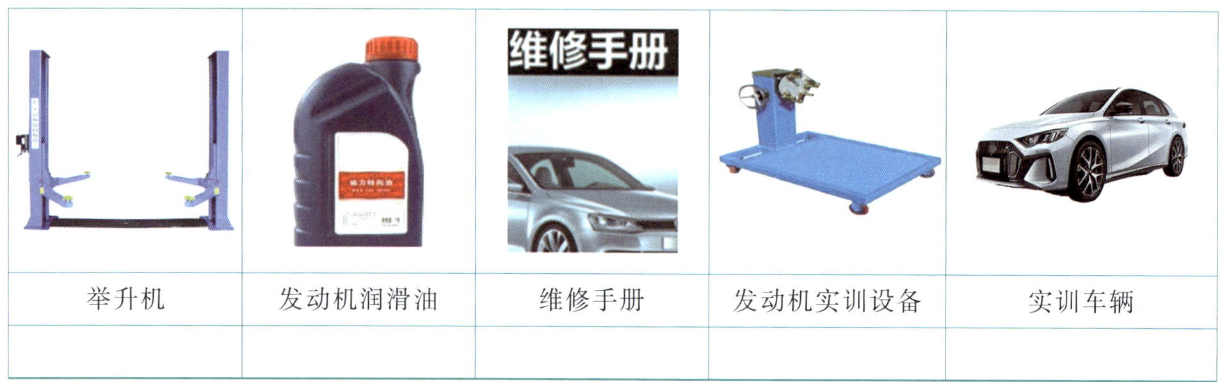

举升机	发动机润滑油	维修手册	发动机实训设备	实训车辆

三、防护措施

(1)进入车间应穿工作鞋、戴工作帽;工作服应整洁、无破损;操作时不可佩戴手表等金属饰品,以防划伤车辆表面。

(2)举升车辆时应严格按照举升机使用方法进行操作,并通知其他人员远离举升设备。

(3)更换油液或配件时,应处理好油液和配件的回收清理工作,以免对工作环境造成污染。

四、任务分配

任务分配见表2-1。

表 2-1 任务分配

职务	代码	姓名	工作内容
组长	A		监督、管理组员工作
组员	B		准备实训所需车辆及设备
	C		
	D		准备实训所需工具及资料
	E		

五、任务实施

(一)操作流程

完成下列表格中工作内容对应工作步骤的排序并填空(表2-2~表2-5)。

表 2-2 拆解气缸体的操作步骤

工作步骤	工作内容
	取下曲轴，整理工具，按规定位置放置，避免乱放
	用________旋松连杆螺母，用手拧下螺母。用橡胶锤轻敲连杆螺栓，取出连杆盖，同时取下下盖上的连杆轴承。注意：不要让连杆轴承掉落
	将活塞连杆旋转到下止点位置，检查连杆是否有明显弯曲，检查活塞连杆组的序号是否与气缸体上的序号一致，用抹布清洁气缸，检查有无缸肩，如有缸肩应先清除
	将发动机实训设备固定到工作位置（不能让发动机实训设备晃动）
	检查或设置装配标记。如果无原车标记，用记号笔在连杆和________上做记号
	套上连杆螺栓保护套，用橡胶锤推出连杆活塞。取下连杆螺栓上的保护套，取下连杆和连杆轴承（用左手在气缸体上平面处扶持住活塞连杆，装好________并按气缸顺序摆放）

表 2-3 检测气缸体平面度的操作步骤

工作步骤	工作内容
	根据空隙的大小放入合适厚度的塞尺，要求________之间存在轻微的摩擦，从而确定该处的变形量
	将刀口尺倾斜一定角度检测对角线并至少选取________点，注意观察刀口尺与被检测平面之间是否有空隙
	按照图示方向依次检测气缸体各个方向的平面度
	用干净的抹布清洁气缸体表面及量具

表 2-4 检测气缸体圆度、圆柱度的操作步骤

工作步骤	工作内容
	按照维修手册中的数据，校准外径千分尺
	测量气缸中截面两个方向的直径并记录
	安装表盘，轻轻压下，使其有 1 mm 左右的伸缩量
	测量完毕，整理工具并归位
	用抹布擦拭气缸壁，将量缸表表杆倾斜伸入气缸，测量气缸上截面两个方向的直径并记录
	用同样的方法测量其他 3 缸
	按照被测气缸标准尺寸安装合适的量缸表表杆
	将量缸表放到台虎钳上，摇晃量缸表表杆调整表盘对准零位
	测量气缸下截面两个方向的直径并记录

表 2-5　　安装气缸体的操作步骤

工作步骤	工作内容
	对活塞、连杆等零部件进行清洗、吹干，避免有油污、灰尘
	查询维修手册，确定连杆螺栓的拧紧力矩，分三次拧紧连杆螺栓
	安装活塞环，活塞环开口错开 120°，活塞环“TOP”标记应朝向活塞顶部。专用工具使用要正确，否则无法将活塞推进气缸筒
	工具、辅具按规定位置放置，避免乱放
	用活塞环压缩器和橡胶锤将组装好的活塞连杆压入气缸内
	组装时，活塞与连杆通常都有装配标记，安装活塞时，活塞头部上的箭头应朝向发动机前端；活塞顶部标有气缸号，注意活塞所属气缸号。连杆浇铸标记必须并且注意连杆所属气缸号
	在连杆轴承上涂抹润滑油，并将其安装到连杆上，安装方向及顺序要正确

(二)实施记录

结合实施过程，对照下列表格中的检查项目，填写或勾选出实际的检查结果(表 2-6～表 2-9)。

表 2-6　　拆解气缸体的实施记录

序号	检查项目	检查结果	备注
1	拆卸 1 缸活塞连杆组件	是 □　否 □	
2	拆卸 2 缸活塞连杆组件	是 □　否 □	
3	拆卸 3 缸活塞连杆组件	是 □　否 □	
4	拆卸 4 缸活塞连杆组件	是 □　否 □	
5	取下曲轴	是 □　否 □	

表 2-7　　检测气缸体平面度的实施记录　　mm

部件	位置 1	位置 2	位置 3	位置 4	位置 5	位置 6	标准	处理办法
气缸体上平面							<0.05	

表 2-8　　检测气缸体磨损量、圆度误差、圆柱度误差的实施记录　　mm

车型：		机型：		标准缸径：	
检测部位	检测项目	1 缸	2 缸	3 缸	4 缸
上截面	轴线方向直径				
	推力方向直径				
	磨损量				
	圆度误差				

续表

车型：		机型：		标准缸径：	
检测部位	检测项目	1缸	2缸	3缸	4缸
中截面	轴线方向直径				
	推力方向直径				
	磨损量				
	圆度误差				
下截面	轴线方向直径				
	推力方向直径				
	磨损量				
	圆度误差				
圆柱度误差					
最大磨损量					
处理方法		小于标准值时继续使用			
		大于标准值时更换气缸套			

表 2-9　　安装气缸体的实施记录

安装部件	拧紧力矩
曲轴主轴瓦固定螺栓	
连杆轴瓦固定螺栓	
气缸盖固定螺栓	
油底壳固定螺栓	
气缸罩盖固定螺栓	

六、检查

(一)自检

结合本组任务操作过程，对任务执行过程中的操作规范性进行检查，检查操作过程中是否存在表 2-10 中所列的问题，并将检查结果填写在表 2-10 中，分析、讨论应如何避免并总结规范的操作方法。

表 2-10　　自检

检查项目	检查结果
气缸体分解、组装方法是否正确	是 □　否 □
气缸体平面度检查方法是否正确，数值是否符合要求	是 □　否 □

续表

检查项目	检查结果
气缸磨损检查方法是否正确,数值是否符合要求	是 □　否 □
工具、辅具等是否归位	是 □　否 □
场地卫生是否良好	是 □　否 □

(二)互检

组与组之间相互进行操作过程及结果检查,并把检查结果填写在表 2-11 中。

表 2-11　　互检

检查项目	检查结果
气缸体分解、组装方法是否正确	是 □　否 □
气缸体平面度检查方法是否正确,数值是否符合要求	是 □　否 □
气缸磨损检查方法是否正确,数值是否符合要求	是 □　否 □
工具、辅具等是否归位	是 □　否 □
场地卫生是否良好	是 □　否 □

七、课堂小结

任务三 活塞连杆组的拆装与检查

<table>
<tr><th colspan="7">汽车发动机机械系统拆装与修理任务工单</th></tr>
<tr><td>客户信息</td><td colspan="3">姓名</td><td colspan="3">电话</td></tr>
<tr><td rowspan="2">车辆信息</td><td colspan="2">车型</td><td colspan="2">VIN 码</td><td colspan="2">行驶里程</td></tr>
<tr><td colspan="2"></td><td colspan="2"></td><td colspan="2"></td></tr>
<tr><td>客户描述</td><td colspan="6">发动机抖动 □　发动机工作不良 □　排气管冒蓝烟 □　发动机漏油、漏水 □
发动机动力不足 □　发动机加速不良 □　发动机怠速不稳 □　发动机异响 □
耗油量增大 □　发动机烧机油 □　水温过高 □　发动机无法启动 □
其他：</td></tr>
<tr><th colspan="3">车辆外观检查</th><th colspan="4">车辆内部检查</th></tr>
<tr><td>凹凸 □</td><td colspan="2" rowspan="4"></td><td>污渍 □</td><td colspan="3" rowspan="4"></td></tr>
<tr><td>划痕 □</td><td>破损 □</td></tr>
<tr><td>石击 □</td><td>色斑 □</td></tr>
<tr><td>油漆 □</td><td>变形 □</td></tr>
<tr><td>明确具体工作任务</td><td colspan="6"></td></tr>
</table>

发动机基础检查								
机油液面	过高□ 过低□ 正常□	冷却液液面	过高□ 过低□ 正常□	气缸压力	无缸压□ 过低□ 正常□			

发动机拆装检测项目					
曲柄连杆机构	配气机构	润滑系统	冷却系统	供给系统	启动与点火系统
气缸体检测 □	气缸盖检测 □	机油泵检测 □	水泵检测 □	燃油泵检测 □	启动机拆装检查□
活塞检测 □	进、排气门检测 □	机油油道检测□	节温器检测 □	滤清器检测 □	点火线圈检查 □
活塞环检测 □	气门弹簧检测□	滤清器检测 □	散热水箱检测□	喷油器检测 □	火花塞拆装检查□
连杆检测 □	气门座圈检测□	机油液面检测□	水管检测 □	燃油轨道检测 □	高压导线检查 □
曲轴检测 □	凸轮轴检测 □	机油压力检测□	密封性检测 □	油压调节器检测□	控制电路检查 □
轴瓦检测 □	液压挺柱检测□			燃油压力检测 □	
飞轮组检测 □	正时机构检测□			进气系统检测 □	
曲轴油封检测□				排气系统检测 □	

- 通过拆解、组装活塞连杆组，掌握各零部件组成、功能及工作原理
- 能够测量活塞连杆组，并根据测量结果做出维修计划

任务内容

- 活塞连杆组的组成、功用及拆装方法
- 活塞连杆组常见损伤及原因分析
- 活塞、活塞环、连杆、连杆轴承等项目的测量和计算
- 活塞连杆组的拆装及工具使用

任务重点

- 活塞连杆组常见损伤及原因分析
- 活塞、活塞环、连杆、连杆轴承等项目的测量和计算

- 活塞环三隙测量、连杆弯曲度测量

一、知识讲解

(一)活塞连杆组的组成、功用及拆卸

1.活塞连杆组的组成

活塞连杆组主要由活塞、活塞环、活塞销、连杆等组成。

2.活塞连杆组的功用

活塞、连杆与气缸盖、气缸壁等共同组成燃烧室。活塞还要承受气体压力，并且将气体压力传递给连杆，从而推动曲轴旋转。

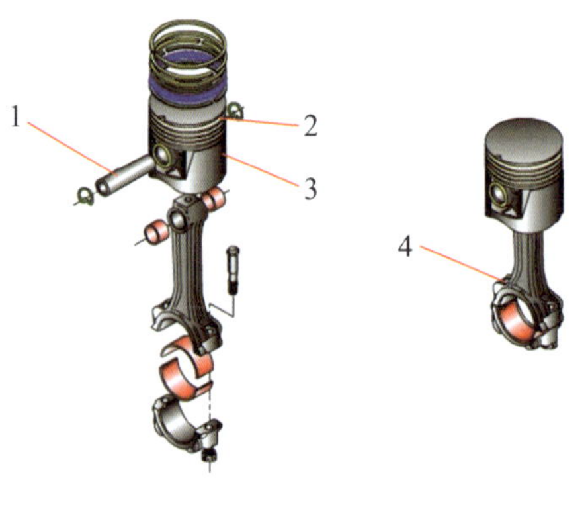

图 3-1 活塞连杆组

1—活塞销；2—活塞环；3—活塞；4—连杆

3.活塞连杆组的拆卸

(1)将要拆卸的活塞连杆组旋转到下止点位置，检查连杆是否有明显的弯曲现象，检查活塞连杆组的序号是否与气缸体上的序号一致(图 3-2)。用抹布清洁气缸，检查有无缸肩，如有应先清除。

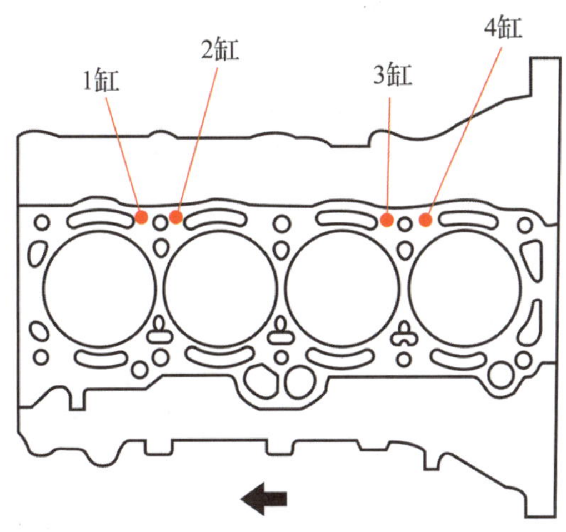

图 3-2 气缸体上的序号

(2)设置装配标记，如果无原车标记，用记号笔在连杆和连杆轴承上做记号(图 3-3)。

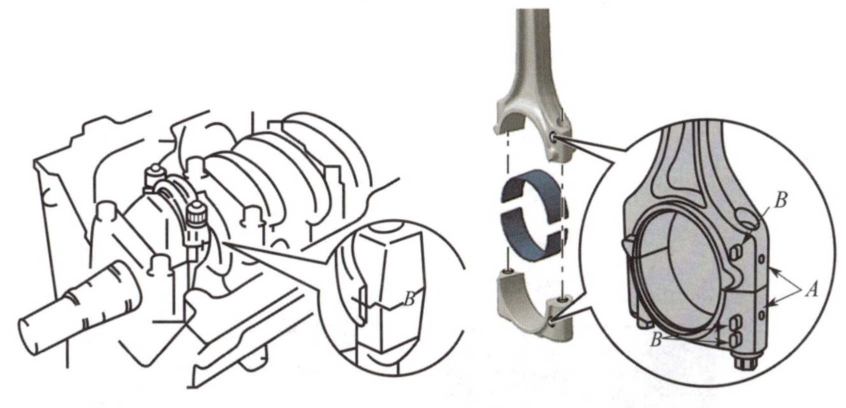

图 3-3 装配标记

(3)用扭力扳手和套筒按照从内到外并且交叉的顺序分多次旋松连杆螺母，之后用手拧下螺母。用橡胶锤轻敲连杆螺栓，取出连杆盖(注意，连杆轴承不要掉落)，同时取下下盖上的连杆轴承(图 3-4)。

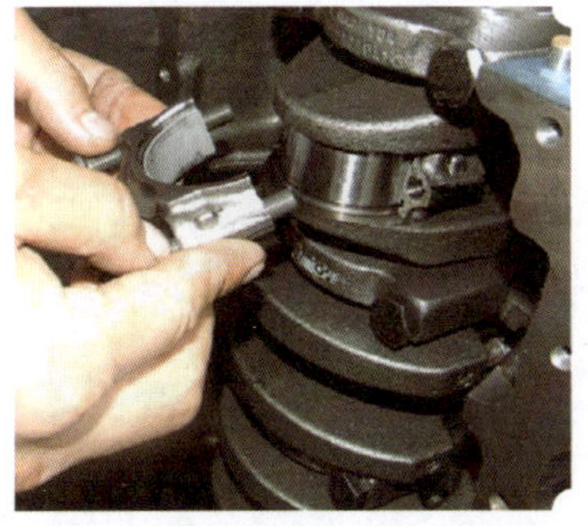

图 3-4 取下连杆轴承

(4)用锤柄在合适的位置推出连杆活塞,同时用左手在缸体上平面处扶持住。取下连杆和连杆轴承盖上的连杆轴承,按气缸顺序摆放(图 3-5)。

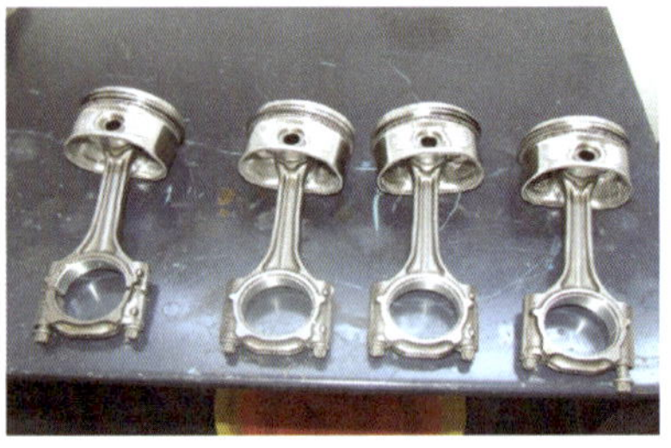

图 3-5　拆卸连杆活塞

(5)使用活塞环扩张器拆下两道压缩环,用手拆下组合油环,用铲刀清理活塞顶面的积炭。最后用卡簧钳取出活塞销卡簧,从而取出活塞销(图 3-6)。

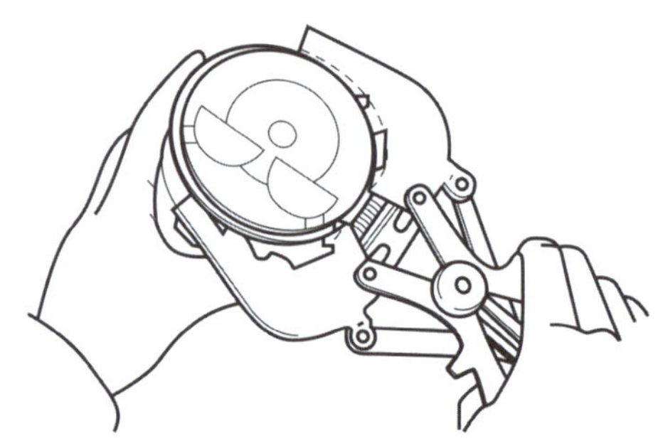
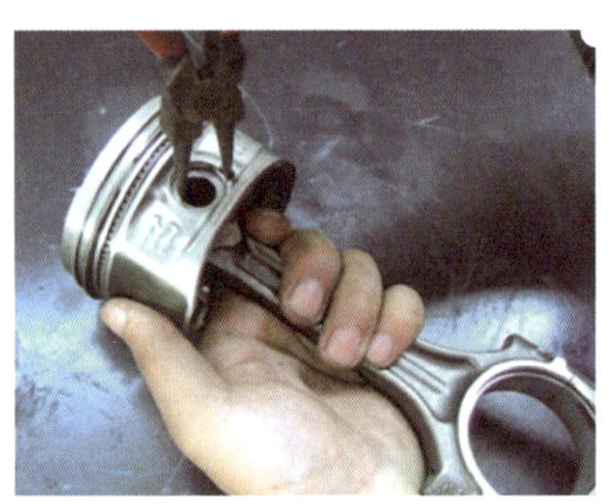

图 3-6　拆卸活塞压缩环并取出活塞销卡簧

(二)测量活塞与缸筒之间的油膜间隙及活塞环三隙

1.测量活塞与缸筒之间的油膜间隙

用外径千分尺测量活塞裙部下边缘 10 mm 处的活塞直径,用量缸表测量气缸直径,两者的差值即为活塞与缸筒之间的油膜间隙(图 3-7)。

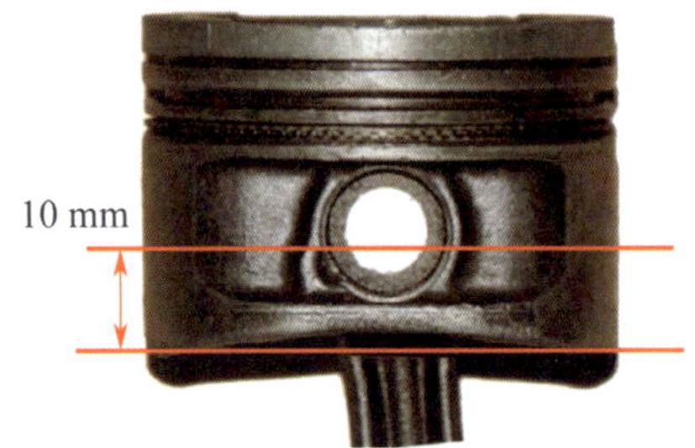

(a) 测量活塞裙部下边缘10 mm处的活塞直径

(b) 用量缸表测量气缸直径

图 3-7　测量并计算活塞与缸筒之间的油膜间隙

2.测量活塞环与活塞之间的侧隙

活塞环与活塞之间的侧隙指活塞环装配后上平面与槽之间的间隙。侧隙过大，活塞环密封不良；侧隙过小，活塞环受热易卡死在活塞环槽内。测量时将活塞环塞入活塞环槽内，用塞尺测量活塞环上平面与环槽之间的间隙，即侧隙(图 3-8)。

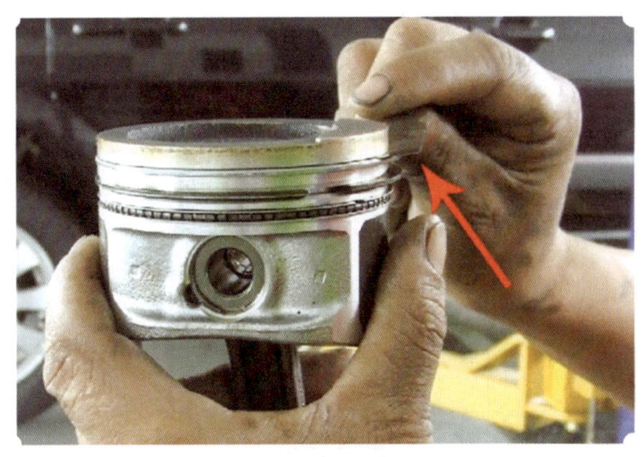

图 3-8 测量侧隙

3.测量活塞环与活塞之间的背隙

活塞环与活塞之间的背隙是指活塞与活塞环装入气缸后，活塞环内圆柱面和活塞环槽底之间的间隙(图 3-9)。背隙过小，会使活塞环卡死在气缸中，此间隙不易测量。

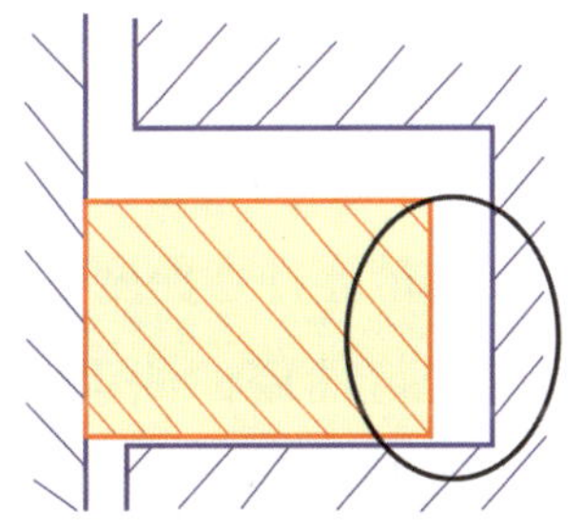

图 3-9 测量背隙

4.测量活塞环的端隙

活塞环的端隙又称开口间隙，是指活塞环放到气缸内其开口处的间隙。测量活塞环端隙时，应将活塞环平正地放入气缸，用一个活塞顶部将活塞环推到其行程的底部，因为这里的磨损是最小的。然后取出活塞，用塞尺测量端口间隙(图 3-10)。

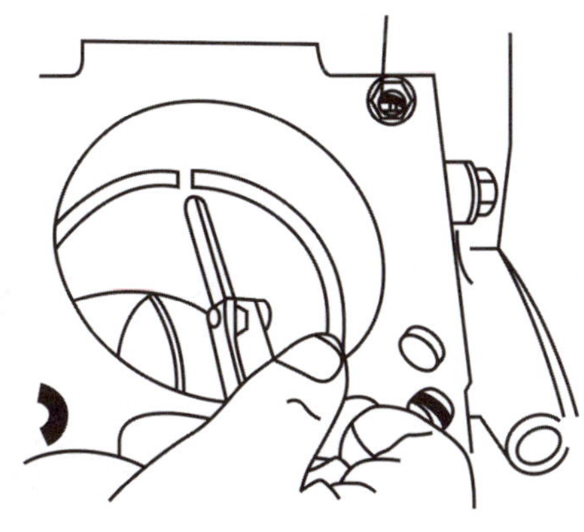

图 3-10 测量端隙

(三)测量活塞环漏光度、连杆弯曲度及连杆衬套过盈量

1.检查活塞环漏光度

活塞环漏光度的检查方法很简单,将活塞环平放在气缸内,在活塞环一边放一个灯泡,上面放一块盖板盖住活塞环的内圈,观察活塞环与缸壁之间的漏光缝隙即可(图 3-11)。

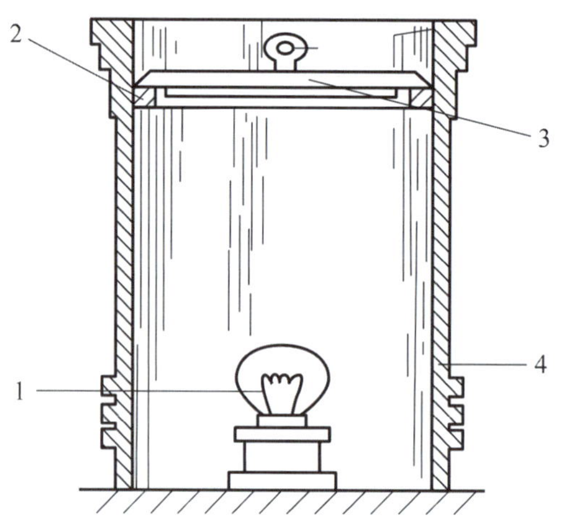

图 3-11 检测活塞环漏光度

1—灯泡;2—活塞环;3—盖板;4—气缸筒

2.测量连杆弯曲度

连杆弯曲度的测量需要用到连杆检验器。如果无连杆检验器,可以将缸体竖直,装上曲轴与活塞连杆,但不要装活塞环,缓缓转动曲轴,观察活塞在气缸内的运行情况。若活塞在 4 个行程中总是偏向曲轴前端或后端的气缸壁方向,则可将活塞连杆组从缸套内抽出,调整 180°装复,再按照相同的方法重新检查。若此次活塞偏置的方向恰恰与上次相反,则说明连杆有弯曲现象,应修理或更换。

3.测量连杆衬套过盈量

用外径千分尺测量连杆衬套外径,用内径卡规测量连杆小头内径,其差值就是连杆衬套过盈量(图 3-12)。

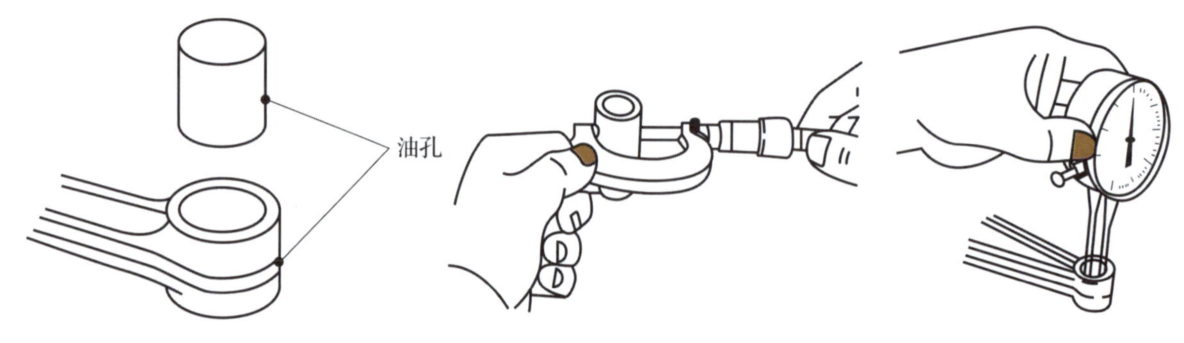

(a) 将连杆衬套油孔对准连杆油孔　　(b) 测量连杆衬套外径　　(c) 测量连杆小头内径

图 3-12 测量连杆衬套过盈量

(四)组装活塞连杆组

在组装活塞连杆组时，首先要对零部件进行清洗，然后用压缩空气吹干。活塞与连杆通常都有装配标记，安装时，活塞头部上的箭头应朝前(朝向传动带盘)；活塞顶部标有气缸号，注意活塞所属气缸号。安装连杆，其浇铸标记必须朝前(朝向传动带盘)并注意连杆所属气缸号。最后装入活塞销，并安装活塞销卡簧(图 3-13)。

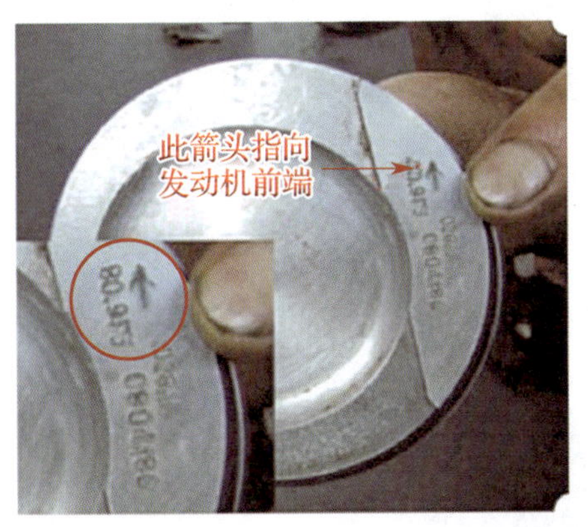

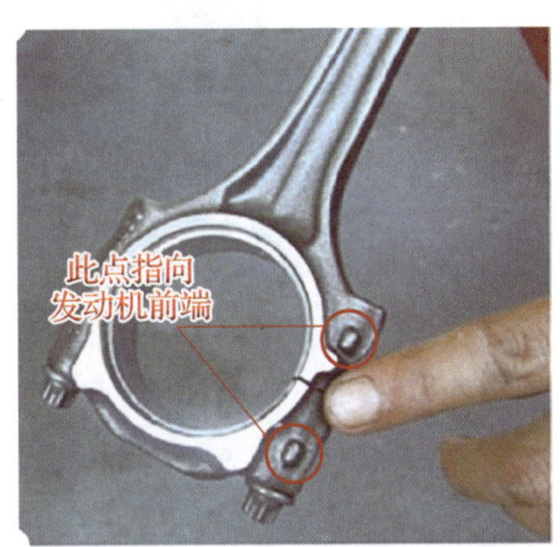

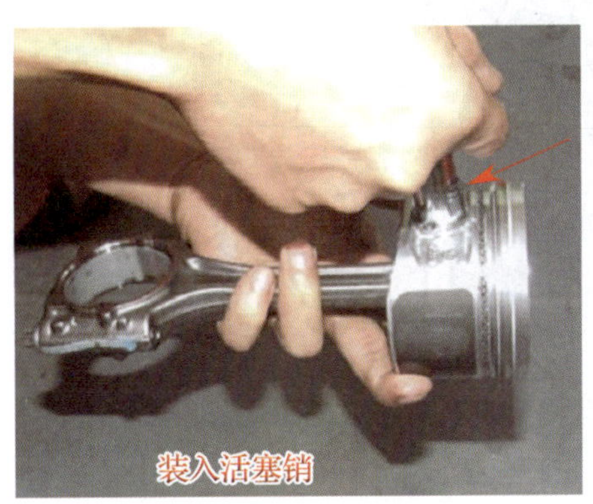

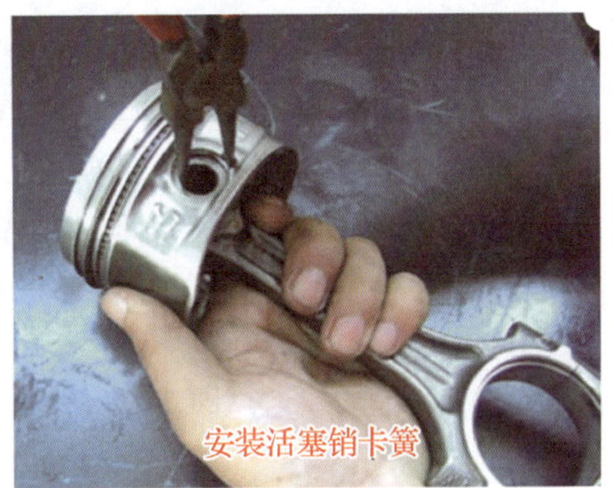

图 3-13 组装活塞连杆组

安装活塞环时应注意：

(1)活塞环开口应错开 120°(图 3-14)。

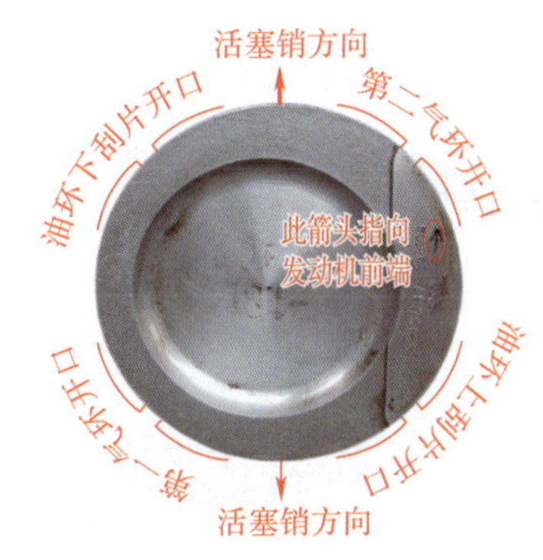

图 3-14 安装活塞环的注意事项

(2)活塞环“TOP”标记应朝向活塞顶部。用活塞环压缩器和橡胶锤将组装好的活塞连杆压入气缸内，然后查询维修手册，确定连杆螺栓的拧紧力矩，分三次拧紧(图 3-15)。

图 3-15　将组装好的活塞连杆压入气缸内

(五)测量曲轴轴向间隙

可以直接用塞尺或百分表测量曲轴的轴向移动量,即轴向间隙(图 3-16)。

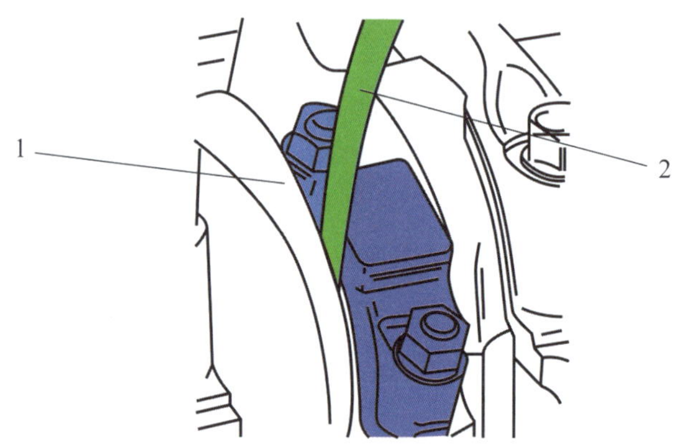

图 3-16　测量曲轴轴向间隙

1—连杆盖;2—塞尺

二、任务准备

在下列图片中勾选出完成本任务所需的工具、设备、资料等。

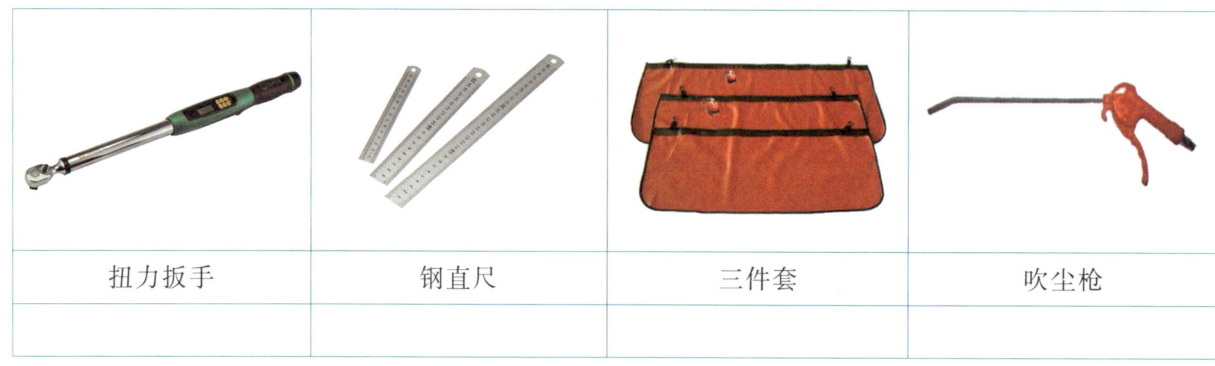

扭力扳手	钢直尺	三件套	吹尘枪

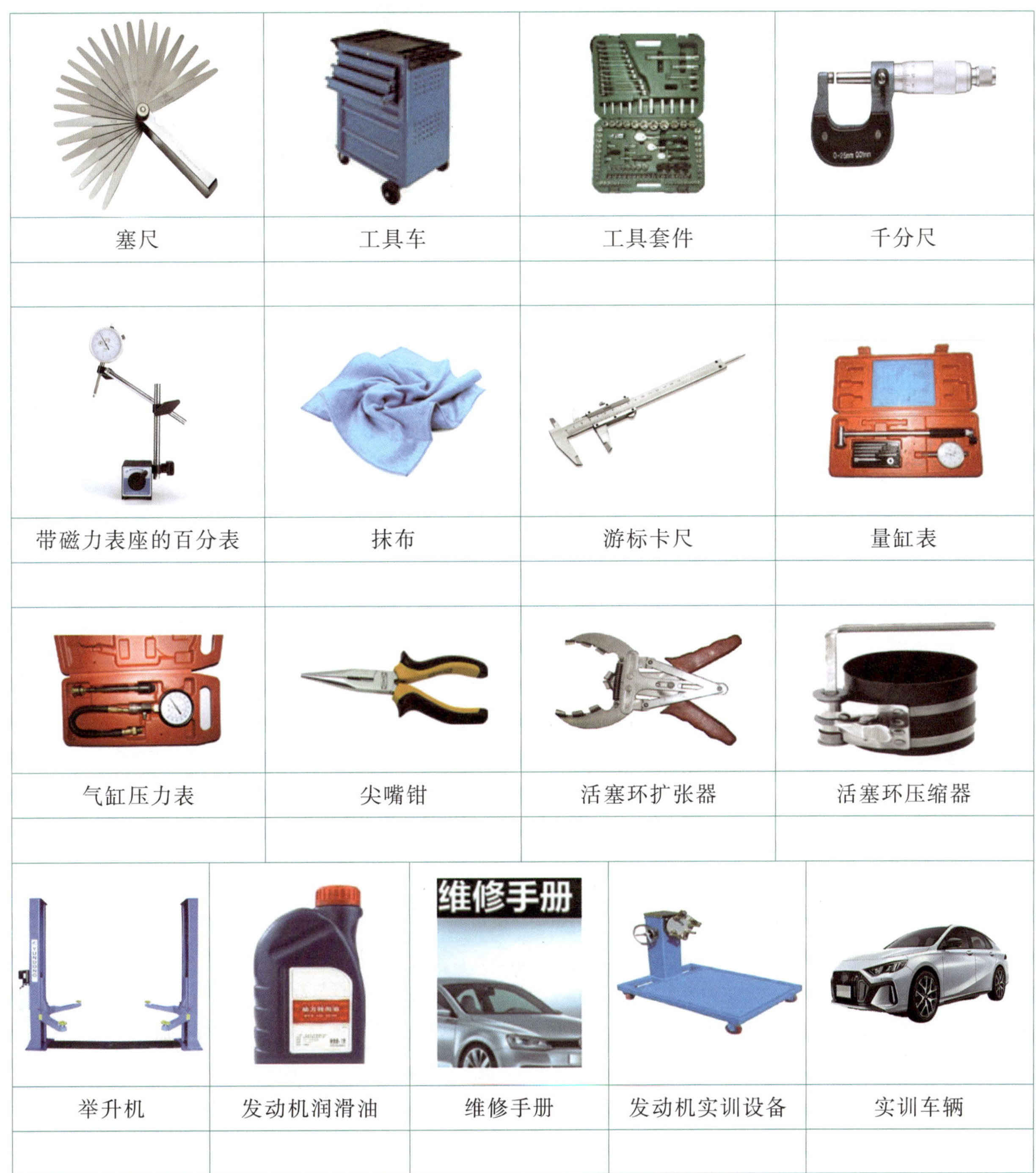

塞尺	工具车	工具套件	千分尺
带磁力表座的百分表	抹布	游标卡尺	量缸表
气缸压力表	尖嘴钳	活塞环扩张器	活塞环压缩器

举升机	发动机润滑油	维修手册	发动机实训设备	实训车辆

三、防护措施

(1)进入车间应穿工作鞋、戴工作帽;工作服应整洁、无破损;操作时不可佩戴手表等金属饰品,以防划伤车辆表面。

(2)举升车辆时应严格按照举升机使用方法进行操作,并通知其他人员远离举升设备。

(3)更换油液或配件时,应处理好油液和配件的回收清理工作,以免对工作环境造成污染。

四、任务分配

任务分配见表 3-1。

表 3-1　　任务分配

职务	代码	姓名	工作内容
组长	A		监督、管理组员工作
组员	B		准备实训所需车辆及设备
	C		
	D		准备实训所需工具及资料
	E		

五、任务实施

(一)操作流程

完成下列表格中工作内容对应工作步骤的排序并填空(表 3-2～表 3-5)。

表 3-2　　拆卸活塞连杆组的操作步骤

工作步骤	工作内容
	检查或设置装配标记,如果无原车标记,用记号笔在连杆和连杆轴承盖上做记号
	将发动机实训设备固定到工作位置,不能让发动机实训设备晃动
	将活塞连杆旋转到下止点位置,检查连杆是否有明显弯曲,检查活塞连杆组的序号是否与气缸体上的序号一致,用抹布清洁气缸,检查有无缸肩,如有缸肩应先清除
	套上连杆螺栓保护套,用橡胶锤推出连杆活塞。取下连杆螺栓上的保护套,取下连杆和连杆轴承(用左手在气缸体上平面处扶持住活塞连杆,装好连杆和连杆轴承并按气缸顺序摆放)
	用扭力扳手和套筒旋松连杆螺母,用手拧下螺母。用橡胶锤轻敲连杆螺栓,取出连杆盖,同时取下下盖上的连杆轴承
	整理工具,按规定位置放置,避免乱放
	使用________拆下两道压缩环,用手拆下组合油环,用铲刀清理活塞顶面的积炭。注意:拆卸活塞环时不要折断活塞环
	用________取出活塞销卡簧,从而取出活塞销。注意:正确使用卡簧钳,避免出现卡簧损坏现象

表 3-3　　测量油膜间隙及活塞环三隙的操作步骤

工作步骤	工作内容
	用外径千分尺测量活塞裙部下边缘 10 mm 处的活塞直径,用量缸表测量气缸直径,两者的差值即为________
	将活塞环塞入活塞环槽内,用塞尺测量活塞环________与________之间的间隙,即侧隙

续表

工作步骤	工作内容
	将活塞环平正地放入气缸,用一个活塞顶部将活塞环推到其行程的底部,然后取出活塞,用塞尺测量端口间隙
	用________测量活塞环槽深度并读取数据,用游标卡尺测量活塞环宽度并读取数据,用活塞环槽深度减去活塞环宽度,所得数值就是活塞环的背隙

表 3-4　　测量活塞环漏光度、连杆弯曲度及连杆衬套过盈量的操作步骤

工作步骤	工作内容
	将活塞环平放在气缸内,将活塞倒放进气缸内,轻压活塞环使活塞环与气缸体垂直,用________在气缸体下方照射,观察气缸体上端面与活塞环接触的地方是否有漏光现象
	用外径千分尺测量连杆衬套外径,用内径卡规测量连杆小头内径,其差值就是连杆衬套过盈量
	连杆弯曲度的测量需要用到________。当无连杆检验器时,可以将缸体竖直,装上曲轴与活塞连杆,但不要装活塞环,缓缓转动曲轴,观察活塞在气缸内的运行情况。若活塞在4个行程中总是偏向曲轴前端或后端的气缸壁方向,则可将活塞连杆组从缸套内抽出,调整180°装复,再按照相同的方法重新检查。若此次活塞偏置的方向恰恰与上次相反,则说明连杆有弯曲现象,应修理或更换

表 3-5　　组装活塞连杆组的操作步骤

工作步骤	工作内容
	组装活塞连杆组(活塞与连杆通常都有装配标记,安装时,活塞头部上的箭头应朝向________;活塞顶部标有气缸号,注意活塞所属气缸号。连杆浇铸标记必须朝向________并注意连杆所属气缸号)
	在连杆轴承上涂抹润滑油,并将连杆轴承盖安装到连杆上
	对活塞、连杆等零部件进行清洗、吹干,避免有油污、灰尘
	安装活塞环。活塞环开口________,活塞环"TOP"标记应朝向活塞________。要正确使用专用工具,否则无法将活塞推进缸筒
	查询维修手册,确定连杆螺栓的拧紧力矩,分三次拧紧连杆螺栓
	用________和________将组装好的活塞连杆组压入气缸内。注意:不要用力过大而损坏活塞环和活塞顶部
	整理工具、归位,按规定位置放置,避免乱放

(二)实施记录

结合实施过程,对照表 3-6～表 3-9 中的检查项目,填写或勾选出实际的检查结果。

表 3-6　　拆卸活塞连杆组的实施记录

项目	螺栓数量	工具	规格
拆卸活塞、连杆			
拆卸曲轴			
拆卸连杆轴承盖	—		—
从缸套内取出活塞	—		—
拆卸活塞环	—		—

表 3-7　　测量活塞环三隙的实施记录　　mm

检测项目		检测结果		
		侧隙	背隙	端隙
测量活塞环三隙	第一道气环			
	第二道气环			
	油环			
	标准间隙	第一道气环：0.04～0.10 其他环：0.03～0.07 油环：0.025～0.07	油环、气环一般为0～0.35	油环、气环一般为0.25～0.50
处理意见	在范围内：		不在范围内：	

表 3-8　　测量活塞环漏光度、连杆弯曲度及连杆衬套过盈量的实施记录

序号	检查项目	检查结果	备注
1	活塞环漏光度	漏光 □　正常 □	
2	连杆弯曲度	弯曲 □　正常 □	标准：每 100 mm 上最大弯曲量不能大于 0.05 mm
3	连杆衬套过盈量	超标 □　正常 □	标准：连杆衬套与连杆小头应有 0.1～0.2 mm 的过盈量
4	整理工具、归位	是 □　否 □	

表 3-9　　组装活塞连杆组的实施记录

序号	检查项目	检查结果	备注
1	是否对活塞、连杆等零部件进行清洁	是 □　否 □	
2	组装活塞、连杆时，是否注意了安装方向	是 □　否 □	安装活塞、连杆时均有装配标记
3	是否正确安装活塞环	是 □　否 □	活塞环开口错开 120°，活塞环"TOP"标记应朝向活塞顶部
4	是否正确安装活塞连杆组件	是 □　否 □	
5	是否正确安装连杆轴承	是 □　否 □	
6	是否分三次拧紧连杆螺栓且拧紧力矩符合要求	是 □　否 □	
7	是否整理工具并归位，按规定位置放置，避免乱放	是 □　否 □	

六、检查

(一)自检

结合本组任务操作过程，对任务执行过程中的操作规范性进行检查，检查操作过程中是否存在表 3-10 中所列的问题，并将检查结果填写在表 3-10 中，分析、讨论应如何避免并总结规范的操作方法。

表 3-10 自检

检查项目	检查结果
活塞连杆组拆装步骤、方法是否正确	是 □ 否 □
活塞环三隙的测量方法是否正确	是 □ 否 □
活塞环漏光度的测量方法是否正确	是 □ 否 □
连杆弯曲度的测量方法是否正确	是 □ 否 □
检测过程是否有安全隐患	是 □ 否 □
工具是否摆放整齐、归位	是 □ 否 □
对检查结果处理是否得当	是 □ 否 □

(二)互检

组与组之间相互进行操作过程及结果检查,并把检查结果填写在表 3-11 中。

表 3-11 互检

检查项目	检查结果
所有检查项目是否顺利完成	是 □ 否 □
对检查结果处理是否得当	是 □ 否 □
工具是否摆放整齐、归位	是 □ 否 □

七、课堂小结

微课动画

实操视频

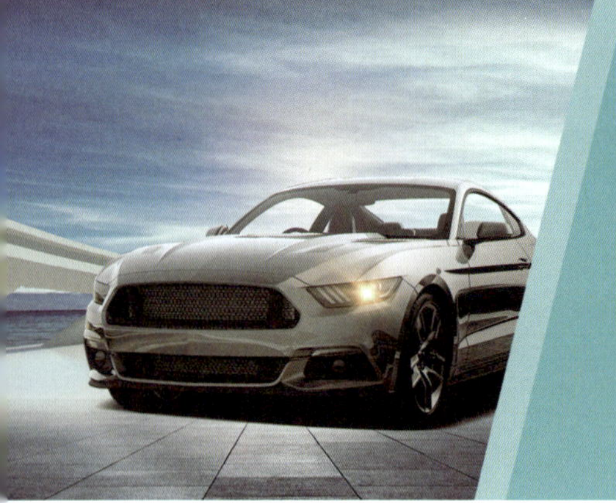

任务四 曲轴飞轮组的拆装与检查

<table>
<tr><th colspan="5">汽车发动机机械系统拆装与修理任务工单</th></tr>
<tr><td>客户信息</td><td colspan="2">姓名</td><td colspan="2">电话</td></tr>
<tr><td rowspan="2">车辆信息</td><td>车型</td><td colspan="2">VIN 码</td><td>行驶里程</td></tr>
<tr><td></td><td colspan="2"></td><td></td></tr>
<tr><td>客户描述</td><td colspan="4">发动机抖动 □ 发动机工作不良 □ 排气管冒蓝烟 □ 发动机漏油、漏水 □
发动机动力不足 □ 发动机加速不良 □ 发动机怠速不稳 □ 发动机异响 □
耗油量增大 □ 发动机烧机油 □ 水温过高 □ 发动机无法启动 □
其他：</td></tr>
<tr><th colspan="2">车辆外观检查</th><th colspan="3">车辆内部检查</th></tr>
<tr><td>凹凸 □</td><td rowspan="4"></td><td colspan="2">污渍 □</td><td rowspan="4"></td></tr>
<tr><td>划痕 □</td><td colspan="2">破损 □</td></tr>
<tr><td>石击 □</td><td colspan="2">色斑 □</td></tr>
<tr><td>油漆 □</td><td colspan="2">变形 □</td></tr>
<tr><td>明确具体工作任务</td><td colspan="4"></td></tr>
</table>

发动机基础检查					
机油液面	过高□ 过低□ 正常□	冷却液液面	过高□ 过低□ 正常□	气缸压力	无缸压□ 过低□ 正常□
发动机拆装检测项目					
曲柄连杆机构	配气机构	润滑系统	冷却系统	供给系统	启动与点火系统
气缸体检测 □	气缸盖检测 □	机油泵检测 □	水泵检测 □	燃油泵检测 □	启动机拆装检查□
活塞检测 □	进、排气门检测 □	机油油道检测□	节温器检测 □	滤清器检测 □	点火线圈检查 □
活塞环检测 □	气门弹簧检测□	滤清器检测 □	散热水箱检测□	喷油器检测 □	火花塞拆装检查□
连杆检测 □	气门座圈检测□	机油液面检测□	水管检测 □	燃油轨道检测 □	高压导线检查 □
曲轴检测 □	凸轮轴检测 □	机油压力检测□	密封性检测 □	油压调节器检测□	控制电路检查 □
轴瓦检测 □	液压挺柱检测□			燃油压力检测 □	
飞轮组检测 □	正时机构检测□			进气系统检测 □	
曲轴油封检测□				排气系统检测 □	

- 通过查阅维修手册，按照汽车厂家参数要求测量曲轴与飞轮
- 通过拆解、组装曲轴飞轮组，掌握各零部件的组成、功能及工作原理
- 能够熟练地使用千分尺、直尺、塞尺及百分表
- 能够测量曲轴飞轮组，并根据测量结果做出维修计划
- 能够完整、正确地填写项目单

- 曲轴飞轮组的拆装
- 曲轴飞轮组零部件的检测

- 飞轮损伤的检测
- 曲轴损伤的检测
- 曲轴飞轮组的拆装

- 曲轴损伤的检测
- 曲轴飞轮组的拆装

一、知识讲解

（一）拆卸曲轴飞轮组

1.测量飞轮端面圆跳动量

将百分表安装在发动机气缸体上，使百分表触头接触飞轮端面，缓慢转动飞轮一周，测量飞轮端面圆跳动量，应不超过 0.15 mm；如果超过使用限度，应修磨或更换飞轮（图 4-1）。

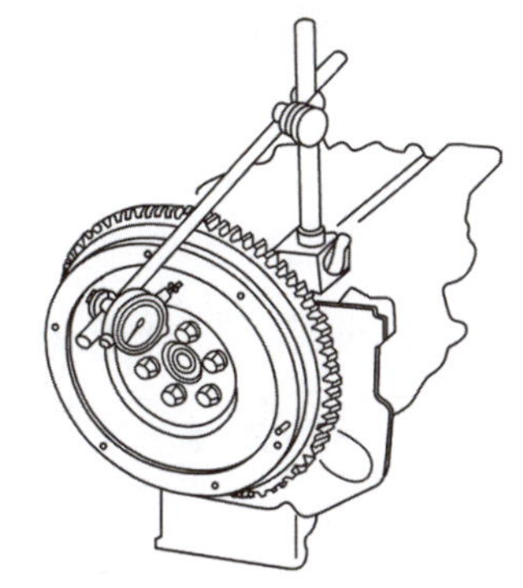

图 4-1 测量飞轮端面圆跳动量

2.拆卸飞轮

首先拆卸飞轮，在拆卸飞轮前必须做好标记，以便在安装时可以快速找到原位置对正活塞上止点，然后用专用工具将飞轮固定。接着用扭力扳手将螺栓按对角顺序分几次均匀拧松，最后统一旋下螺栓(图 4-2)。

拆卸完螺栓后，如飞轮安装过紧，可用拉拔器将飞轮取下。在使用时，先将固定飞轮用的专用工具取下，然后将拉拔器(图 4-3)的两个拉爪固定在飞轮的两端，转动调整螺杆将飞轮取下。

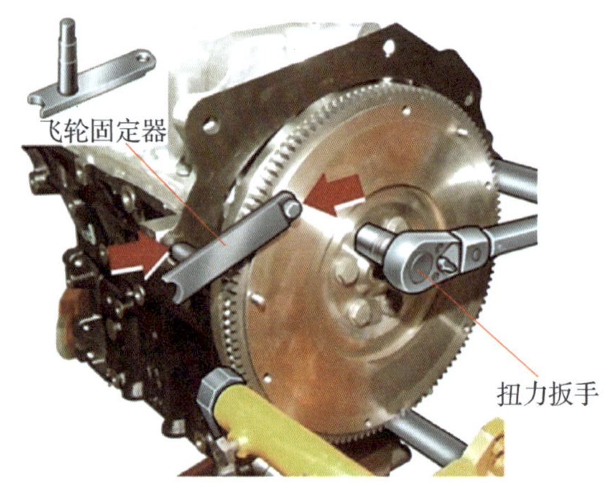

图 4-2　拆卸飞轮

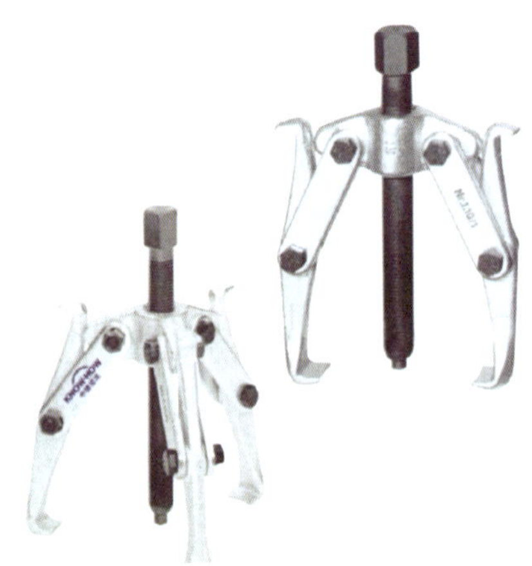

图 4-3　拉拔器

3.拆卸曲轴

首先依次松开连杆轴承盖螺栓，取下连杆轴承盖，将连杆连同活塞一同取下，按顺序摆放到工作台上，同时连杆轴承盖及螺栓也要按顺序摆放。然后按照从外到内并且交叉的顺序分多次拧松连杆轴承盖螺栓，拆下所有螺栓(图 4-4)。

(a)

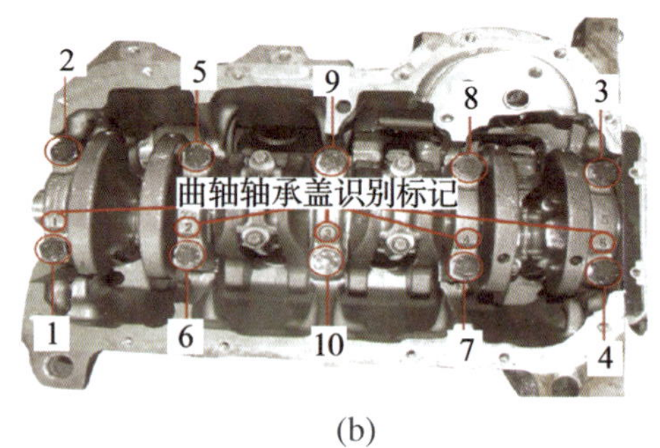

(b)

图 4-4　拆卸曲轴

遇到连杆轴承盖不能取下的情况时，可以插入两个螺栓并晃动连杆轴承盖，便可将其取下。拆下的连杆轴承盖按照标记和顺序摆放。可以用一字旋具小心地撬出连杆轴承，连同连杆轴承盖一起按顺序摆放。最后，将曲轴从气缸体中抬出来(图 4-5)。

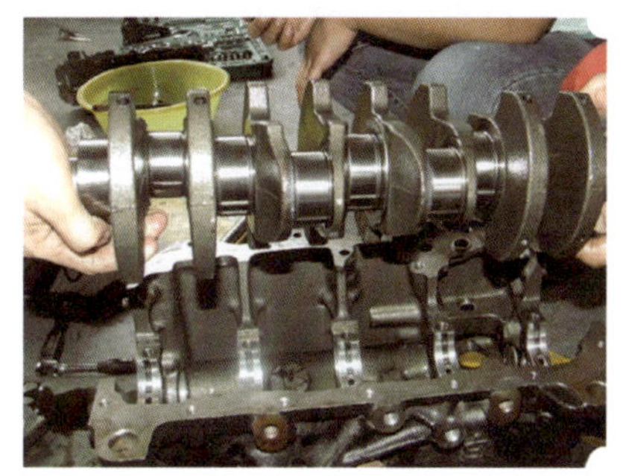

图 4-5 取下曲轴

(二)曲轴飞轮组的作用及常见故障

1.飞轮的作用

飞轮(图 4-6)的主要作用是在发动机启动时,靠启动机的动力与外圈的齿啮合,带动曲轴旋转至发动机启动。此外,在发动机工作过程中飞轮将做功行程的能量储存起来,以便克服进气、压缩和排气行程的阻力,使曲轴能均匀旋转,同时又将发动机的动力传给离合器或液力变矩器。所以,在发动机工作过程中飞轮会承受非常大的作用力。

2.飞轮常见故障

飞轮常见故障一般包括齿面磨损、齿圈齿断裂、飞轮表面出现裂纹、表面腐蚀变形等(图 4-7)。

(a)齿面磨损

(b)飞轮表面出现裂纹

图 4-7 飞轮损伤

3.曲轴的作用

曲轴是发动机的动力源,曲轴能把活塞连杆传来的气体压力转变为转矩对外输出,并驱动配气机构及其他附属装置,一旦曲轴出现损伤,会对整个发动机的工作造成影响。

4.曲轴常见故障

曲轴常见故障是曲轴损伤,主要有轴向间隙过大、表面出现裂纹、曲轴弯曲、主轴颈或连杆轴颈磨损过大等。

（三）检测曲轴飞轮组

1.检测曲轴轴向间隙

曲轴是转动件，曲轴与固定件之间留有一定的间隙，以防止曲轴及轴承发热卡住，其间隙可以用不同厚度的止推垫片来调整。这个间隙如果太小，会增加曲轴及轴承受热后的运动阻力；太大会使曲轴轴向窜动引起活塞偏缸、连杆弯曲。

可以用百分表检测曲轴轴向间隙。检测前，使百分表触头作用在曲轴的一端，并留有1～2 mm 的压缩量。通过旋具撬动曲轴端，然后将百分表调零，再把曲轴往百分表的方向撬动，此时指针所指读数便是曲轴的轴向间隙。

也可以用塞尺检测曲轴轴向间隙，检测前用旋具把曲轴撬到一端，然后用塞尺检测。塞尺应放在主轴承与止推轴承之间。轴向间隙若不符合要求，应更换止推轴承和止推片。

2.检测曲轴弯曲度

将曲轴两端支在平板上面的 V 形架上，用百分表进行测量，将百分表触头触及曲轴中间部分的主轴颈，用手慢慢转动曲轴一周，观察百分表指针的变化情况，当跳动量大于 0.15 mm 时，应进行调飞轮或更改（图 4-8）。

图 4-8　检测曲轴弯曲度

3.检测曲轴轴颈磨损量

用外径千分尺进行主轴颈和连杆轴颈的圆度和圆柱度检查，测量和计算方法与测量活塞裙部直径类似。各轴颈的圆度和圆柱度应不超过 0.04 mm，表面无损伤时，曲轴可以继续使用。不满足上述条件之一时需进行磨修（图 4-9）。

4.计算轴颈圆度和圆柱度

使用外径千分尺在轴颈磨损最严重的横截面上进行多点测量，测得的最大直径与最小直径差值的一半即圆度偏差。使用外径千分尺在轴颈同一纵断面上进行多点测量，测得的最大直径与最小直径差值的一半即圆柱度偏差。

图 4-9 检测曲轴轴颈磨损量

(四)组装曲轴飞轮组

1.安装轴瓦

安装轴瓦时一定要涂抹润滑油,以减轻其与气缸体之间的磨损(图 4-10)。

同时,两个瓦片接合处由定位唇与轴承片上的槽配合定位,两个瓦片的槽口应朝向一边。如果安装错误,那么,在发动机运转时轴瓦及曲轴会在瞬间产生严重磨损,使发动机无法正常工作(图 4-11)。

图 4-10 涂抹润滑油

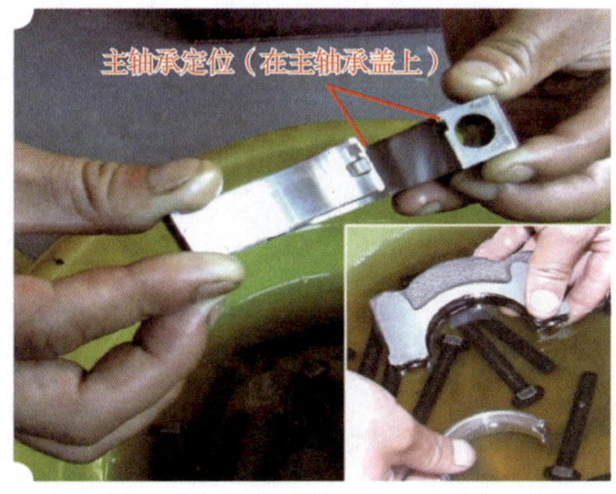

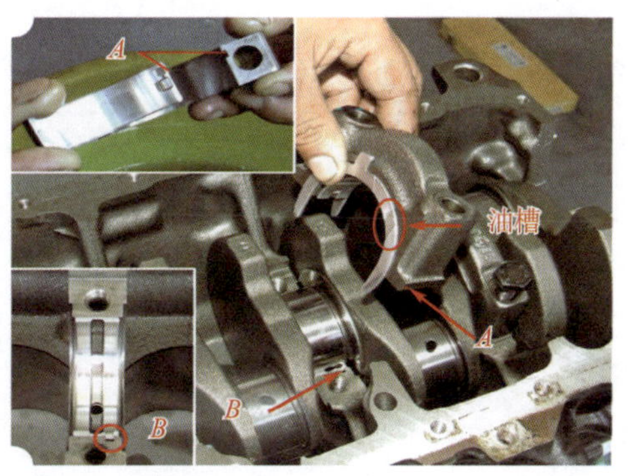

图 4-11 曲轴轴瓦的安装

2.安装曲轴的注意事项

安装曲轴轴承盖时需要注意,轴承盖上一般都有箭头标记,箭头一般指向发动机前端,拆卸前必须做好标记(图 4-12)。

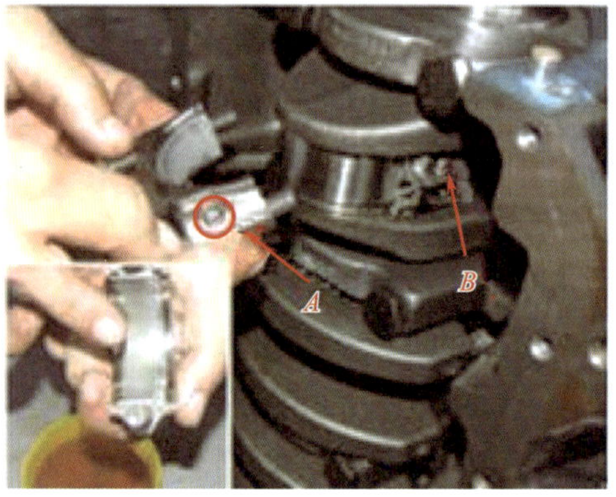

图 4-12　安装曲轴的注意事项

拧紧轴承盖螺栓时,要按照从内到外的顺序分批次地逐渐拧紧。

在安装活塞时,一定要使用专用工具,尽可能减少对气缸体及活塞环的损伤(图 4-13)。

3.安装飞轮的注意事项

安装飞轮前必须将曲轴大头直径及法兰断面、螺纹孔清理干净,否则安装飞轮后会产生不同程度的偏斜,影响传动效果。安装固定飞轮的螺栓时必须分两次拧紧,达到规定力矩。飞轮与曲轴的中心线应该在规定的同轴度中心线范围内(图 4-14)。

图 4-13　安装活塞

图 4-14　安装固定飞轮的螺栓

二、工作准备

在下列图片中勾选出完成本任务所需的工具、设备、资料等。

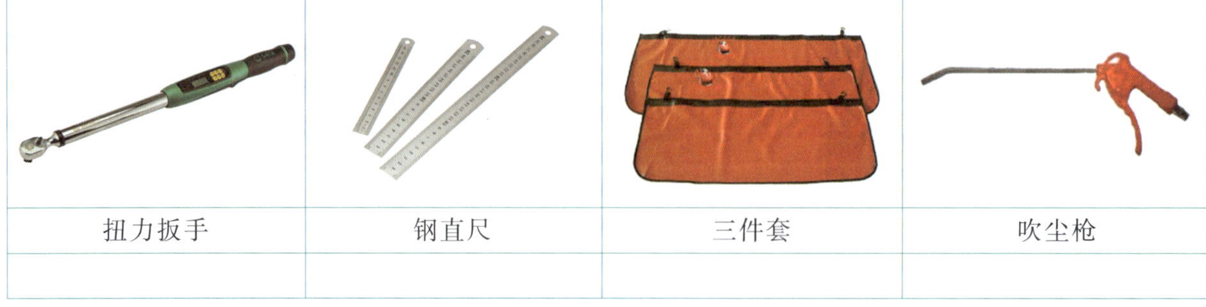

扭力扳手	钢直尺	三件套	吹尘枪

塞尺	工具车	工具套件	千分尺
带磁力表座的百分表	抹布	游标卡尺	量缸表
V 形架	尖嘴钳	活塞环扩张器	活塞环压缩器
拉拔器	橡胶锤	磁力棒	工作台

举升机	发动机润滑油	维修手册	发动机实训设备	实训车辆

三、防护措施

(1)进入车间应穿工作鞋、戴工作帽;工作服应整洁、无破损;操作时不可佩戴手表等金属饰品,以防划伤车辆表面。

(2)举升车辆时应严格按照举升机使用方法进行操作,并通知其他人员远离举升设备。

(3)更换油液或配件时,应处理好油液和配件的回收清理工作,以免对工作环境造成污染。

四、任务分配

任务分配见表4-1。

表4-1　任务分配

职务	代码	姓名	工作内容
组长	A		
组员	B		
	C		
	D		
	E		

五、任务实施

(一)操作流程

完成下列表格中工作内容对应工作步骤的排序(表4-2、表4-3和表4-4)。

表4-2　拆卸曲轴飞轮组的操作步骤

工作步骤	工作内容
	准备工具、发动机实训设备,检查重要工具有无短缺或损坏
	测量飞轮端面圆跳动量
	用橡胶锤柄顶出活塞,活塞应按顺序摆放
	用扭力扳手将螺栓按对角顺序分几次均匀拧松,然后用扭力扳手将飞轮固定螺栓拧松并取下
	将固定飞轮用的专用工具取下,然后将拉拔器的两个拉爪固定在飞轮的两端,转动调整螺杆将飞轮取下
	用扭力扳手按照由外到内并交叉的顺序分多次拧松轴承盖螺栓
	用专用工具将飞轮齿圈固定
	取下连杆轴承盖,按顺序摆放螺栓及连杆轴承盖
	拆卸连杆轴承盖螺栓,按顺序摆放
	整理工具、零件,清理现场卫生
	用一字旋具小心地撬出轴承,连同轴承盖一起按顺序摆放,然后将曲轴从气缸体中抬出来,拆下的轴承盖按照标记和顺序摆放

表 4-3　检测曲轴飞轮组的操作步骤

工作步骤	工作内容
	检查飞轮的损伤情况
	用外径千分尺检测主轴颈圆度与圆柱度并记录，圆度与圆柱度应不超过 0.04 mm
	整理工具、量具及各零件，清理现场卫生
	将曲轴两端支在平板上面的 V 形架上，用百分表进行测量，将百分表触头触及曲轴中间部分的主轴颈，用手慢慢转动曲轴一周，观察百分表指针的变化情况，当跳动量大于 0.15 mm 时，应进行调整或更改
	用外径千分尺检查连杆轴颈圆度和圆柱度并记录
	将曲轴撬到一端，检查曲轴轴向间隙并记录
	将曲轴清洗干净支在支架上，用橡胶锤敲击各曲柄臂，如发出清脆的当当声，说明无裂纹；如发出嘶哑的沉闷声，说明有裂纹
	检查各轴瓦是否有磨损

表 4-4　组装曲轴飞轮组的操作步骤

工作步骤	工作内容
	在安装好的主轴承上涂抹一层润滑油，要求均匀涂抹到位
	将清洗干净的气缸体放置在工作台上，用干净不起毛的抹布擦净气缸体上的主轴承座，并清洗主轴承，将主轴承装入气缸体的轴承座内
	在安装主轴承盖前，在主轴承上涂抹一层润滑油
	用干净的抹布擦净曲轴轴颈，小心地将曲轴安放到气缸体上
	对正主轴承盖与轴瓦之间的定位标记
	在气缸壁上涂抹一层润滑油
	按正确的顺序和方向安装主轴承盖，主轴承盖与主轴承不能互换装配，主轴承盖上有其识别标记。安装主轴承盖时，将主轴承在主轴承盖上的定位标记对准主轴承在气缸体上的定位标记，切不可装反，以免损坏曲轴或主轴承。安装第三道主轴承盖时，连同止推片一起装配。最后用干净的抹布将主轴承盖固定螺栓擦拭干净
	推动活塞，直到活塞环压缩器与气缸体上平面接触为止，使用木质锤柄将活塞推进或轻轻敲入气缸
	将主轴承盖安装到位，并检查其排列顺序，不可错乱。应分三次逐步拧紧主轴承盖的固定螺栓，最后的拧紧力矩为 65 N·m
	用扭力扳手分三次拧紧连杆固定螺栓且拧紧力矩为 30 N·m
	按气缸号标记及方向标记将活塞连杆组装入相应的气缸内，不可安装错乱
	用活塞环压缩器压缩活塞环，使活塞环压缩器完全收紧
	在连杆轴承上涂抹润滑油，并将连杆轴承盖安装到连杆上，方向及顺序要正确
	用扭力扳手按顺序拧紧飞轮固定螺栓，飞轮固定螺栓的拧紧力矩为 60N·m
	用飞轮固定器固定飞轮，用扭力扳手按顺序拧紧飞轮的固定螺栓
	整理工具、零件，清理现场卫生

(二)实施记录

结合实施过程，对照下列表格中的检查项目，勾选或填写实际的检查结果(表 4-5、表 4-6 和表 4-7)。

表 4-5　　拆卸曲轴飞轮组的实施记录

序号	检查项目	检查结果	备注
1	正确拆卸曲轴飞轮组固定螺栓	正确 □　错误 □	共________个螺栓
2	正确拆卸曲轴主轴瓦盖固定螺栓	正确 □　错误 □	共________个螺栓
3	正确拆卸连杆轴瓦盖固定螺栓	正确 □　错误 □	共________个螺栓
4	测量飞轮端面圆跳动量	测量值：　标准值：<0.15 mm	使用________进行测量

表 4-6　　检测曲轴飞轮组的实施记录　　mm

<table>
<tr><th>序号</th><th colspan="2">检查项目</th><th colspan="2">检查结果</th><th colspan="3">备注</th></tr>
<tr><td>1</td><td colspan="2">齿圈是否磨损</td><td colspan="2">是 □　否 □</td><td colspan="3"></td></tr>
<tr><td>2</td><td colspan="2">齿圈齿是否断裂</td><td colspan="2">是 □　否 □</td><td colspan="3"></td></tr>
<tr><td>3</td><td colspan="2">飞轮表面是否有裂纹</td><td colspan="2">是 □　否 □</td><td colspan="3"></td></tr>
<tr><td>4</td><td colspan="2">曲轴是否有裂纹、裂缝</td><td colspan="2">是 □　否 □</td><td colspan="3"></td></tr>
<tr><td>5</td><td colspan="2">检测曲轴轴向间隙</td><td colspan="2">测量值：</td><td colspan="3">标准值：0.07～0.23
极限值：0.30</td></tr>
<tr><td>6</td><td colspan="2">检测曲轴弯曲度</td><td colspan="2">测量值：</td><td colspan="3">极限值：0.15</td></tr>
<tr><td rowspan="12">7</td><td colspan="2">检查连杆轴颈磨损情况</td><td colspan="5"></td></tr>
<tr><td colspan="2">标准直径：48.7</td><td colspan="5">最大磨损量：0.75</td></tr>
<tr><td colspan="2">圆度极限值：0.04</td><td colspan="5">圆柱度极限值：0.04</td></tr>
<tr><td colspan="2"></td><td>第一连杆轴颈</td><td>第二连杆轴颈</td><td>第三连杆轴颈</td><td colspan="2">第四连杆轴颈</td></tr>
<tr><td rowspan="3">第一截面</td><td>垂直直径</td><td></td><td></td><td></td><td colspan="2"></td></tr>
<tr><td>水平直径</td><td></td><td></td><td></td><td colspan="2"></td></tr>
<tr><td>圆度</td><td></td><td></td><td></td><td colspan="2"></td></tr>
<tr><td rowspan="3">第二截面</td><td>垂直直径</td><td></td><td></td><td></td><td colspan="2"></td></tr>
<tr><td>水平直径</td><td></td><td></td><td></td><td colspan="2"></td></tr>
<tr><td>圆度</td><td></td><td></td><td></td><td colspan="2"></td></tr>
<tr><td colspan="2">圆柱度</td><td></td><td></td><td></td><td colspan="2"></td></tr>
<tr><td colspan="2">处理方法</td><td></td><td></td><td></td><td colspan="2"></td></tr>
<tr><td rowspan="12">8</td><td colspan="2">检测主轴颈磨损情况</td><td colspan="5"></td></tr>
<tr><td colspan="2">标准直径：54</td><td colspan="5">最大磨损量：0.75</td></tr>
<tr><td colspan="2">圆度极限值：0.04</td><td colspan="5">圆柱度极限值：0.04</td></tr>
<tr><td colspan="2"></td><td>第一主轴颈</td><td>第二主轴颈</td><td>第三主轴颈</td><td>第四主轴颈</td><td>第五主轴颈</td></tr>
<tr><td rowspan="3">第一截面</td><td>垂直直径</td><td></td><td></td><td></td><td></td><td></td></tr>
<tr><td>水平直径</td><td></td><td></td><td></td><td></td><td></td></tr>
<tr><td>圆度</td><td></td><td></td><td></td><td></td><td></td></tr>
<tr><td rowspan="3">第二截面</td><td>垂直直径</td><td></td><td></td><td></td><td></td><td></td></tr>
<tr><td>水平直径</td><td></td><td></td><td></td><td></td><td></td></tr>
<tr><td>圆度</td><td></td><td></td><td></td><td></td><td></td></tr>
<tr><td colspan="2">圆柱度</td><td></td><td></td><td></td><td></td><td></td></tr>
<tr><td colspan="2">处理方法</td><td></td><td></td><td></td><td></td><td></td></tr>
</table>

表 4-7　　组装曲轴飞轮组的实施记录

序号	检查项目	检查结果	备注
1	正确安装曲轴、主轴承轴瓦、瓦盖固定螺栓	正确 □　错误 □	共________个螺栓
2	正确安装活塞连杆、连杆轴承轴瓦、瓦盖固定螺栓	正确 □　错误 □	共________个螺栓
3	正确安装曲轴、飞轮及其固定螺栓	正确 □　错误 □	共________个螺栓

六、检查

(一)自检

结合本组任务操作过程,对任务执行过程中的操作规范性进行检查,检查操作过程中是否存在表 4-8 中所列的问题,并把检查结果填写在表 4-8 中,分析、讨论应如何避免并总结规范的操作方法。

表 4-8　　自检

检查项目	检查结果
飞轮端面圆跳动量的测量是否正确	是 □　否 □
飞轮的拆卸步骤是否正确	是 □　否 □
曲轴的拆卸步骤是否正确	是 □　否 □
实施过程中是否存在安全隐患	是 □　否 □
曲轴飞轮组件安装过程是否正确	是 □　否 □
主轴承盖螺栓的拧紧力矩是否达到标准	是 □　否 □
连杆轴承盖螺栓的拧紧力矩是否达到标准	是 □　否 □
曲轴、连杆轴瓦是否安装正确	是 □　否 □
使用扳手摇动曲轴,感受曲轴运转是否轻快	是 □　否 □
工具、量具是否归位	是 □　否 □

(二)互检

组与组之间相互进行操作过程及结果检查,并把检查结果填写在表 4-9 中。

表 4-9　　互检

检查项目	检查结果
飞轮及曲轴是否顺利地拆下	是 □　否 □
工具、量具等是否摆放整齐	是 □　否 □
飞轮固定螺栓的拧紧力矩是否达到标准	是 □　否 □
主轴承盖螺栓的拧紧力矩是否达到标准	是 □　否 □
连杆轴承盖螺栓的拧紧力矩是否达到标准	是 □　否 □
使用扳手摇动曲轴,感受曲轴运转是否轻快	是 □　否 □
工作场地是否清洁,车辆是否复位	是 □　否 □

七、课堂小结

任务五 曲柄连杆机构的拆装与检查

<table>
<tr><th colspan="4">汽车发动机机械系统拆装与修理任务工单</th></tr>
<tr><td>客户信息</td><td colspan="2">姓名</td><td>电话</td></tr>
<tr><td rowspan="2">车辆信息</td><td>车型</td><td>VIN 码</td><td>行驶里程</td></tr>
<tr><td></td><td></td><td></td></tr>
<tr><td>客户描述</td><td colspan="3">发动机抖动 □ 发动机工作不良 □ 排气管冒蓝烟 □ 发动机漏油、漏水 □
发动机动力不足 □ 发动机加速不良 □ 发动机怠速不稳 □ 发动机异响 □
耗油量增大 □ 发动机烧机油 □ 水温过高 □ 发动机无法启动 □
其他：
______
______
______</td></tr>
<tr><th colspan="2">车辆外观检查</th><th colspan="2">车辆内部检查</th></tr>
<tr><td>凹凸 □</td><td rowspan="4"></td><td>污渍 □</td><td rowspan="4"></td></tr>
<tr><td>划痕 □</td><td>破损 □</td></tr>
<tr><td>石击 □</td><td>色斑 □</td></tr>
<tr><td>油漆 □</td><td>变形 □</td></tr>
<tr><td>明确具体工作任务</td><td colspan="3">______
______
______</td></tr>
</table>

发动机基础检查					
机油液面	过高□ 过低□ 正常□	冷却液液面	过高□ 过低□ 正常□	气缸压力	无缸压□ 过低□ 正常□
发动机拆装检测项目					
曲柄连杆机构	配气机构	润滑系统	冷却系统	供给系统	启动与点火系统
气缸体检测 □	气缸盖检测 □	机油泵检测 □	水泵检测 □	燃油泵检测 □	启动机拆装检查□
活塞检测 □	进、排气门检测 □	机油油道检测□	节温器检测 □	滤清器检测 □	点火线圈检查 □
活塞环检测 □	气门弹簧检测□	滤清器检测 □	散热水箱检测□	喷油器检测 □	火花塞拆装检查□
连杆检测 □	气门座圈检测□	机油液面检测□	水管检测 □	燃油轨道检测 □	高压导线检查 □
曲轴检测 □	凸轮轴检测 □	机油压力检测□	密封性检测 □	油压调节器检测□	控制电路检查 □
轴瓦检测 □	液压挺柱检测□			燃油压力检测 □	
飞轮组检测 □	正时机构检测□			进气系统检测 □	
曲轴油封检测□				排气系统检测 □	

- 能够根据故障现象正确判断曲柄连杆机构的故障原因
- 能够使用工具对曲柄连杆机构进行拆装
- 能够使用量具对曲柄连杆机构部件进行测量
- 能够用资料说明、核查、评价自身的工作成果

任务内容

- 曲柄连杆机构的检查
- 曲柄连杆机构的故障现象与故障原因
- 曲柄连杆机构的组装

任务重点

- 曲柄连杆机构的分解与组装
- 曲柄连杆机构各零部件的检查
- 曲柄连杆机构组装工艺

- 曲柄连杆机构的分解与组装
- 曲柄连杆机构各零部件的检查

一、知识讲解

(一)曲柄连杆机构的检查项目

1.气缸体的检查项目

气缸体的检查项目主要包括气缸平面度的检查,气缸磨损量、圆度的测量,气缸圆柱度的测量等。

2.活塞连杆组的检查项目

活塞连杆组的检查项目包括活塞环各间隙的测量、活塞销的检查、连杆弯曲度的检查等。

3.曲轴飞轮组的检查项目

曲轴飞轮组的检查项目包括飞轮端面圆跳动测量、曲轴轴向间隙测量、曲轴弯曲度的检查、曲轴轴颈磨损量的测量、曲轴主轴颈与连杆轴颈圆度与圆柱度的测量等。

4.检查曲柄连杆机构的注意事项

在拆卸气缸盖时，分 2～3 次按从两边向中间交叉对称的顺序拆卸气缸盖螺栓（图 5-1），安装时以扩散交叉对称的顺序拧紧气缸盖螺栓。

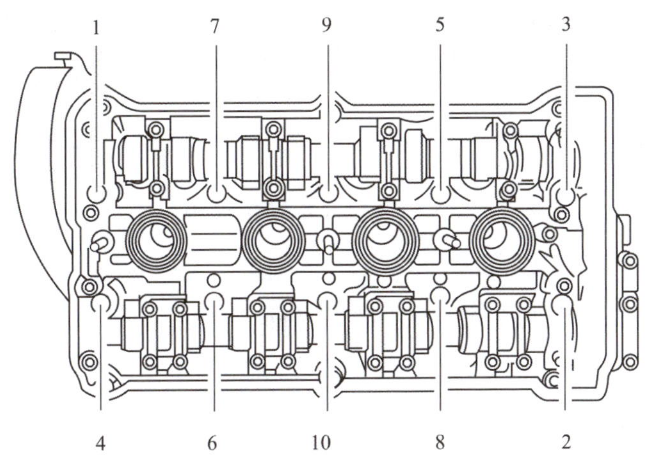

图 5-1 气缸盖螺栓的拆卸顺序

拆卸活塞连杆组时，要注意各缸活塞要按照顺序拆卸与摆放，连杆轴承盖与主轴承盖也要按照各缸顺序拆卸与摆放。拆卸气缸盖的过程中要注意安全，尽量不要让零件和工具掉落在地上，以免伤人。检查时，要规范使用各种工具、量具，用完马上归位。拆卸活塞连杆组时，先检查或设置装配标记（图 5-2），如果无原车标记，要用记号笔在连杆和连杆轴承盖上做记号。组装活塞连杆组时，在活塞环槽、活塞环、气缸孔上涂抹润滑油（图 5-3）。活塞环开口错开 120°，活塞头部上的箭头指向传动带轮，活塞环标记“TOP”朝向活塞顶部。

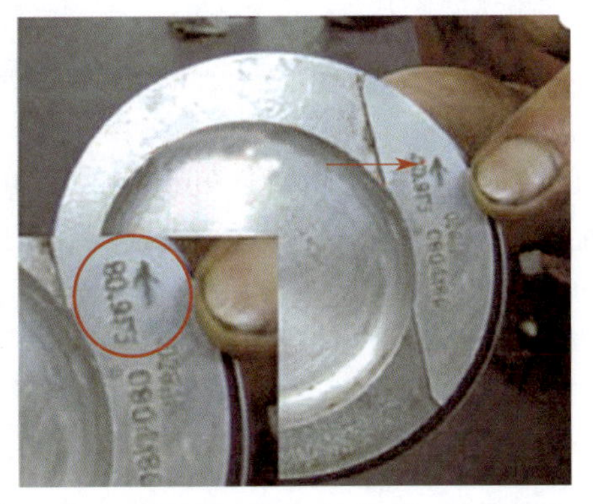

图 5-2 装配标记

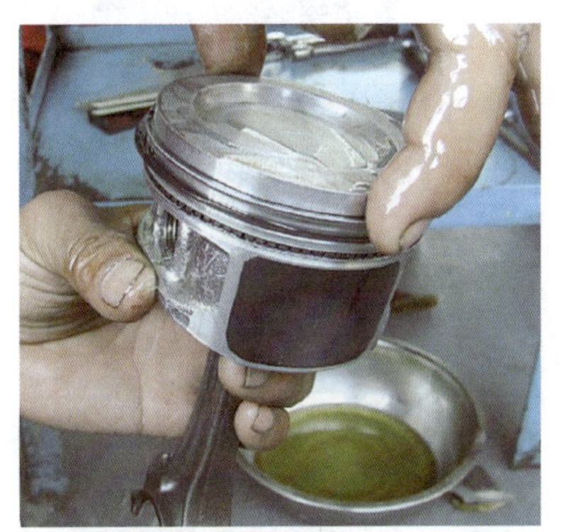

图 5-3 涂抹润滑油并安装活塞环

拆卸曲轴时按照由外到内并交叉的顺序分多次拧松轴承盖螺栓，禁止不按顺序一次拧下，拆下的轴承盖按照标记和顺序摆放。在组装时要注意各零部件紧固螺栓的拧紧力矩（图 5-4）。

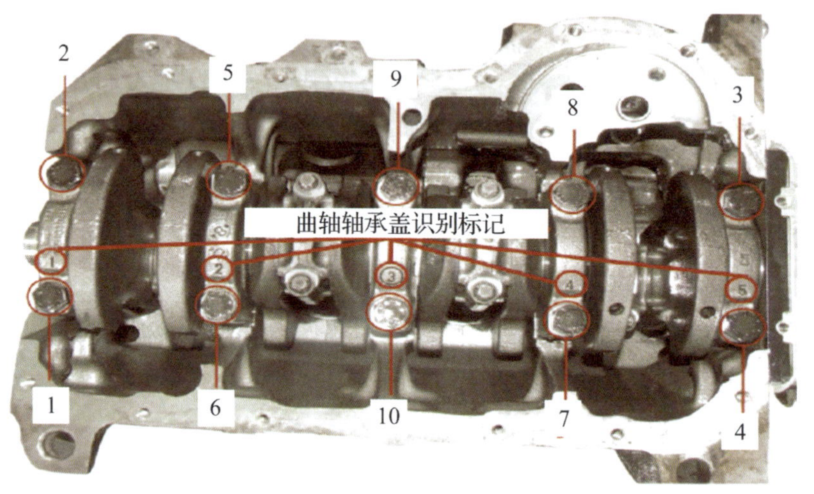

图 5-4　拆卸曲轴轴承盖螺栓

5.分解曲柄连杆机构的注意事项

(1)将拆下的连杆轴承盖拧到相应的活塞连杆上,然后按照活塞相应的位置顺序摆放。

(2)拆卸曲轴轴承盖时,要按照由外到内并交叉的顺序分多次拧松曲轴轴承盖螺栓。

(3)拆下的轴承盖应按照相对应的位置顺序摆放。

(二)曲柄连杆机构的检查

曲柄连杆机构的检查见表 5-1。

表 5-1　　曲柄连杆机构的检查

检查项目	图示	检查内容
曲轴弯曲度的检查		将曲轴两端支在平板上面的 V 形架上,将百分表触头触及曲轴中间部位的主轴颈,用手慢慢转动曲轴一周,观察百分表指针的变化情况,当跳动量大于 0.15 mm 时,说明曲轴弯曲度超出规定值,应进行调整或更改
曲轴轴颈磨损量的检查		用外径千分尺检查主轴颈和连杆轴颈的圆度和圆柱度,各轴颈的圆度和圆柱度应不超过 0.04 mm,表面无损伤时,曲轴可以继续使用。不满足上述条件之一时需进行磨修
活塞与缸筒之间油膜间隙的测量		先使用外径千分尺测量活塞裙部直径,然后再用外径千分尺与量缸表测量气缸缸筒直径,计算出活塞与缸筒之间的油膜间隙

续表

检查项目	图示	检查内容
活塞环的检查		活塞环的检查主要指活塞环三隙检查和活塞环漏光度检查。 活塞环三隙检查包括:端隙、侧隙、背隙。 活塞环漏光度检查主要是为了保证活塞环与气缸壁之间的配合间隙
气缸体的检查		气缸体的检查主要包括气缸平面度检查和缸筒检查,其中缸筒检查主要是检查气缸的圆度和圆柱度
轴瓦的检查	主轴承定位 (在主轴承盖上)	轴瓦的检查主要是检查曲轴主轴瓦和连杆轴瓦有无烧蚀变色情况,检查轴瓦承孔有无过度磨损等现象
连杆衬套过盈量的测量	测量连杆小头内径 测量连杆衬套外径	首先使用外径千分尺测量活塞销外径,用内径卡规测量连杆衬套的内径,最后利用公式计算出连杆衬套过盈量

(三)曲柄连杆机构的组装

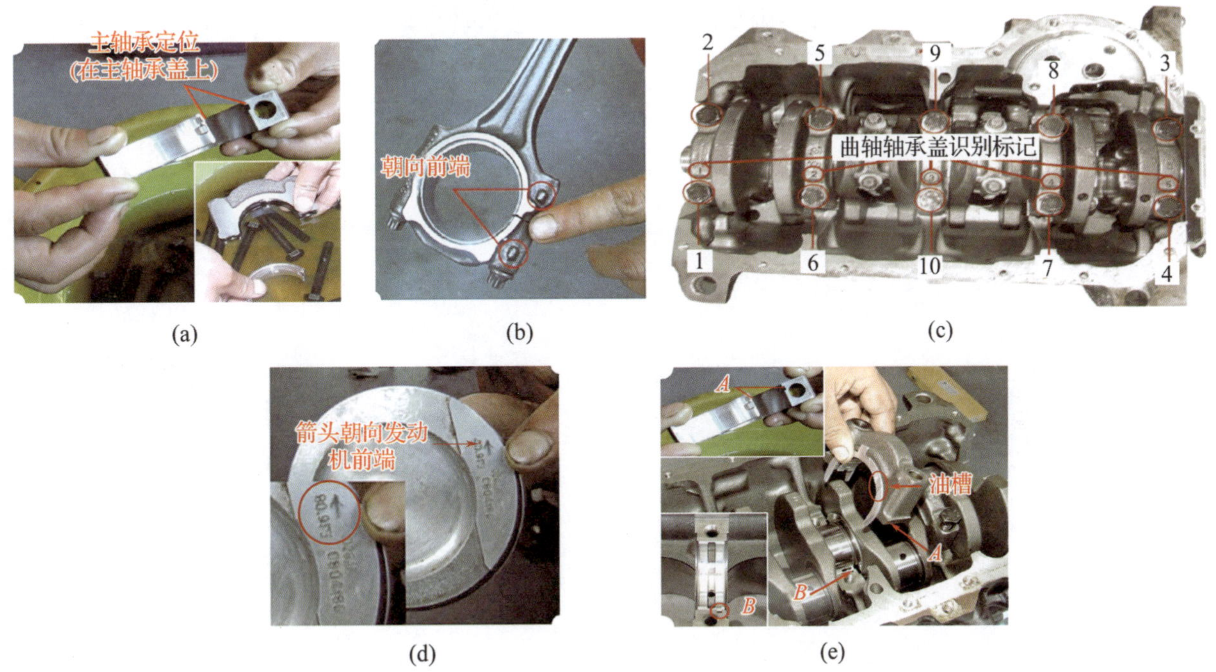

(a) (b) (c) (d) (e)

图 5-5 组装曲柄连杆机构的注意事项

(1)安装轴瓦时应涂抹润滑油，瓦片的定位唇应定位到轴承孔上的槽口，如图 5-5(a)所示。

(2)安装活塞与连杆时应注意装配标记，连杆大头上的凸点应朝向发动机前端，如图 5-5(b)所示。

(3)曲轴主轴承盖应按顺序拧紧，如图 5-5(c)所示。

(4)安装活塞与连杆时应注意装配标记，活塞顶部的箭头应朝向发动机前端，如图 5-5(d)所示。

(5)安装主轴承盖时，轴承孔上的槽口应朝向同一边，如图 5-5(e)所示。

二、任务准备

在下列图片中勾选出完成本任务所需的工具、设备、资料等。

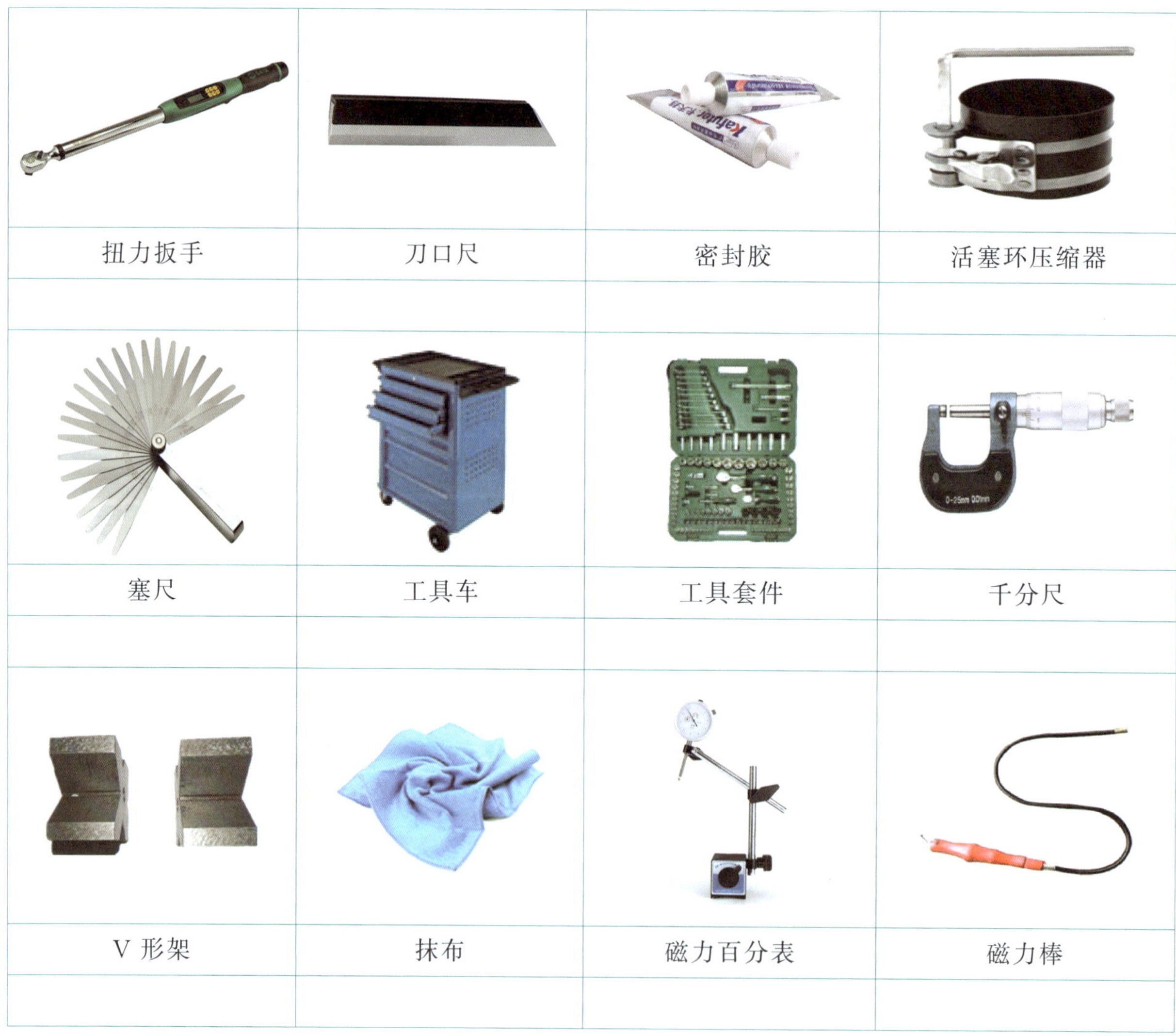

扭力扳手	刀口尺	密封胶	活塞环压缩器
塞尺	工具车	工具套件	千分尺
V 形架	抹布	磁力百分表	磁力棒

工作台	卡簧钳	旋具套件	活塞环扩张器

橡胶锤	零件清洗盆	量缸表	连杆校验仪

举升机	发动机润滑油	维修手册	发动机实训设备	实训车辆

三、防护措施

(1)进入车间应穿工作鞋、戴工作帽;工作服应整洁、无破损;操作时不可佩戴手表等金属饰品,以防划伤车辆表面。

(2)举升车辆时应严格按照举升机使用方法进行操作,并通知其他人员远离举升设备。

(3)更换油液或配件时,应处理好油液和配件的回收清理工作,以免对工作环境造成污染。

四、任务分配

任务分配见表 5-2。

表 5-2　任务分配

职务	代码	姓名	工作内容
组长	A		
组员	B		
	C		
	D		
	E		

五、任务实施

(一)操作流程

完成表 5-3 中每个工作步骤对应工作内容的排序。

表 5-3　拆检曲柄连杆机构的操作步骤

工作步骤	项目	工作内容
1	分解曲柄连杆机构	(1)使用专用工具固定飞轮，松开飞轮固定螺栓并取下飞轮 ( )取下曲轴并摆放好 ( )拆卸主轴瓦，并按安装顺序摆放 ( )拆卸活塞连杆轴瓦，并将活塞按顺序摆放 (5)分解活塞连杆组
2	检查活塞连杆组	(1)使用游标卡尺、塞尺等量具检查、测量活塞环三隙是否正常 ( )使用手电筒检查活塞环漏光度 ( )使用外径千分尺、量缸表等工具检测活塞与气缸之间的配合间隙 ( )使用内径卡规与外径千分尺检查活塞销过盈量 ( )检查连杆轴瓦与连杆轴承孔的磨损情况
3	检查气缸体	(1)使用刀口尺及塞尺检查气缸体平面度 ( )使用量缸表及外径千分尺检查气缸体圆度与圆柱度 ( )检查气缸体有无裂纹等损伤
4	检查曲轴飞轮组	( )对曲柄连杆机构各个元件进行清洗，并使用高压气体吹干 ( )测量曲轴弯曲度与主轴颈、连杆轴颈的圆度和圆柱度 ( )检查主轴瓦和轴承孔的磨损程度 (4)安装曲轴到气缸体上，并用规定力矩拧紧主轴瓦 (5)使用百分表与磁力表座检查曲轴轴向间隙是否正常 (6)检查飞轮有无缺齿、裂纹等损伤
5	组装曲柄连杆机构	( )组装活塞连杆组 ( )使用活塞环压缩器将活塞连杆组按安装顺序安装到气缸内，并安装连杆轴承盖 ( )将飞轮安装到曲轴上，并将螺栓拧紧 ( )使用专用工具卡住飞轮，按对角方向依次拧紧飞轮的固定螺栓

(二)实施记录

结合实施过程,对照下列表格中的检测项目,勾选或填写实际的检测结果(表 5-4、表 5-5)。

表 5-4　　检测曲轴飞轮组的实施记录　　mm

检测项目			检测结果				
连杆轴颈	标准值		标准直径	最大磨损量	圆度极限值	圆柱度极限值	
			48.7	0.75	0.04	0.04	
			第一连杆轴颈	第二连杆轴颈	第三连杆轴颈	第四连杆轴颈	
	第一截面	垂直直径					
		水平直径					
		圆度					
	第二截面	垂直直径					
		水平直径					
		圆度					
	圆柱度						
主轴颈	标准值		标准直径	最大磨损量	圆度极限值	圆柱度极限值	
			54	0.75	0.04	0.04	
			第一主轴颈	第二主轴颈	第三主轴颈	第四主轴颈	第五主轴颈
	第一截面	垂直直径					
		水平直径					
		圆度					
	第二截面	垂直直径					
		水平直径					
		圆度					
	圆柱度						
飞轮检查			正常 □	有裂纹 □	缺齿 □		

表 5-5　　检测活塞连杆组的实施记录　　mm

检测项目			检测结果		
测量活塞环三隙			侧隙	背隙	端隙
	标准值	第一道气环			
		其他气环			
		油环			
	实际测量值	第一道气环			
		其他气环			
		油环			
	圆柱度				
活塞环漏光度			是否正常:	是 □　否 □	
测量活塞销与连杆衬套过盈量		标准值			
		测量值			

续表

<table>
<tr><th colspan="3">检测项目</th><th colspan="4">检测结果</th></tr>
<tr><td rowspan="15">检测气缸内径磨损</td><td colspan="2" rowspan="2">标准值</td><td>标准直径</td><td>最大磨损量</td><td>圆度极限值</td><td>圆柱度极限值</td></tr>
<tr><td></td><td></td><td></td><td></td></tr>
<tr><td colspan="2"></td><td>1 缸</td><td>2 缸</td><td>3 缸</td><td>4 缸</td></tr>
<tr><td rowspan="4">上截面</td><td>横向直径</td><td></td><td></td><td></td><td></td></tr>
<tr><td>纵向直径</td><td></td><td></td><td></td><td></td></tr>
<tr><td>磨损量</td><td></td><td></td><td></td><td></td></tr>
<tr><td>圆度</td><td></td><td></td><td></td><td></td></tr>
<tr><td rowspan="4">中截面</td><td>横向直径</td><td></td><td></td><td></td><td></td></tr>
<tr><td>纵向直径</td><td></td><td></td><td></td><td></td></tr>
<tr><td>磨损量</td><td></td><td></td><td></td><td></td></tr>
<tr><td>圆度</td><td></td><td></td><td></td><td></td></tr>
<tr><td rowspan="4">下截面</td><td>横向直径</td><td></td><td></td><td></td><td></td></tr>
<tr><td>纵向直径</td><td></td><td></td><td></td><td></td></tr>
<tr><td>磨损量</td><td></td><td></td><td></td><td></td></tr>
<tr><td>圆度</td><td></td><td></td><td></td><td></td></tr>
<tr><td colspan="2">圆柱度</td><td></td><td></td><td></td><td></td></tr>
<tr><td rowspan="3">检测气缸平面度</td><td colspan="2">标准值</td><td colspan="4">最大变形量不超过 0.10</td></tr>
<tr><td>位置 1</td><td>位置 2</td><td>位置 3</td><td>位置 4</td><td>位置 5</td><td>位置 6</td></tr>
<tr><td></td><td></td><td></td><td></td><td></td><td></td></tr>
</table>

六、检查

(一)自检

结合本组任务操作过程,对任务执行过程中的操作规范性进行检查,检查操作过程中是否存在以下问题,分析、讨论应如何避免并总结规范的操作方法(表 5-6)。

表 5-6 **自检**

检查项目	检查结果
实施过程中各紧固螺栓是否按规定力矩拧紧	是 □ 否 □
组装发动机部件的顺序是否正确	是 □ 否 □
自锁螺栓和气缸垫片是否更换新品	是 □ 否 □
安装密封垫片时是否均匀涂抹密封胶	是 □ 否 □
实施过程中是否存在安全隐患	是 □ 否 □
检测到的气缸压力值是否符合要求	是 □ 否 □
是否能够轻松转动曲轴	是 □ 否 □
各检查项目是否有遗漏	是 □ 否 □
工具、量具是否整理归位,现场是否整洁	是 □ 否 □

(二)互检

组与组之间相互进行操作过程及结果检查,并把检查结果填写在表 5-7 中。

表 5-7 互检

检查项目	检查结果
各附件是否安装到位	是□ 否□
是否按照规定力矩拧紧各紧固螺栓	是□ 否□
是否能够轻松转动曲轴	是□ 否□
检测到的气缸压力值是否符合要求	是□ 否□
工具是否摆放整齐,工作台是否有明显油污	是□ 否□

七、课堂小结

微课动画

实操视频

任务六 正时机构的拆装与检查

<table>
<tr><th colspan="4">汽车发动机机械系统拆装与修理任务工单</th></tr>
<tr><td>客户信息</td><td colspan="2">姓名</td><td>电话</td></tr>
<tr><td rowspan="2">车辆信息</td><td>车型</td><td>VIN 码</td><td>行驶里程</td></tr>
<tr><td></td><td></td><td></td></tr>
<tr><td>客户描述</td><td colspan="3">发动机抖动 □ 发动机工作不良 □ 排气管冒蓝烟 □ 发动机漏油、漏水 □
发动机动力不足 □ 发动机加速不良 □ 发动机怠速不稳 □ 发动机异响 □
耗油量增大 □ 发动机烧机油 □ 水温过高 □ 发动机无法启动 □
其他：</td></tr>
<tr><th colspan="2">车辆外观检查</th><th colspan="2">车辆内部检查</th></tr>
<tr><td>凹凸 □
划痕 □
石击 □
油漆 □</td><td></td><td>污渍 □
破损 □
色斑 □
变形 □</td><td></td></tr>
<tr><td>明确具体工作任务</td><td colspan="3"></td></tr>
</table>

发动机基础检查					
机油液面	过高□ 过低□ 正常□	冷却液液面	过高□ 过低□ 正常□	气缸压力	无缸压□ 过低□ 正常□
发动机拆装检测项目					
曲柄连杆机构	配气机构	润滑系统	冷却系统	供给系统	启动与点火系统
气缸体检测 □	气缸盖检测 □	机油泵检测 □	水泵检测 □	燃油泵检测 □	启动机拆装检查□
活塞检测 □	进、排气门检测 □	机油油道检测□	节温器检测 □	滤清器检测 □	点火线圈检查 □
活塞环检测 □	气门弹簧检测□	滤清器检测 □	散热水箱检测□	喷油器检测 □	火花塞拆装检查□
连杆检测 □	气门座圈检测□	机油液面检测□	水管检测 □	燃油轨道检测 □	高压导线检查 □
曲轴检测 □	凸轮轴检测 □	机油压力检测□	密封性检测 □	油压调节器检测□	控制电路检查 □
轴瓦检测 □	液压挺柱检测□			燃油压力检测 □	
飞轮组检测 □	正时机构检测□			进气系统检测 □	
曲轴油封检测□				排气系统检测 □	

- 能够正确使用工具，参照维修手册中的流程拆解正时机构
- 通过拆解正时机构，掌握各零部件的组成、功能及工作原理
- 能够检测正时机构，并根据检测结果做出维修计划

- 正时机构的组成、原理及特点
- 正时机构的拆检
- 可变气门正时驱动机构的检查

- 正时传动带的调整方法
- 正时机构相关零部件的检查方法
- 正时齿轮的调整与检查

- 正时传动带的调整方法
- 正时齿轮的调整方法

一、知识讲解

(一)正时机构的拆检

1.正时机构

正时机构(图 6-1)包括凸轮轴正时齿轮(或链轮、带轮)、链条或传动带、链条或皮带张紧轮、曲轴正时齿轮(或链轮、带轮)等。通俗地讲，正时机构就是保证发动机有正确的配气正时的机构。

2.配气正时

配气正时是按活塞的工作行程去配置进气门、排气门的开启时间，使进气门、排气门能够在正确的时间开启或关闭，保证新鲜空气能够供给充足，废气排放及时彻底。有了正确的配气正时还要有正确的点火正时，如果点火时刻不正确，发动机会有爆震倾向（点火过早），还会使发动机功率损失过大（点火过迟）。所以，要对正时机构进行检查和调整，保证配气时间的正确性。

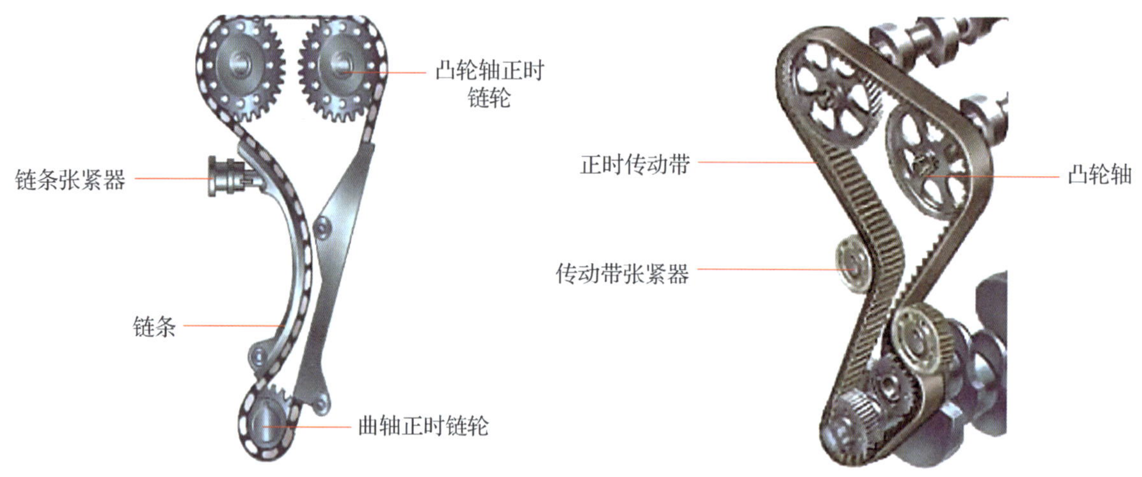

图 6-1　正时机构

3.调整点火正时

在凸轮轴和曲轴这两个正时齿轮上均刻有正时记号。使用专用工具通过转动传动轮使正时传动带轮上面的正时记号对应齿形传动带防护罩上的记号。在拆卸驱动带前应先将曲轴转到第一缸压缩行程上止点位置（图 6-2）。

图 6-2　调整点火正时

4.拆装正时机构时的注意事项

在安装正时传动带时如果发生错误，轻微时会造成汽车无力，上坡加不上油；严重时会没有怠速，或怠速状态时发动机出现严重抖动，加油时排气管发出爆破声；偏差太大时根本无法启动发动机，有些车型启动时会听到发动机内有撞击声，那是活塞顶撞到气门的声音。只要有这种情况发生，发动机就需要大修。所以，在安装配气正时机构的过程中一定要注意。

(二)可变气门正时驱动机构

1.可变气门正时驱动机构的作用

现在的高性能发动机普遍配备可变气门正时驱动机构(图 6-3),该机构通过配备的控制系统及执行系统,对发动机凸轮的相位或气门升程进行调节,从而达到优化发动机配气过程的目的。

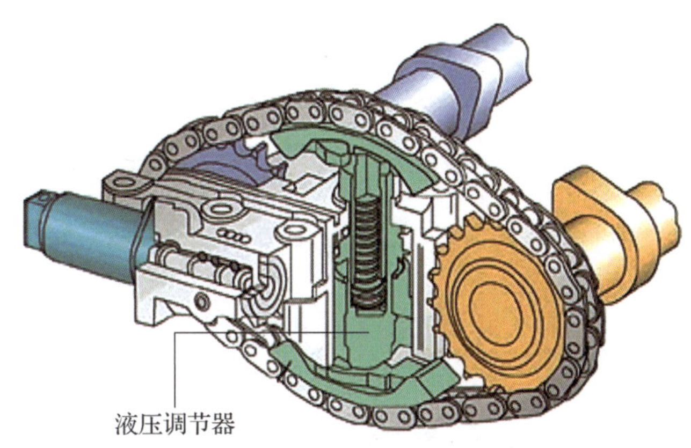

图 6-3 可变气门正时驱动机构

2.可变气门正时驱动机构的安装位置和工作原理

可变气门正时驱动机构安装在两个凸轮轴的同一端,它由固定在凸轮轴上的两个链轮用链条连接起来,并且在链条之间安装凸轮轴调节器(图 6-4)。

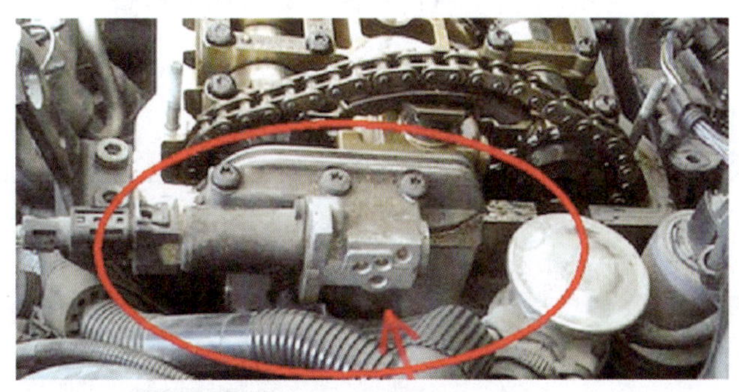

图 6-4 可变气门正时驱动机构的安装位置

可变气门正时驱动机构可分为两种位置:一种是功率位置(即拉紧状态),链条的上部较长,而下部较短。这时,进气阀关闭得较迟,从而使发动机在高速时产生高功率(图 6-5)。另一种是扭矩位置(即松弛状态),通过链条张紧器向下的运动而缩短上部链条并加长下部链条,由于排气凸轮轴受到正时传动带的制约不能转动,从而使进气凸轮轴偏转一个角度,较早地关闭进气门,使发动机在中速和低速范围内能产生高扭矩(图 6-6)。

图 6-5　可变气门正时驱动机构处于拉紧状态

图 6-6　可变气门正时驱动机构处于松弛状态

3.可变正时气门驱动机构的检查

对可变正时气门驱动机构进行检查时，除了检查零件的使用情况，对链条的安装要求也是非常严格的。由于可变气门正时调节的是链条的长度，所以在安装链条时的基础设定是非常重要的。ANQ 发动机链条的基础设定为在两个凸轮轴链条驱动齿轮标记之间的链条长度为 16 个链条孔距(图 6-7)。

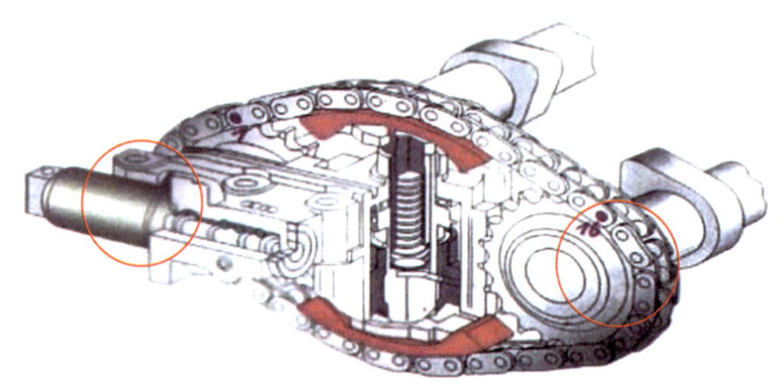

图 6-7　可变气门正时驱动机构的检查

二、任务准备

在下列图片中勾选出完成本任务所需的工具、设备、资料等。

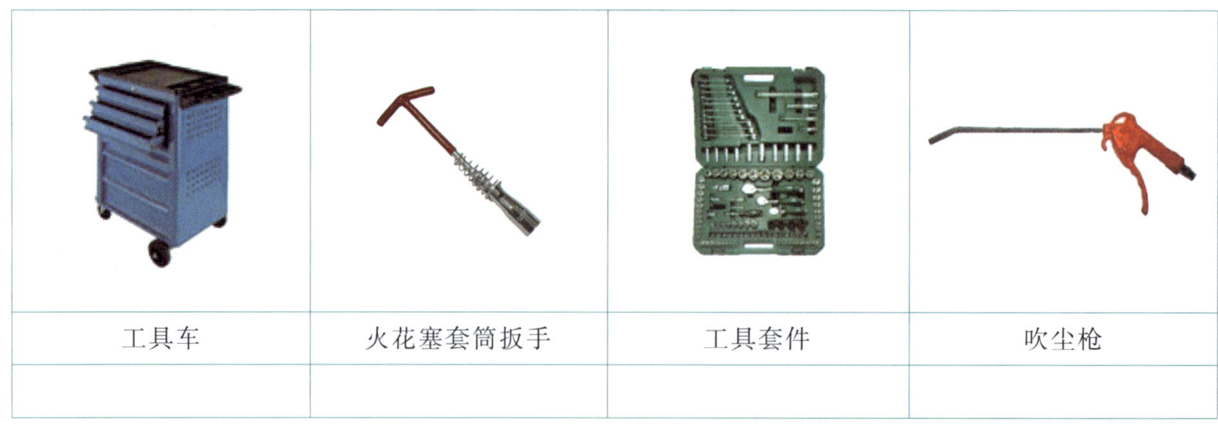

工具车	火花塞套筒扳手	工具套件	吹尘枪

塞尺
抹布
工作台
千分尺
维修手册
举升机
发动机润滑油
维修手册
发动机实训设备
实训车辆

三、防护措施

(1)进入车间应穿工作鞋、戴工作帽;工作服应整洁、无破损;操作时不可佩戴手表等金属饰品,以防划伤车辆表面。

(2)举升车辆时应严格按照举升机使用方法进行操作,并通知其他人员远离举升设备。

(3)更换油液或配件时,应处理好油液和配件的回收清理工作,以免对工作环境造成污染。

四、任务分配

任务分配见表6-1。

表 6-1 任务分配

职务	代码	姓名	工作内容
组长	A		
组员	B		
	C		
	D		
	E		

五、任务实施

(一)操作流程

完成下列表格中工作内容对应工作步骤的排序并填空(表 6-2、表 6-3)。

表 6-2　　拆装正时传动带的操作步骤

工作步骤	工作内容
	用环形扳手固定住曲轴传动带轮的中心螺栓，然后拆卸曲轴传动带轮的连接螺栓，取下正时传动带轮
	在正时传动带上做传动带旋转方向标记
	转动曲轴，查看曲轴正时传动带轮和凸轮轴上的正时标记是否对齐
	打开发动机舱盖，用吹尘枪简单地清洁发动机舱，检查维修手册，查找正时传动带的拆装顺序
	拆卸发动机正时传动带上、中部防护罩盖，拆卸传动带张紧轮，然后松开正时传动带
	拆下张紧轮液压挺柱，并用台虎钳将液压挺柱压下，安上锁紧销
	拆卸正时传动带下部防护罩盖，取下正时传动带
	安装正时传动带
	安装张紧轮及液压挺柱，并按规定力矩拧紧张紧轮紧固螺栓
	按照传动带旋转方向安装正时传动带，使传动带套在曲轴正时传动带轮上
	安装正时传动带下部防护罩盖，安装曲轴传动带轮，并对正正时记号
	检查凸轮轴正时传动带轮，调整配气正时
	检查正时传动带是否有过度磨损和老化、裂纹
	检查曲轴正时传动带轮，调整配气正时
	用大棘轮扳手转动曲轴传动带轮，使曲轴传动带轮和凸轮轴传动带轮正时记号与发动机上的正时点重合
	安装发动机正时传动带上、中部防护罩盖
	安装曲轴传动带轮，对正正时记号
	整理工具并放回原位

表 6-3　　检查可变气门正时驱动机构的操作步骤

工作步骤	工作内容
	用火花塞套筒扳手拆下火花塞
	取出进、排气凸轮轴，取下________，并取下可变正时链条
	拧下气缸罩盖上的螺栓，取下气缸罩盖，取出挡油板，取下气缸罩盖密封垫
	拆下霍尔传感器总成，用________固定凸轮轴传感器
	安装挡油板，安装气缸罩盖密封垫，安装气缸罩盖及其螺栓
	安装霍尔传感器总成，用专用工具 3366 松开凸轮轴传感器
	检查进气凸轮轴链轮轮齿
	检查排气凸轮轴链轮轮齿

续表

工作步骤	工作内容
	目测检查链条有无故障
	清洁零件
	安装凸轮轴调整器并取下可变正时链条，安装进、排气凸轮轴
	拆下进、排气凸轮轴轴承盖，拧下凸轮轴调整器螺栓
	安装凸轮轴调整器螺栓，安装进、排气凸轮轴轴承盖
	整理拆装工具并放回原位
	用火花塞套筒扳手安装火花塞

（二）实施记录

结合实施过程，对照表 6-4、表 6-5 中的检查项目，勾选出实际的检查结果。

表 6-4　　拆装正时传动带的实施记录

序号	检查项目	检查结果	备注
1	检查张紧轮有无缺齿、损坏	正常 □　损坏 □	□ 维修/更换　□ 正常使用
2	检查正时传动带是否损坏	正常 □　损坏 □	□ 维修/更换　□ 正常使用
3	检查曲轴正时传动带轮是否正常	正常 □　损坏 □	□ 维修/更换　□ 正常使用
4	检查凸轮轴正时传动带轮是否正常	正常 □　损坏 □	□ 维修/更换　□ 正常使用

表 6-5　　检查可变气门正时驱动机构的实施记录

序号	检查项目	检查结果	备注
1	是否正确拆装火花塞	是 □　否 □	
2	是否正确拆卸气缸罩盖螺栓	是 □　否 □	
3	是否正确使用可变正时拆装工具	是 □　否 □	
4	检查正时链条是否正常	是 □　否 □	
5	是否正确拆装进、排气凸轮轴	是 □　否 □	

六、检查

（一）自检

结合本组任务操作过程，对任务执行过程中的操作规范性进行检查，检查操作过程中是否存在以下问题，分析、讨论应如何避免并总结规范的操作方法（表 6-6）。

表 6-6　　自检

检查项目	检查结果
拆装正时传动带是否顺利	是 □　否 □
在拆检正时传动带时是否存在安全隐患	是 □　否 □

续表

检查项目	检查结果
正时机构相关零件是否检查到位	是 □　否 □
工具、设备是否整理归位	是 □　否 □

(二)互检

组与组之间相互进行操作过程及结果检查,并把检查结果填写在表 6-7 中。

表 6-7　　互检

检查项目	检查结果
项目单是否完成	是 □　否 □
各项检查结果是否正确	是 □　否 □
工具、设备是否整理归位	是 □　否 □

七、课堂小结

微课动画

实操视频

任务七 气门传动组的拆装与检查

<table>
<tr><th colspan="8">汽车发动机机械系统拆装与修理任务工单</th></tr>
<tr><td>客户信息</td><td colspan="4">姓名</td><td colspan="3">电话</td></tr>
<tr><td rowspan="2">车辆信息</td><td colspan="2">车型</td><td colspan="3">VIN 码</td><td colspan="2">行驶里程</td></tr>
<tr><td colspan="2"></td><td colspan="3"></td><td colspan="2"></td></tr>
<tr><td>客户描述</td><td colspan="7">发动机抖动 □ 发动机工作不良 □ 排气管冒蓝烟 □ 发动机漏油、漏水 □
发动机动力不足 □ 发动机加速不良 □ 发动机怠速不稳 □ 发动机异响 □
耗油量增大 □ 发动机烧机油 □ 水温过高 □ 发动机无法启动 □
其他：
____
____
______________________________</td></tr>
<tr><th colspan="4">车辆外观检查</th><th colspan="4">车辆内部检查</th></tr>
<tr><td>凹凸 □</td><td colspan="3" rowspan="4"></td><td>污渍 □</td><td colspan="3" rowspan="4"></td></tr>
<tr><td>划痕 □</td><td>破损 □</td></tr>
<tr><td>石击 □</td><td>色斑 □</td></tr>
<tr><td>油漆 □</td><td>变形 □</td></tr>
<tr><td>明确具体工作任务</td><td colspan="7">______________________________
____
______________________________</td></tr>
</table>

发动机基础检查					
机油液面	过高□ 过低□ 正常□	冷却液液面	过高□ 过低□ 正常□	气缸压力	无缸压□ 过低□ 正常□
发动机拆装检测项目					
曲柄连杆机构	配气机构	润滑系统	冷却系统	供给系统	启动与点火系统
气缸体检测 □	气缸盖检测 □	机油泵检测 □	水泵检测 □	燃油泵检测 □	启动机拆装检查□
活塞检测 □	进、排气门检测 □	机油油道检测□	节温器检测 □	滤清器检测 □	点火线圈检查 □
活塞环检测 □	气门弹簧检测□	滤清器检测 □	散热水箱检测□	喷油器检测 □	火花塞拆装检查□
连杆检测 □	气门座圈检测□	机油液面检测□	水管检测 □	燃油轨道检测 □	高压导线检查 □
曲轴检测 □	凸轮轴检测 □	机油压力检测□	密封性检测 □	油压调节器检测□	控制电路检查 □
轴瓦检测 □	液压挺柱检测□			燃油压力检测 □	
飞轮组检测 □	正时机构检测□			进气系统检测 □	
曲轴油封检测□				排气系统检测 □	

- 能够使用正确的工具、参照维修手册中的流程拆解气门传动组
- 通过拆解气门传动组，掌握各零部件的组成、功能及工作原理
- 能够测量气门传动组，并根据测量结果制订维修计划

- 凸轮轴和液压挺柱的检查
- 凸轮轴的拆检

- 凸轮轴的检查方法
- 液压挺柱的检查方法

- 凸轮轴的检查方法
- 液压挺柱的检查方法

一、知识讲解

（一）凸轮轴和液压挺柱的检查

1.凸轮轴和液压挺柱的检查项目

进行凸轮轴和液压挺柱的检查时，首先检测凸轮轴向间隙及凸轮轴与液压挺柱之间的间隙，然后对这两个零件进行拆检。

2.凸轮轴对液压挺柱的重要影响

一旦凸轮轴本身出现损伤或者某个配合间隙出现偏差，就会对发动机配气机构产生影响，严重时会造成进、排气门无法开启，或开启时间不正确。

3.凸轮轴轴向间隙的测量

在测量时(图 7-1),先将止推凸缘和正时齿轮或链轮安装在凸轮轴上,用标准力矩值拧紧固定螺栓、螺母。然后将止推凸缘尽量推向齿轮或链轮一侧,用塞尺插入止推凸缘和凸轮轴轴颈的侧面,测得的间隙值即轴向间隙值。也可以用百分表配合支架进行轴向间隙的测量。

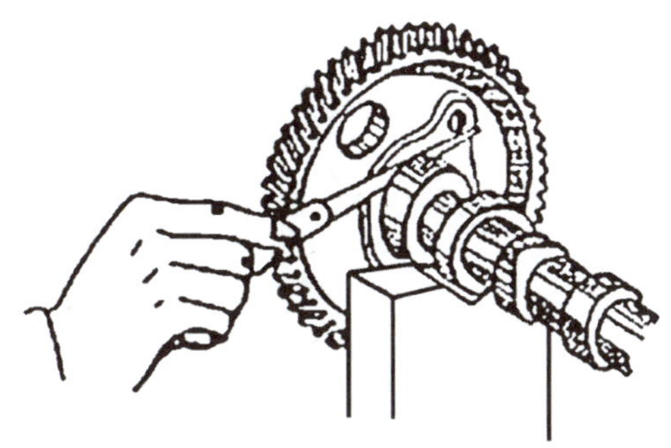

图 7-1 测量凸轮轴轴向间隙

一般来讲,发动机凸轮轴轴向间隙值为 0.05～0.20 mm,不得超过 0.25 mm。

4.液压挺柱的作用与结构

液压挺柱(图 7-2)的作用是接受凸轮的推力,并将这个推力传递给气门,同时承受凸轮轴旋转时所施加的侧向力。在工作时,液压挺柱可以利用发动机润滑油的压力调整其自身长度,以补偿气门传动机构中由于热膨胀、磨损等因素产生的气门间隙。液压挺柱可使发动机配气机构在工作过程中保持良好的气密度,保证发动机平稳工作。

如果液压挺柱与凸轮轴间隙不符合要求,或液压挺柱本身出现问题,那么同样会对气门的开启造成影响。

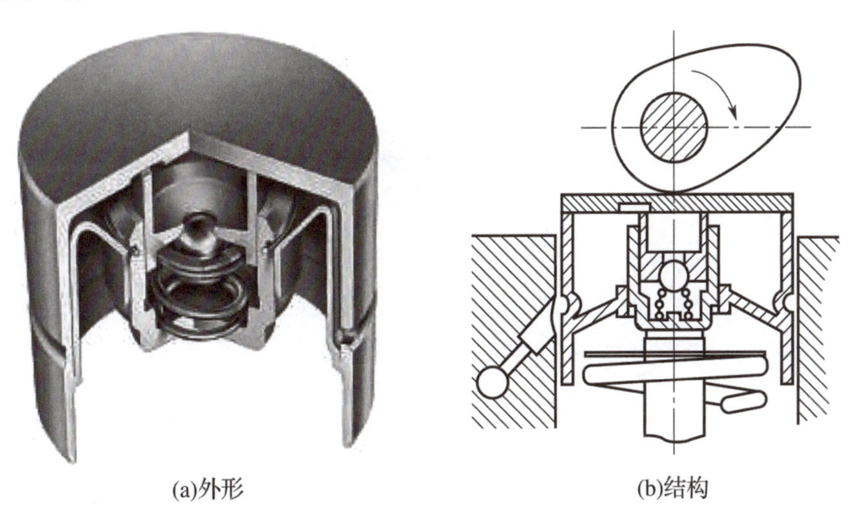

图 7-2 液压挺柱的外形与结构

5.测量液压挺柱与凸轮轴之间的间隙

首先拆下气缸盖罩,转动曲轴,将要检查液压挺柱的凸轮旋转至朝上。用塞尺测量液压挺柱与凸轮轴之间的间隙(图 7-3),如果间隙大于 0.20 mm,应更换液压挺柱;如果间隙小于 0.10 mm,可使用一木质或塑料楔形棒将液压挺柱稍微向下按压;如果此时可将一个 0.20 mm 的塞尺推入凸轮轴与液压挺柱之间,则应更换。液压挺柱是不可进行修理的,必须成套更换。更换新的液压挺柱后,30 min 内不允许启动发动机,液力补偿元件必须到位,否则气门会卡在活塞上。

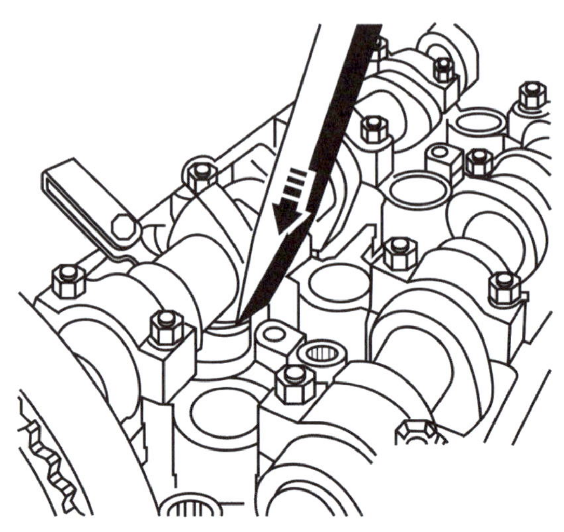

图 7-3　测量液压挺柱与凸轮轴之间的间隙

(二)凸轮轴的拆检

1.拆卸凸轮轴后的检测项目

首先,需要检查凸轮的磨损情况,如果凸轮磨损严重或变形,会导致配气相位的改变和气门升程的减小,影响发动机的性能。其次,检查凸轮轴弯曲度(图 7-4),其间会用到支架百分表。最后,检查液压挺柱是否有严重磨损或变形。

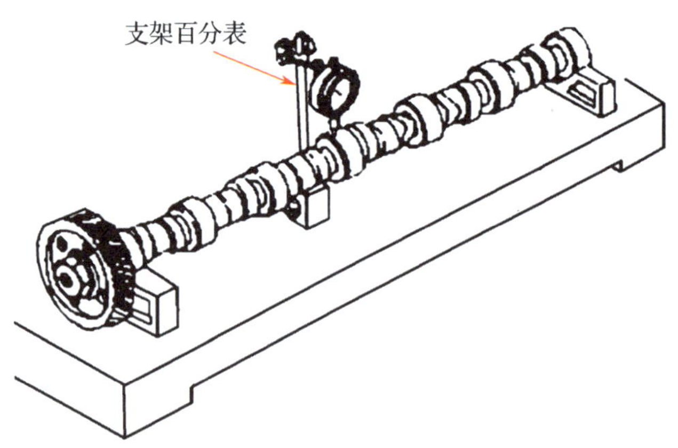

图 7-4　检查凸轮轴弯曲度

2.组装气门传动组的注意事项

在安装气缸盖螺栓时要按照由外到内、先两端后中央、交叉对称的顺序分次安装。凸轮轴轴承盖要按照记号对应的安装位置进行安装(图 7-5)。

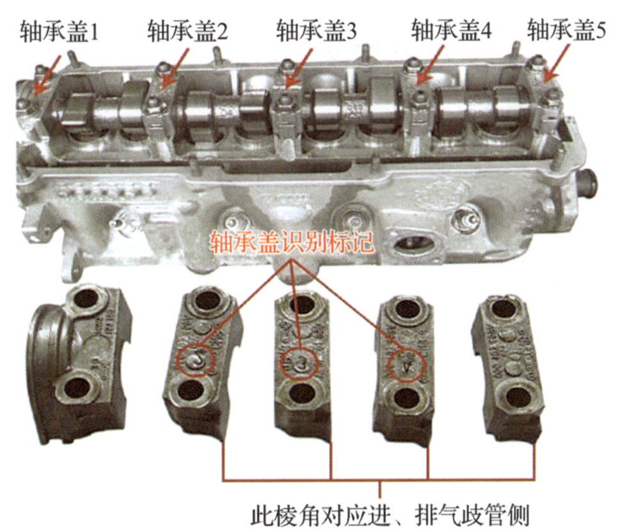

图 7-5　气门传动组的安装

二、任务准备

在下列图片中勾选出完成本任务所需的工具、设备、资料等。

扭力扳手	工作台	带磁力表座的百分表	抹布
塞尺	工具车	工具套件	千分尺

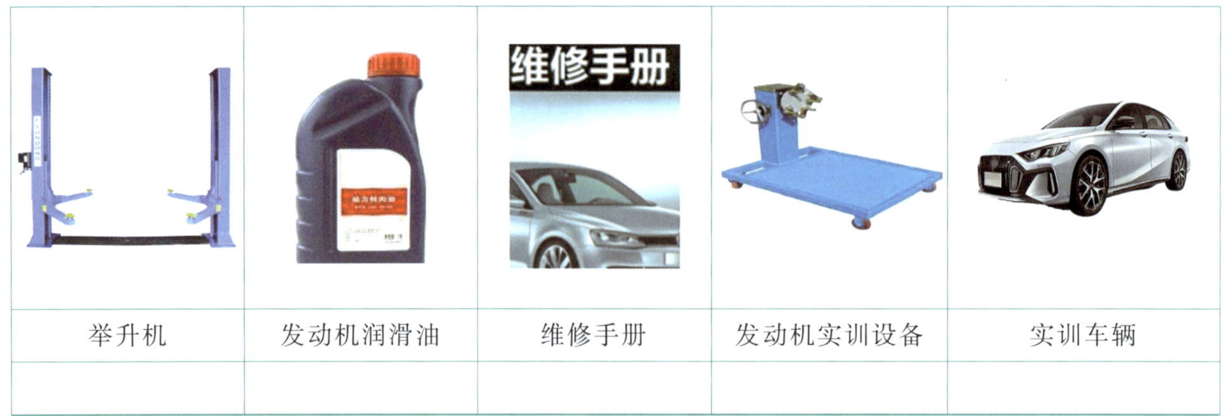

举升机	发动机润滑油	维修手册	发动机实训设备	实训车辆

三、防护措施

(1)进入车间应穿工作鞋、戴工作帽;工作服应整洁、无破损;操作时不可佩戴手表等金属饰品,以防划伤车辆表面。

(2)举升车辆时应严格按照举升机使用方法进行操作,并通知其他人员远离举升设备。

(3)更换油液或配件时,应处理好油液和配件的回收清理工作,以免对工作环境造成污染。

四、任务分配

任务分配见表 7-1。

表 7-1　任务分配

职务	代码	姓名	工作内容
组长	A		监督、管理组员工作
组员	B		准备实训所需车辆及设备
	C		
	D		准备实训所需工具及资料
	E		

五、任务实施

(一)操作流程

完成下列表格中工作内容对应工作步骤的排序(表 7-2～表 7-4)。

表 7-2 检查凸轮轴及液压挺柱的操作步骤

工作步骤	工作内容
	用一字旋具把凸轮轴向后方撬动，使凸轮轴发生轴向位移
	拆下机油反射罩
	查看维修手册，确定凸轮轴轴承盖螺栓规定力矩及凸轮轴轴向间隙极限值
	测量凸轮与液压挺柱之间的间隙，如果能插入 0.20 mm 的塞尺，应更换液压挺柱
	检查凸轮轴轴承盖螺栓是否按规定力矩拧紧
	取下月牙挡板和废气循环阀的固定支架，拆下气缸盖罩
	将百分表支架 VW387 固定在气缸盖上，将百分表固定在支架上
	用楔形木棒压下液压挺柱，不能使用尖锐器具完成该步骤的操作，以免液压挺柱被划伤
	记录百分表的读数
	转动曲轴，使待查液压挺柱的凸轮朝上
	记录数值
	用塞尺检查不受力的凸轮与液压挺柱之间的间隙，如果间隙大于 0.20 mm，应更换液压挺柱；如果间隙小于 0.10 mm，可进行下一步检查
	整理工具并打扫现场卫生

表 7-3 拆装及检测凸轮轴的操作步骤

工作步骤	工作内容
	检查凸轮轴轴承盖上的标记序号，序号从凸轮轴调整器一端开始依次排列
	拆下进、排气凸轮链轮旁的两个轴承盖和凸轮轴调整器紧固螺栓
	观察液压挺柱是否有磨损
	交叉放松并拆下进、排气凸轮轴第 2 道和第 4 道轴承盖，拆下带凸轮轴调整器的进、排气凸轮
	拆下进、排气凸轮轴第 3 道和第 5 道轴承盖，接着拆下双数轴承盖，拆下的螺栓应套在轴承盖上
	将百分表抵在被测凸轮轴中间轴颈上，完成凸轮轴弯曲度测量并记录
	用防水记号笔在液压挺柱上标出记号，液压挺柱的位置不能互换
	将凸轮轴放到 V 形架上
	安装磁性百分表支架和百分表
	用磁力棒拆下液压挺柱，将拆下的液压挺柱工作面倒置放在机油槽中
	清理零件，将拆装工具、测量工具归位

表 7-4 组装气门传动组的操作步骤

工作步骤	工作内容
	清理零件
	安装气门室盖下的机油反射罩
	摆放凸轮轴
	安装凸轮轴调整器紧固螺栓和进、排气凸轮轴链轮旁的两个轴承盖

续表

工作步骤	工作内容
	安装液压挺柱
	安装凸轮轴轴承盖
	安装气门室盖，安装月牙挡板和废气循环阀的固定支架

(二)实施记录

结合实施过程，对照表 7-5、表 7-6 中的检查项目，勾选或填写实际的检查结果。

表 7-5　　检查液压挺柱的实施记录

序号	检查项目		检查结果		备注
1	凸轮轴轴承盖螺栓拧紧力矩		力矩：		
2	凸轮轴轴承盖螺栓是否按规定力矩拧紧		是 □　否 □		
3	凸轮轴轴向间隙实际测量值		轴向间隙：		极限值：0.20 mm
4	凸轮轴与液压挺柱之间的间隙值	1 缸	进气门：	排气门：	极限值：0.20 mm 超过极限值时应________
		2 缸	进气门：	排气门：	
		3 缸	进气门：	排气门：	
		4 缸	进气门：	排气门：	

表 7-6　　检测气门传动组的实施记录　　mm

序号	检查项目	检查结果		备注
1	凸轮轴径向圆跳动极限值	进气凸轮：	排气凸轮：	
2	凸轮轴最大径向圆跳动量	进气凸轮：	排气凸轮：	
3	液压挺柱磨损直径	测量值：		

六、检查

(一)自检

结合本组任务操作过程，对任务执行过程中的操作规范性进行检查，检查操作过程中是否存在以下问题，分析、讨论应如何避免并总结规范的操作方法(表 7-7)。

表 7-7　　自检

检查项目	检查结果
各部件在测量前是否清理干净	是 □　否 □
量具的使用方法是否正确，读数是否准确	是 □　否 □
凸轮轴调整器是否安装正确	是 □　否 □
凸轮轴轴承盖装配序号是否正确	是 □　否 □

续表

检查项目	检查结果
缸盖螺栓是否按照规定力矩拧紧	是 □　否 □
工具是否摆放整齐、归位	是 □　否 □
实施过程中是否存在安全隐患	是 □　否 □

(二)互检

组与组之间相互进行操作过程及结果检查,并把检查结果填写表 7-8 中。

表 7-8　　　　互检

检查项目	检查结果
凸轮轴调整器是否安装正确	是 □　否 □
缸盖螺栓是否按照规定力矩拧紧	是 □　否 □
凸轮轴轴承盖装配序号是否正确	是 □　否 □
工具是否摆放整齐、归位	是 □　否 □

七、课堂小结

微课动画

实操视频

任务八 气门组的拆装

<table>
<tr><th colspan="5">汽车发动机机械系统拆装与修理任务工单</th></tr>
<tr><td>客户信息</td><td colspan="2">姓名</td><td colspan="2">电话</td></tr>
<tr><td rowspan="2">车辆信息</td><td>车型</td><td colspan="2">VIN 码</td><td>行驶里程</td></tr>
<tr><td></td><td colspan="2"></td><td></td></tr>
<tr><td>客户描述</td><td colspan="4">发动机抖动 □ 发动机工作不良 □ 排气管冒蓝烟 □ 发动机漏油、漏水 □
发动机动力不足 □ 发动机加速不良 □ 发动机怠速不稳 □ 发动机异响 □
耗油量增大 □ 发动机烧机油 □ 水温过高 □ 发动机无法启动 □
其他：</td></tr>
<tr><th colspan="2">车辆外观检查</th><th colspan="3">车辆内部检查</th></tr>
<tr><td>凹凸 □</td><td rowspan="4"></td><td>污渍 □</td><td colspan="2" rowspan="4"></td></tr>
<tr><td>划痕 □</td><td>破损 □</td></tr>
<tr><td>石击 □</td><td>色斑 □</td></tr>
<tr><td>油漆 □</td><td>变形 □</td></tr>
<tr><td>明确具体工作任务</td><td colspan="4"></td></tr>
</table>

发动机基础检查					
机油液面	过高□ 过低□ 正常□	冷却液液面	过高□ 过低□ 正常□	气缸压力	无缸压□ 过低□ 正常□
发动机拆装检测项目					
曲柄连杆机构	配气机构	润滑系统	冷却系统	供给系统	启动与点火系统
气缸体检测 □	气缸盖检测 □	机油泵检测 □	水泵检测 □	燃油泵检测 □	启动机拆装检查□
活塞检测 □	进、排气门检测 □	机油油道检测□	节温器检测 □	滤清器检测 □	点火线圈检查 □
活塞环检测 □	气门弹簧检测□	滤清器检测 □	散热水箱检测□	喷油器检测 □	火花塞拆装检查□
连杆检测 □	气门座圈检测□	机油液面检测□	水管检测 □	燃油轨道检测 □	高压导线检查 □
曲轴检测 □	凸轮轴检测 □	机油压力检测□	密封性检测 □	油压调节器检测□	控制电路检查 □
轴瓦检测 □	液压挺柱检测□			燃油压力检测 □	
飞轮组检测 □	正时机构检测□			进气系统检测 □	
曲轴油封检测□				排气系统检测 □	

- 能够使用正确的工具，参照维修手册中的流程拆解气门组
- 通过拆解气门组，掌握各零部件的组成、功能及工作原理
- 能够测量气门组，并根据测量结果做出维修计划

- 气门组的组成
- 气门组拆装工具的使用方法

- 气门拆装专用工具的使用方法
- 气门组的拆卸及注意事项
- 气门组的安装及注意事项

- 气门组的拆卸及注意事项
- 气门组的安装及注意事项

一、知识讲解

(一)拆卸气门组

1.气门组的组成

气门组的作用是维持气门的关闭，主要由气门、气门导管、气门油封、气门弹簧、气门弹簧座、气门锁片等组成(图 8-1)。

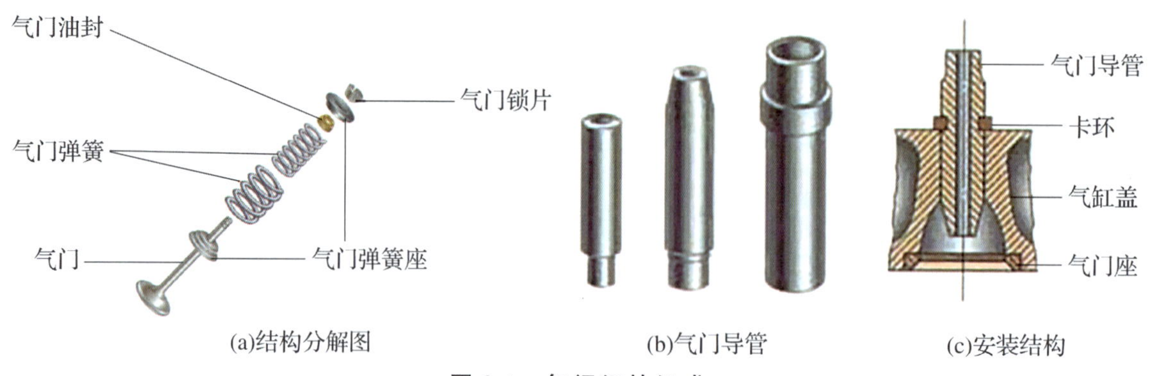

图 8-1　气门组的组成

2.拆卸气门组的工具

拆卸气门时必须使用气门拆装专用工具(图 8-2),又称气门弹簧压缩器。由于在气门弹簧作用力下气门锁片紧紧地锁住气门,限制其在机体内的移动范围,因此想要拆卸气门必须先拆卸气门锁片,拆卸气门锁片前须撤销弹簧作用在气门锁片上的作用力。气门拆装专用工具在使用前需要选用合适的套筒。

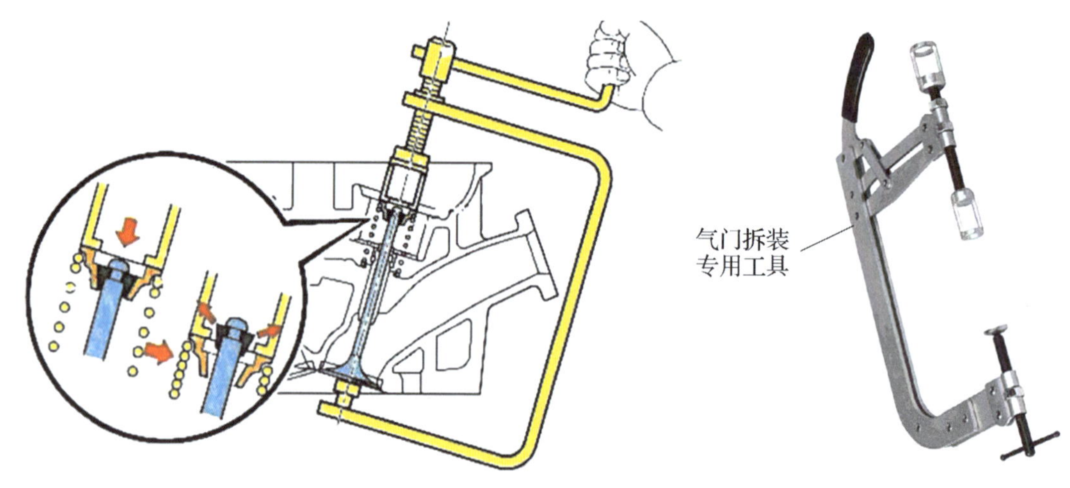

图 8-2　气门拆装专用工具

3.气门的工作环境

气门的工作条件非常恶劣。首先,气门直接与高温燃气接触,受热严重且散热困难,因此气门温度很高。其次,气门承受气体压力和气门弹簧力的作用,以及由于配气机构运动件的惯性力使气门落座时受到冲击。最后,气门在润滑条件很差的情况下以极高的速度启闭,并在气门导管内做高速往复运动。此外,气门还与高温燃气中有腐蚀性的气体接触,容易受到腐蚀。

4.拆卸气门的注意事项

拆卸气门时要注意凸轮轴轴承盖的拆卸顺序,并将拆卸的部件按气缸号顺序摆放整齐。还要注意液压挺柱的顺序,拆下的液压挺柱应浸泡在机油里(图 8-3)。

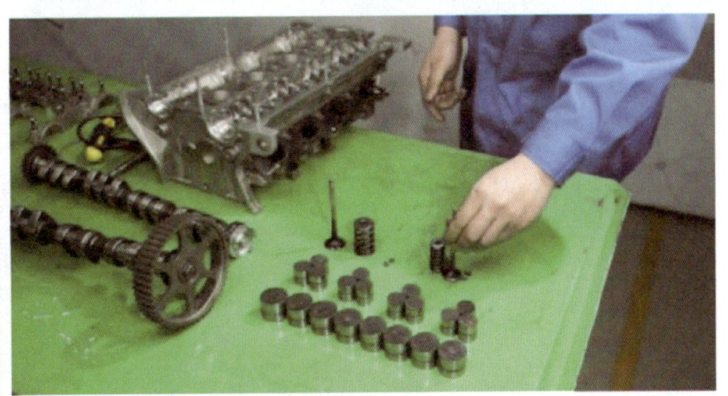

图 8-3　拆卸气门的注意事项

专用工具一定要安装到位，工具的上端应压住气门弹簧座(图 8-4)，下端要顶住气门头部。注意，工具的上端和下端要与气门在同一条直线上。另外，气门弹簧压缩器的上、下压头大小应与缸盖上的气门孔内径相匹配，防止划伤缸盖内孔，造成液压挺柱拆卸困难。

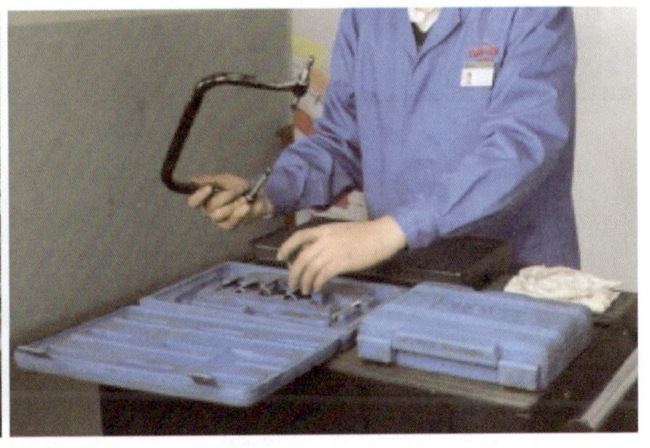

图 8-4　用专用工具压住气门弹簧座

气门锁片较小，拆卸后应放到事先准备好的容器内，防止遗失。气门与气门座是经过研磨的配合组件，应按拆装顺序有规律地摆放(图 8-5)，防止装错造成缸压泄漏。

气门弹簧压缩器不能将气门弹簧压缩过大，否则装配困难。安装气门锁片时用小号一字旋具蘸取少量润滑油并涂抹，可提高其装配效率(图 8-6)。拆卸时不要把气门座圈刮伤，气门油封属于一次性用品，一旦拆卸必须更换新品。

图 8-5　气门组按顺序摆放

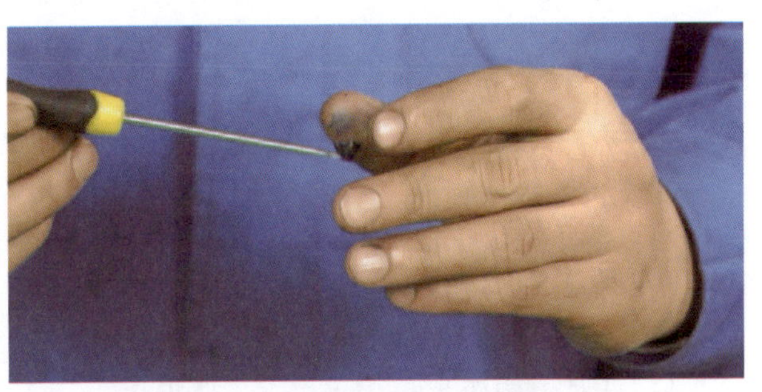

图 8-6　使用一字旋具涂抹润滑油

(二)安装气门组的注意事项

安装气门组时必须将各气门组件安装回原来的气门座上,否则会造成气门座密封不严。必须将凸轮轴轴承盖组件按安装标记安装回原来的凸轮轴上(图 8-7)。

图 8-7　气门组的安装

二、任务准备

在下列图片中勾选出完成本任务所需的工具、设备等。

扭力扳手	旋具套件	气门弹簧夹持器	工作台
塞尺	工具车	工具套件	千分尺
气门导管专用压具	抹布	气门拆装工具	磁力棒

举升机	发动机润滑油	维修手册	发动机实训设备	实训车辆

三、防护措施

(1)进入车间应穿工作鞋、戴工作帽;工作服应整洁、无破损;操作时不可佩戴手表等金属饰品,以防划伤车辆表面。

(2)举升车辆时应严格按照举升机使用方法进行操作,并通知其他人员远离举升设备。

(3)更换油液或配件时,应处理好油液和配件的回收清理工作,以免对工作环境造成污染。

四、任务分配

任务分配见表 8-1。

表 8-1 任务分配

职务	代码	姓名	工作内容
组长	A		监督、管理组员工作
组员	B		准备实训所需车辆及设备
	C		
	D		准备实训所需工具及资料
	E		

五、任务实施

(一)操作流程

完成下列表格中工作内容对应工作步骤的排序并填空(表 8-2、表 8-3)。

表 8-2　　拆卸气门组的操作步骤

工作步骤	工作内容
	用专用的气门拆装工具和合适的弹簧套筒压下进气门弹簧，专用工具一定要安装到位，工具的上端应压住气门弹簧座，下端要顶住气门头部。注意，工具的上端和下端要与气门在同一条直线上。气门弹簧压缩器的上、下压头大小应与缸盖上的气门孔内径相匹配，防止划伤气缸盖内孔，造成液压挺柱拆卸困难
	准备 T30 套头长接杆和棘轮并组装
	松开气门弹簧压缩器，取出气门和气门弹簧及弹簧座，拆卸的部件应按顺序摆放
	取下凸轮轴摆放在工作台上，拆下液压挺柱，注意液压挺柱的顺序，拆下的液压挺柱要浸泡在机油里
	用磁力棒或镊子取出气门锁片，取出的气门锁片要放到事先准备好的容器内，以防丢失
	准备缸盖总成并清理，缸盖总成上部有大量油渍，需要擦拭干净
	依次对各缸进气门进行拆卸，拆卸的部件必须做好标记并按各缸顺序摆放整齐
	选用合适的弹簧套筒依次拆卸排气门，拆卸的部件必须做好标记并按各缸顺序摆放整齐
	拆卸凸轮轴轴承盖，拆卸时按先两边后中间的顺序进行拆卸，并按顺序摆放
	清洗拆下的部件，可以用汽油清洗，提高零件测量数据的准确度，清洗后应将汽油妥善处理，防止造成安全隐患

表 8-3　　安装气门组的操作步骤

工作步骤	工作内容
	安装进气门、气门弹簧及气门弹簧座，拆卸下来的气门必须安装回原来的气门座孔内
	安装凸轮轴轴承盖，拧紧螺栓的顺序严格按照________，使用 10 N·m 的力矩拧紧螺栓
	松开气门弹簧压缩器
	以此方法安装所有进气门，再选用合适的弹簧套筒安装排气门
	用________压紧气门弹簧
	安装液压挺柱，注意安装顺序
	安装凸轮轴
	安装气门锁片，使用小号一字旋具安装气门锁片并涂抹________，目的是使气门和气门锁片容易贴合
	整理工具并打扫现场卫生

(二)实施记录

结合实施过程，对照表 8-4、表 8-5 中的检查项目，勾选或填写实际的检查结果。

表 8-4　　拆卸气门组的实施记录

序号	检查项目	检查结果	备注
1	是否正确拆卸凸轮轴轴承盖	是 □　否 □	按________的顺序进行拆卸
2	是否正确拆卸凸轮轴	是 □　否 □	
3	是否正确使用气门弹簧压缩器	是 □　否 □	
4	是否正确取出液压挺柱	是 □　否 □	使用工具：______　放置地方：______
5	是否正确拆卸进、排气门	是 □　否 □	
6	共拆卸多少个进、排气门	进气门：____　排气门：____	
7	是否正确标记各缸气门组件	是 □　否 □	

表 8-5　　安装气门组的实施记录

序号	检查项目	检查结果	备注
1	是否正确使用气门弹簧压缩器	是 □　否 □	
2	进、排气门锁片是否安装到位	是 □　否 □	
3	安装液压挺柱是否润滑、无卡滞	是 □　否 □	
4	是否按规定力矩安装凸轮轴轴承盖	是 □　否 □	
5	凸轮轴轴承安装顺序是否正确	是 □　否 □	按________的顺序进行安装
6	凸轮轴轴承盖的拧紧力矩	力矩：________	凸轮轴轴承盖的拧紧力矩为________
7	共安装多少个进、排气门	进气门：________　排气门：________	

六、检查

(一)自检

结合本组任务操作过程，对任务执行过程中的操作规范性进行检查，检查操作过程中是否存在以下问题，分析、讨论应如何避免并总结规范的操作方法(表 8-6)。

表 8-6　　自检

检查项目	检查结果
拆卸气门组件时是否做好标记，并按气缸号顺序摆放	是 □　否 □
气门拆装专用工具使用是否正确	是 □　否 □
安装气门组件时是否按照原标记顺序及气缸号复位	是 □　否 □
凸轮轴轴承盖是否按照规定力矩拧紧	是 □　否 □
气门组各零部件是否摆放整齐	是 □　否 □
实施过程中是否存在安全隐患	是 □　否 □
工具是否摆放整齐，工作台上是否有明显油污	是 □　否 □

(二)互检

组与组之间相互进行操作过程及结果检查，并把检查结果填写在表 8-7 中。

表 8-7　　互检

检查项目	检查结果
实施过程中是否出现安全隐患	是 □　否 □
工具摆放是否整齐，工作台上是否有明显油污	是 □　否 □
凸轮轴轴承盖是否按照规定力矩拧紧	是 □　否 □

七、课堂小结

任务九 气门组的检查

<table>
<tr><th colspan="8">汽车发动机机械系统拆装与修理任务工单</th></tr>
<tr><td>客户信息</td><td colspan="4">姓名</td><td colspan="3">电话</td></tr>
<tr><td rowspan="2">车辆信息</td><td colspan="2">车型</td><td colspan="3">VIN 码</td><td colspan="2">行驶里程</td></tr>
<tr><td colspan="2"></td><td colspan="3"></td><td colspan="2"></td></tr>
<tr><td>客户描述</td><td colspan="7">发动机抖动 □ 发动机工作不良 □ 排气管冒蓝烟 □ 发动机漏油、漏水 □
发动机动力不足 □ 发动机加速不良 □ 发动机怠速不稳 □ 发动机异响 □
耗油量增大 □ 发动机烧机油 □ 水温过高 □ 发动机无法启动 □
其他：</td></tr>
<tr><th colspan="4">车辆外观检查</th><th colspan="4">车辆内部检查</th></tr>
<tr><td>凹凸 □</td><td colspan="3" rowspan="4"></td><td>污渍 □</td><td colspan="3" rowspan="4"></td></tr>
<tr><td>划痕 □</td><td>破损 □</td></tr>
<tr><td>石击 □</td><td>色斑 □</td></tr>
<tr><td>油漆 □</td><td>变形 □</td></tr>
<tr><td>明确具体工作任务</td><td colspan="7"></td></tr>
</table>

发动机基础检查					
机油液面	过高□ 过低□ 正常□	冷却液液面	过高□ 过低□ 正常□	气缸压力	无缸压□ 过低□ 正常□
发动机拆装检测项目					
曲柄连杆机构	配气机构	润滑系统	冷却系统	供给系统	启动与点火系统
气缸体检测 □	气缸盖检测 □	机油泵检测 □	水泵检测 □	燃油泵检测 □	启动机拆装检查□
活塞检测 □	进、排气门检测□	机油油道检测□	节温器检测 □	滤清器检测 □	点火线圈检查 □
活塞环检测 □	气门弹簧检测□	滤清器检测 □	散热水箱检测□	喷油器检测 □	火花塞拆装检查□
连杆检测 □	气门座圈检测□	机油液面检测□	水管检测 □	燃油轨道检测 □	高压导线检查 □
曲轴检测 □	凸轮轴检测 □	机油压力检测□	密封性检测 □	油压调节器检测□	控制电路检查 □
轴瓦检测 □	液压挺柱检测□			燃油压力检测 □	
飞轮组检测 □	正时机构检测□			进气系统检测 □	
曲轴油封检测□				排气系统检测 □	

- 能够使用正确的工具，参照维修手册中的流程检查气门组
- 通过检查气门组，掌握各零部件的组成、功能及工作原理
- 能够检查气门组，并根据检查结果做出维修计划

- 气门组的组成
- 气门组常见损伤及原因分析
- 气门、气门弹簧和气门导管等零件的检查

- 气门组各零部件的检查方法
- 各种专用工具及量具的使用方法

- 气门组各零部件的检查方法
- 各种专用工具及量具的使用方法

一、知识讲解

(一)气门的组成与检查

1.气门的组成

气门由头部和杆部两部分组成(图 9-1)，头部与气门座配合封闭气缸的进气、排气通道，杆部则主要为气门的运动导向。气门头部温度很高，而且还承受气体的压力、气门弹簧的作用力和传动组件惯性力，其润滑、冷却条件很差。

2.气门的检查

(1)可以使用游标卡尺测量气门杆端面磨损(图 9-2)，气门长度偏差不得超过 0.5 mm。

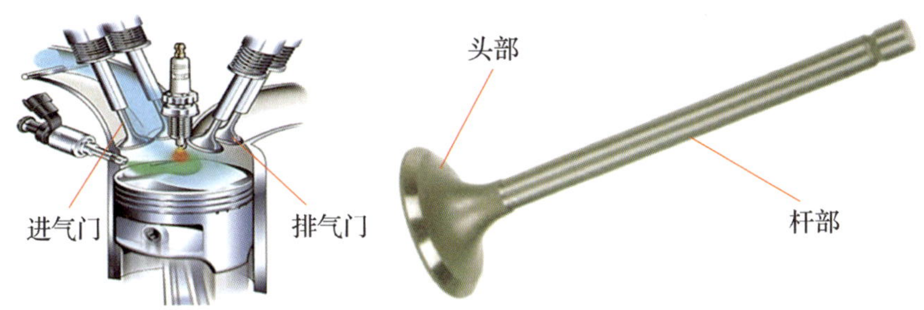

图 9-1 气门的组成

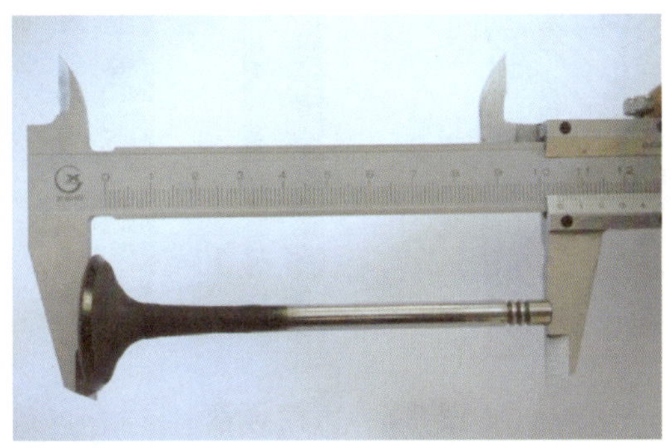

图 9-2 使用游标卡尺测量气门杆端面磨损

(2)使用外径千分尺在气门杆的上、中、下三个截面多点测量气门杆直径的磨损情况，进气门磨损量不得超过 0.02 mm，排气门磨损量不得超过 0.01 mm(图 9-3)。

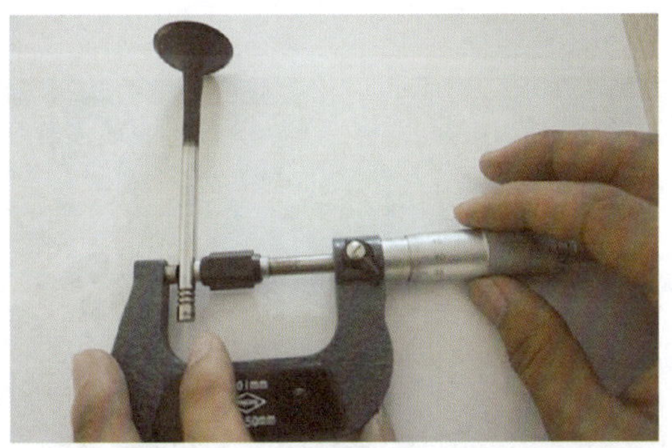

图 9-3 用外径千分尺测量气门杆直径磨损量

(3)使用游标卡尺测量气门平顶直径磨损情况，磨损量不得超过 0.02 mm(图 9-4)。

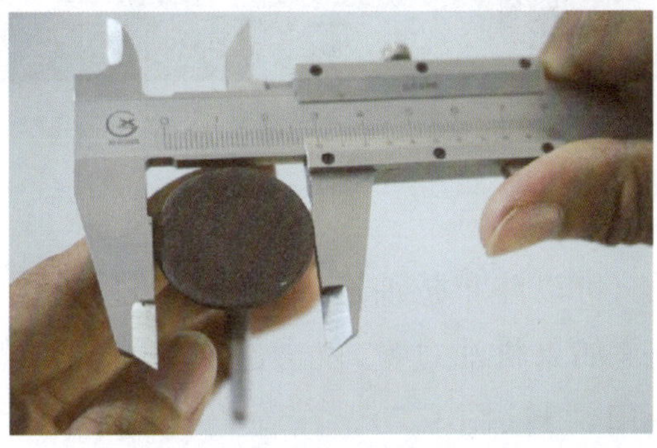

图 9-4 使用游标卡尺测量气门平顶直径磨损量

(4)将测量得到的数值与维修手册中的标准数值进行比较，确定是否应该维修。

(二)气门导管的作用与检查

1.气门导管的作用

气门导管具有导向作用,可以保证气门做直线往复运动,使气门与气门座能正确贴合(图 9-5)。此外,气门导管还在气门杆与气缸盖之间起导热作用。

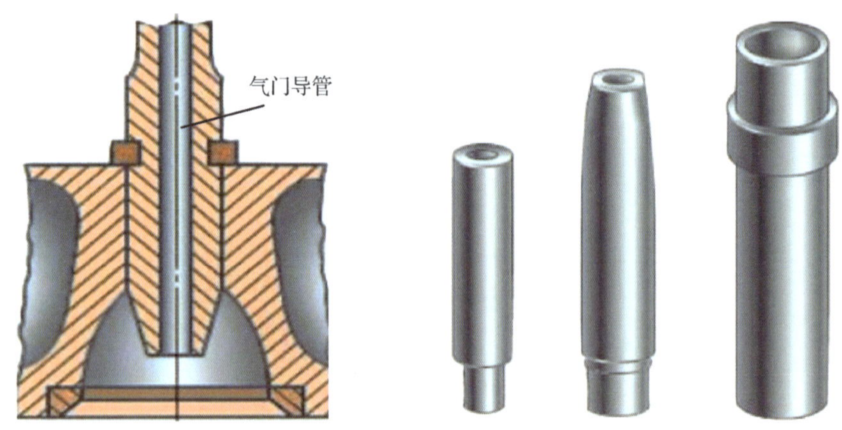

图 9-5　气门导管

2.气门导管的检查

气门导管的检查项目为气门与导管的配合间隙。将气门插入原气门座孔内并将头部提升 15 mm,用百分表触头抵在头部边缘,然后左右摆动气门,百分表指针摆动读数的一半即测量间隙(图 9-6)。

图 9-6　气门导管的检查

(三)气门油封的检查

气门油封是油封的一种,可以防止机油进入进气管、排气管,在气门导管和气门之间应该有适量的机油来润滑,但是如果机油过量,就会造成烧机油现象,从而会在气缸内和气门上产生积炭,所以要安装气门油封(图 9-7)。在检查气门油封时主要是确定其是否老化、开裂。

图 9-7　气门油封

(四)气门弹簧的作用与检查

1.气门弹簧的作用

气门弹簧借其张力克服气门关闭过程中气门及传动件因惯性力而产生的间隙,保证气门及时落座并精密贴合,同时也防止气门在发动机振动时因跳动而破坏密封。因此,要求气门弹簧具有足够的刚性和安装预紧力。

2.气门弹簧的检查

气门弹簧在检查时,可以用检视法观察洗净的气门弹簧外表面有无变形、开裂、夹层、锈蚀、折叠、擦痕等缺陷,如有则应更换;也可以使用新旧对比法,将标准弹簧与被测弹簧置于同一平板上,比较其长度是否一致,如不一致则应更换;或使用游标卡尺测量法测量弹簧长度,一般自由长度的缩短不得超过 3 mm,如不符合规定尺寸应予以更换(图 9-8)。

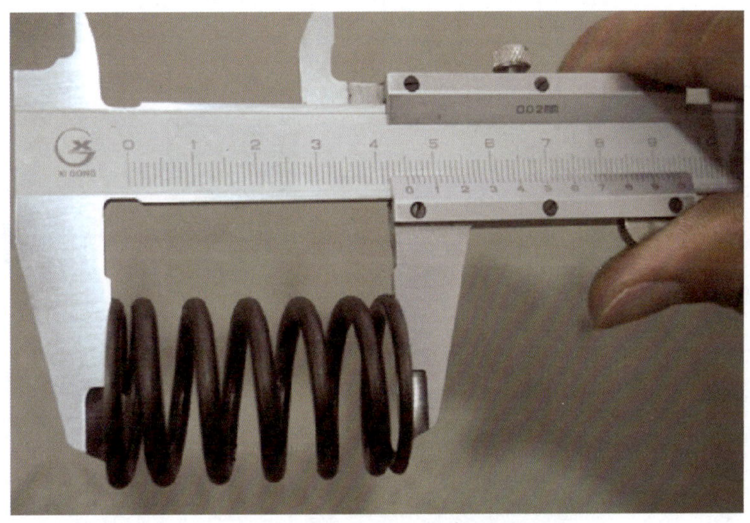

图 9-8　测量气门弹簧长度

对于气门弹簧的弯曲和扭曲变形,可放在平板上用 90°直角尺检查其垂直度,一般垂直度误差为 1.6～2.0 mm,超过规定范围应更换(图 9-9)。

图 9-9　检查气门弹簧垂直度

二、任务准备

在下列图片中勾选出完成本任务所需的工具、设备、资料等。

 扭力扳手	 火花塞套筒扳手	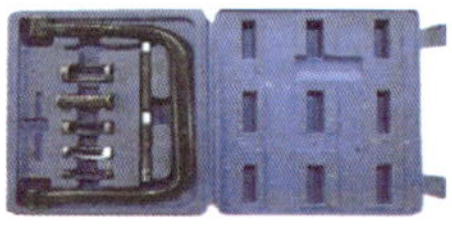 气门拆装工具	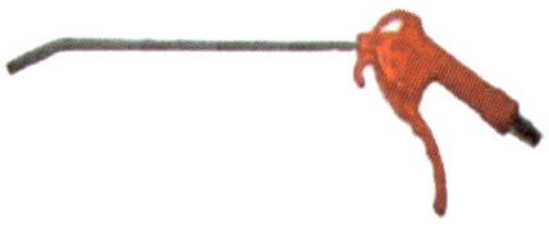 吹尘枪
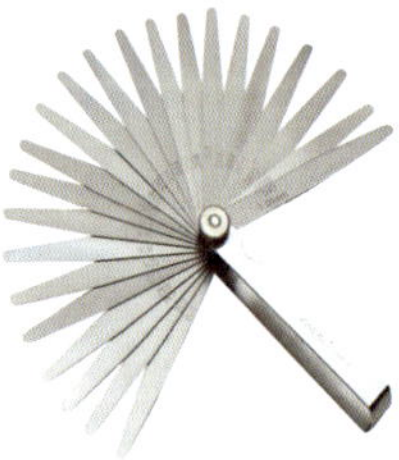 塞尺	 工具车	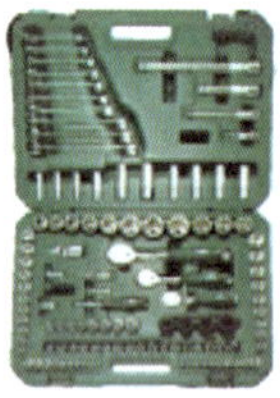 工具套件	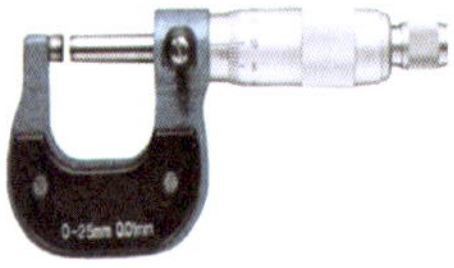 千分尺
 带磁力表座的百分表	 抹布	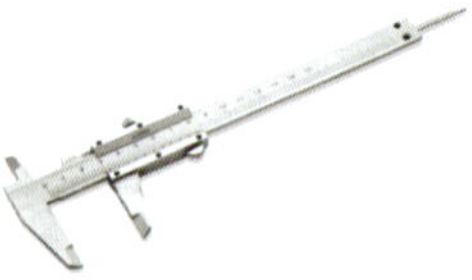 游标卡尺	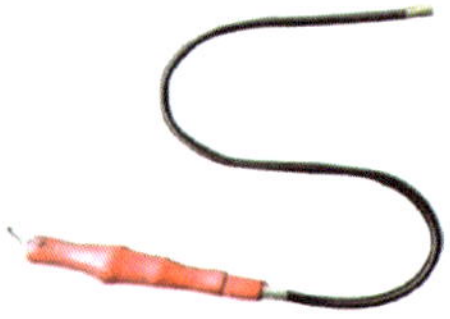 磁力棒

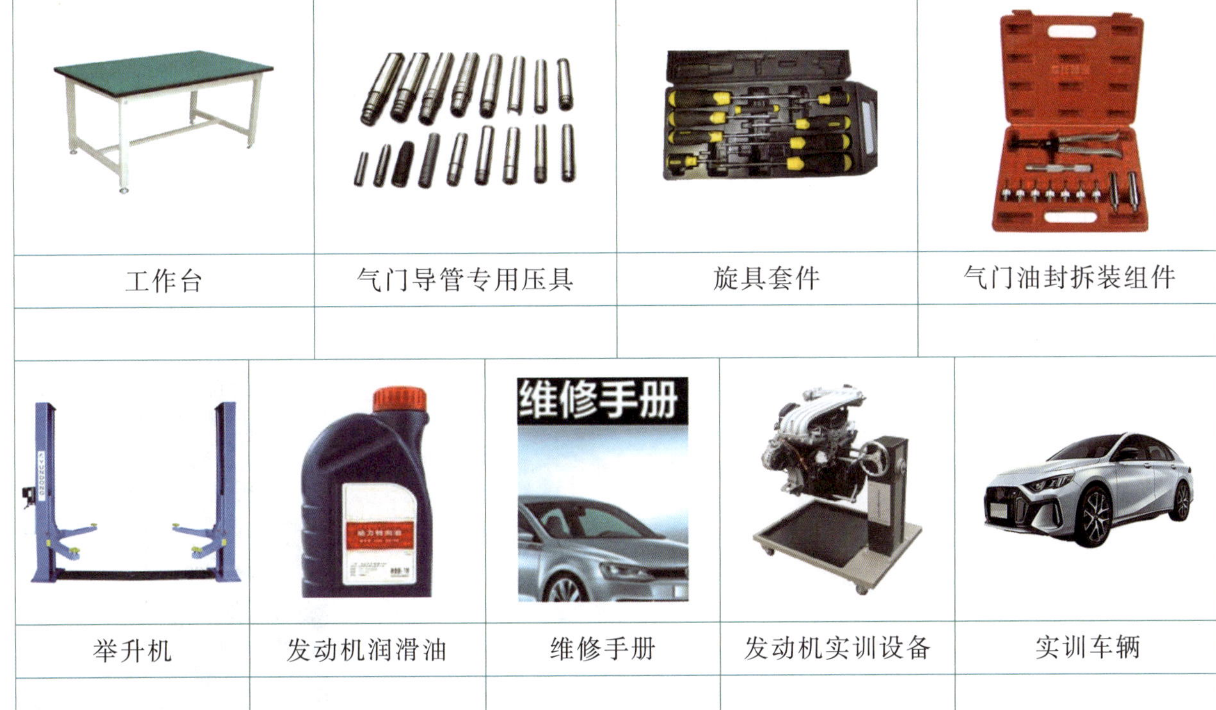

工作台	气门导管专用压具	旋具套件	气门油封拆装组件

举升机	发动机润滑油	维修手册	发动机实训设备	实训车辆

三、防护措施

(1)进入车间应穿工作鞋、戴工作帽;工作服应整洁、无破损;操作时不可佩戴手表等金属饰品,以防划伤车辆表面。

(2)举升车辆时应严格按照举升机使用方法进行操作,并通知其他人员远离举升设备。

(3)更换油液或配件时,应处理好油液和配件的回收清理工作,以免对工作环境造成污染。

四、任务分配

任务分配见表 9-1。

表 9-1 **任务分配**

职务	代码	姓名	工作内容
组长	A		监督、管理组员工作
组员	B		准备实训所需车辆及设备
	C		
	D		准备实训所需工具及资料
	E		

五、任务实施

(一)操作流程

完成表 9-2 中工作内容对应工作步骤的排序并填空。

表 9-2　检查气门组的操作步骤

工作步骤	工作内容	图示
	准备缸盖总成并清理,缸盖总成上部有大量油渍,需要擦拭干净	
	依次对各缸进气门进行拆卸,拆卸的部件必须________并按各缸顺序摆放整齐	
	拆卸凸轮轴轴承盖,拆卸时按________的顺序进行拆卸,并按顺序摆放	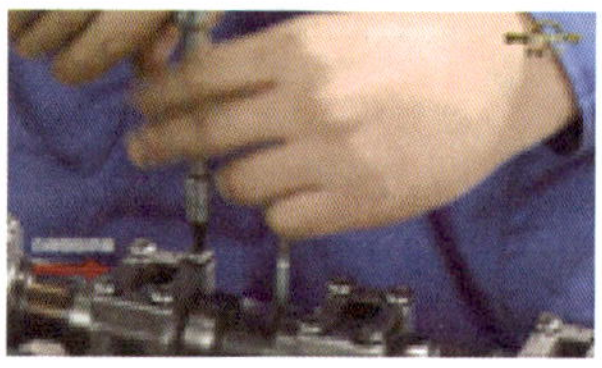
	取下凸轮轴摆放在工作台上,注意凸轮轴轴承盖的________,以及拆下部件的摆放顺序。拆下液压挺柱,注意液压挺柱的顺序,拆下的液压挺柱要浸泡在________里	
	用专用的气门拆装工具与合适的弹簧套筒压下进气门弹簧,气门弹簧压缩器的上、下压头大小应与缸盖上的________相匹配,防止划伤气缸盖内孔,造成液压挺柱拆卸困难	
	准备 T30 套筒、长接杆和棘轮并组装	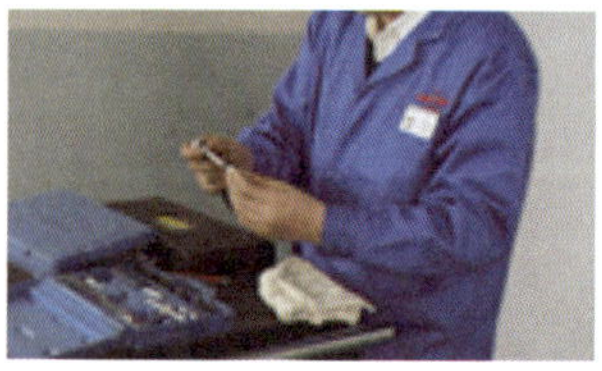

续表

工作步骤	工作内容	图示
	用磁力棒或镊子取出________，取出的________要放到事先准备好的容器内，以防丢失	
	松开气门弹簧压缩器，取出气门和气门弹簧及弹簧座，拆卸的部件要按顺序摆放	
	使用外径千分尺检查气门杆三个截面________，记录测量数据	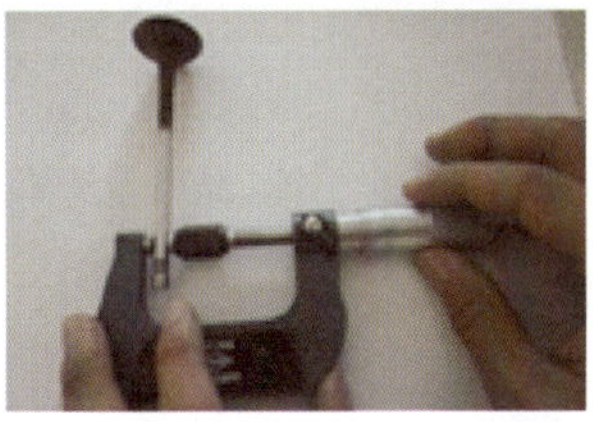
	选用合适的弹簧套筒依次拆卸排气门，拆卸的部件必须做好标记并按各缸顺序摆放整齐	
	检查气门组件	
	查找进、排气门长度数据，气门杆直径 b 和气门平顶直径 a 的标准尺寸	
	清洗拆下的部件，可以用汽油清洗，提高零件测量数据的准确度，清洗后应将汽油妥善处理，防止造成安全隐患	
	检查气门油封是否________	
	使用游标卡尺测量气门平顶直径，记录测量数据	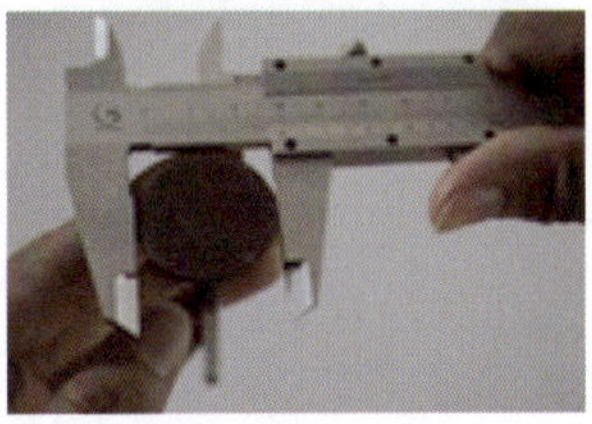
	查阅维修手册，找到气门与气门导管之间的配合间隙值	

续表

工作步骤	工作内容	图示
	组装百分表并安装在需要检测的气门旁	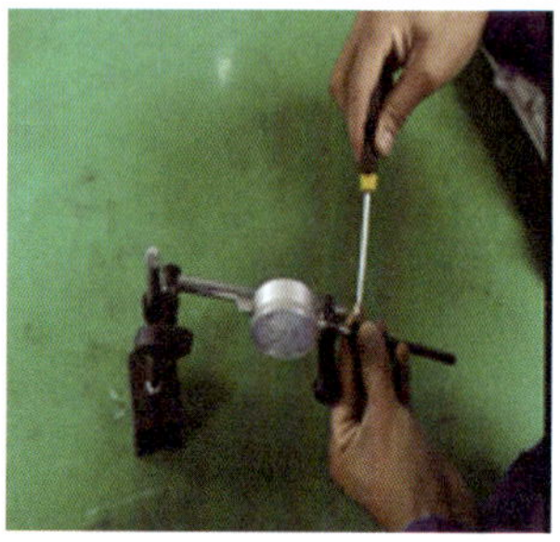
	将气门插入原气门座孔内并将头部提升 15 mm，用百分表触头抵在头部边缘，然后________，百分表指针摆动读数的一半即被测量间隙	
	用检视法观察洗净的气门弹簧外表面有无变形、开裂、夹层、折叠、锈蚀、擦痕等缺陷，如有则应更换	
	使用游标卡尺测量标准进、排气门弹簧长度，记录测量数据	
	安装进气门、气门弹簧及气门弹簧座，拆卸下来的气门必须安装回原来的气门座孔内	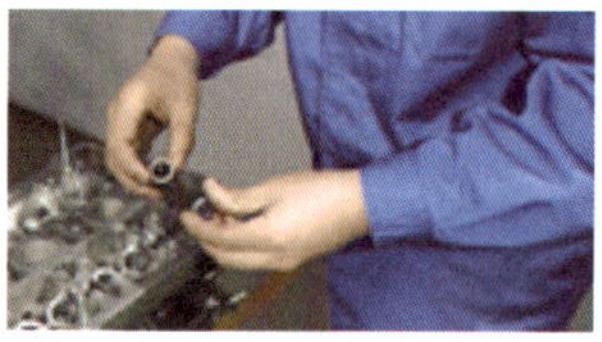
	使用游标卡尺测量进、排气门弹簧长度并与标准弹簧做比较，记录测量数据	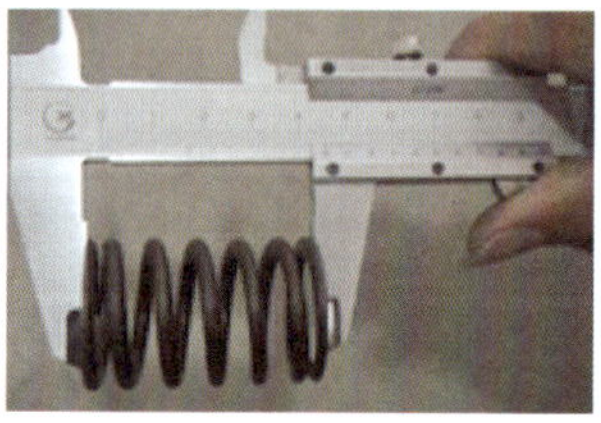
	使用游标卡尺测量气门杆端面磨损长度，记录测量数据	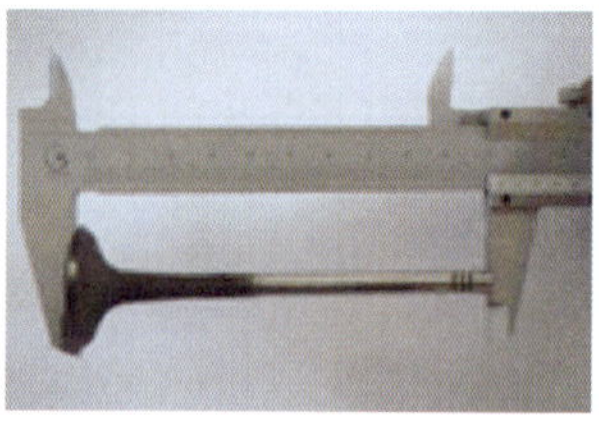
	使用 90°直角尺测量气门弹簧的________，记录测量数据	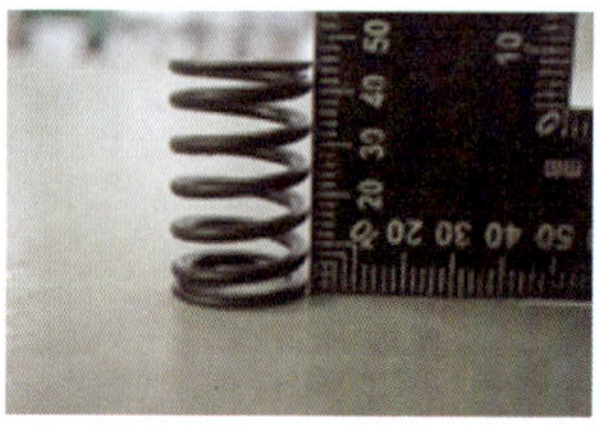

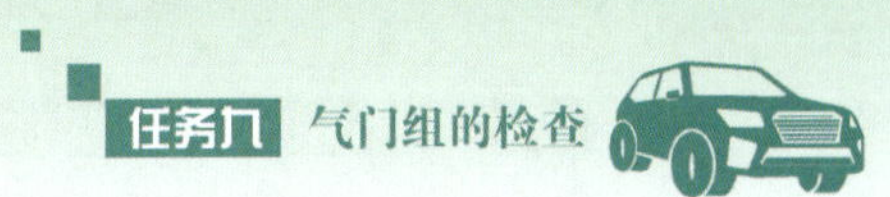

续表

工作步骤	工作内容	图示
	松开气门弹簧压缩器	
	用气门拆装工具压紧气门弹簧	
	安装气门锁片	
	安装凸轮轴轴承盖，严格按照先中间后两边的顺序拧紧螺栓，使用 10 N·m 的力矩拧紧螺栓	
	以此方法安装所有进气门，再选用合适的弹簧套筒安装排气门	
	安装液压挺柱，注意安装顺序	
	安装凸轮轴	
	整理工具并打扫现场卫生	

(二)实施记录

结合实施过程,对照表 9-3 中的检查项目,勾选或填写实际的检查结果。

表 9-3 实施记录 mm

序号	检查项目	检查结果		备注
1	测量气门杆端面磨损	进气门: 更换 □	排气门: 继续使用 □	进气门:103.95(参考值) 排气门:103.84(参考值)
2	测量气门杆直径磨损	进气门: 更换 □	排气门: 继续使用 □	进气门:5.96(参考值) 排气门:5.95(参考值)
3	测量气门平顶直径磨损	进气门: 更换 □	排气门: 继续使用 □	进气门:26.89(参考值) 排气门:29.91(参考值)
4	测量气门与导管之间的配合间隙	进气门: 更换 □	排气门: 继续使用 □	进气门导管:0.42(参考值) 排气门导管:0.46(参考值)
5	检查气门油封是否老化、损坏	进气门:	排气门:	
6	测量气门弹簧自由长度	进气门: 更换 □	排气门: 继续使用 □	进气门:45.28(参考值) 排气门:47.22(参考值)
7	测量气门弹簧的弯曲和扭曲变形	进气门: 更换 □	排气门: 继续使用 □	进气门:1.60(参考值) 排气门:1.70(参考值)

六、检查

(一)自检

结合本组任务操作过程,对任务执行过程中的操作规范性进行检查,检查操作过程中是否存在以下问题,分析、讨论应如何避免并总结规范的操作方法(表 9-4)。

表 9-4 自检

检查项目	检查结果
拆装气门工具的使用是否正确	是 □　否 □
拆装气门组的操作流程是否正确	是 □　否 □
是否正确使用工具检查气门组各组件	是 □　否 □
对气门组检查结果的处理方案是否合理	是 □　否 □
工具是否摆放整齐,工作台上是否有明显油污	是 □　否 □

(二)互检

组与组之间相互进行操作过程及结果检查,并把检查结果填写在表 9-5 中。

表 9-5　　互检

检查项目	检查结果
是否完成项目单	是 □　否 □
对气门组检查结果的处理方案是否合理	是 □　否 □
工具是否摆放整齐，工作台上是否有明显油污	是 □　否 □

七、课堂小结

任务十 气缸盖的检查与修理

<table>
<tr><th colspan="7">汽车发动机机械系统拆装与修理任务工单</th></tr>
<tr><td>客户信息</td><td colspan="3">姓名</td><td colspan="3">电话</td></tr>
<tr><td rowspan="2">车辆信息</td><td colspan="2">车型</td><td colspan="2">VIN 码</td><td colspan="2">行驶里程</td></tr>
<tr><td colspan="2"></td><td colspan="2"></td><td colspan="2"></td></tr>
<tr><td>客户描述</td><td colspan="6">发动机抖动 □　发动机工作不良 □　排气管冒蓝烟 □　发动机漏油、漏水 □
发动机动力不足 □　发动机加速不良 □　发动机怠速不稳 □　发动机异响 □
耗油量增大 □　发动机烧机油 □　水温过高 □　发动机无法启动 □
其他：
____
____
____________</td></tr>
<tr><th colspan="3">车辆外观检查</th><th colspan="4">车辆内部检查</th></tr>
<tr><td>凹凸 □</td><td colspan="2" rowspan="4"></td><td>污渍 □</td><td colspan="3" rowspan="4"></td></tr>
<tr><td>划痕 □</td><td>破损 □</td></tr>
<tr><td>石击 □</td><td>色斑 □</td></tr>
<tr><td>油漆 □</td><td>变形 □</td></tr>
<tr><td>明确具体工作任务</td><td colspan="6">____________
____
____________</td></tr>
</table>

发动机基础检查					
机油液面	过高□ 过低□ 正常□	冷却液液面	过高□ 过低□ 正常□	气缸压力	无缸压□ 过低□ 正常□

发动机拆装检测项目					
曲柄连杆机构	配气机构	润滑系统	冷却系统	供给系统	启动与点火系统
气缸体检测 □	气缸盖检测 □	机油泵检测 □	水泵检测 □	燃油泵检测 □	启动机拆装检查□
活塞检测 □	进、排气门检测 □	机油油道检测□	节温器检测 □	滤清器检测 □	点火线圈检查 □
活塞环检测 □	气门弹簧检测□	滤清器检测 □	散热水箱检测□	喷油器检测 □	火花塞拆装检查□
连杆检测 □	气门座圈检测□	机油液面检测□	水管检测 □	燃油轨道检测 □	高压导线检查 □
曲轴检测 □	凸轮轴检测 □	机油压力检测□	密封性检测 □	油压调节器检测□	控制电路检查 □
轴瓦检测 □	液压挺柱检测□			燃油压力检测 □	
飞轮组检测 □	正时机构检测□			进气系统检测 □	
曲轴油封检测□				排气系统检测 □	

- 能够使用正确的工具，参照维修手册中的流程检修气缸盖
- 能够通过检修气缸盖，掌握其组成、功能及工作原理
- 能够检测气缸盖，并根据检测结果做出维修计划

- 气缸平面度的测量
- 气门座孔密封性的检修

- 气缸盖平面度的测量
- 气缸座孔密封性的检查
- 气门座的修复

- 气缸座孔密封性的检查
- 气门座的修复

一、知识讲解

(一)气缸平面度的检测

1.检查气缸盖平面度和气门座孔密封性的原因

气缸盖平面不平和气门密封不严都会导致气缸盖漏气。在拧紧气缸盖螺栓时未按规定顺序和拧紧力矩拧紧会导致气缸盖翘曲变形，从而使气缸盖平面度不符合要求。

2.测量气缸盖平面度(图 10-1)

第一步，在用量具测量气缸盖之前应用干净毛巾清洁气缸盖。

第二步，将刀口尺放到气缸体平面处。

第三步，测量气缸盖对称线及对角线，要求每条线测 5 个点。

第四步，查阅维修手册中的最大翘曲度数值，横面与对角为 0.1 mm、竖面为 0.05 mm，如果翘曲度大于最大值，则应更换气缸盖。

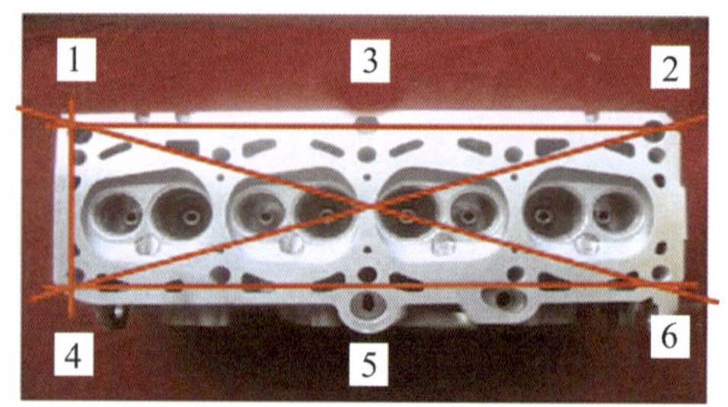

图 10-1 测量气缸盖平面度

(二)气门座孔密封性的检修

1.气门座孔密封不严的原因

进、排气门处于高温、高压、高速的运动环境中，使气门与气门座孔工作面极易磨损和出现积炭、烧蚀、麻点，使气门与气门座工作面密封不严。

2.气门座孔密封性不良的影响

当气门与气门座的工作面变宽后，两者接触面积增大，当气门关闭时，作用在气门座上的单位面积压力会减小(气门弹簧的弹力不变)，从而导致气门与气门座密封不严，还会造成发动机动力下降、发动机油耗增大，不仅浪费燃料、污染环境，且在消声器中有杂音(图 10-2)。

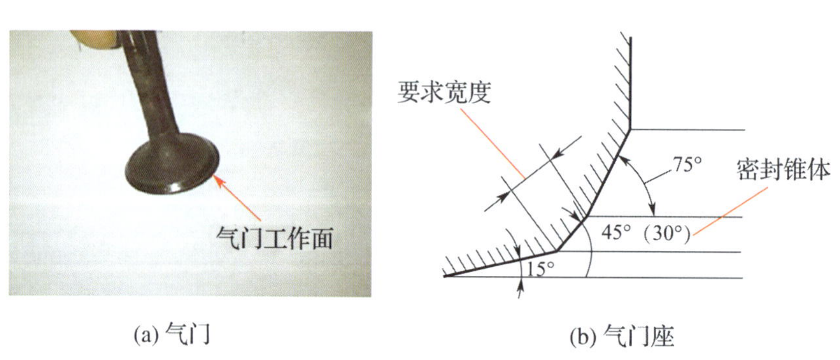

(a) 气门 (b) 气门座

图 10-2 气门座孔密封性的检查

3.气门座孔密封性不良故障的修复

气门座孔密封不严需要研磨，以使气门座孔密封性达到要求。

4.研磨机的使用方法

(1)研磨气门座孔前需要在气门工作面上涂抹适量的粗研磨砂。

(2)用研磨机或捻子的吸嘴吸住气门。

(3)竖直拿着研磨机或捻子使气门做往复旋转运动，研磨过程中不要过分用力，也不要提起气门过分撞击。

(4)当气门工作面与气门座工作面磨出一条完整的环带时，将粗研磨砂洗去换成细研磨砂继续研磨。

(5)当工作面出现整齐的环带时，将细研磨砂洗去涂上润滑油继续研磨几分钟即可(图10-3)。

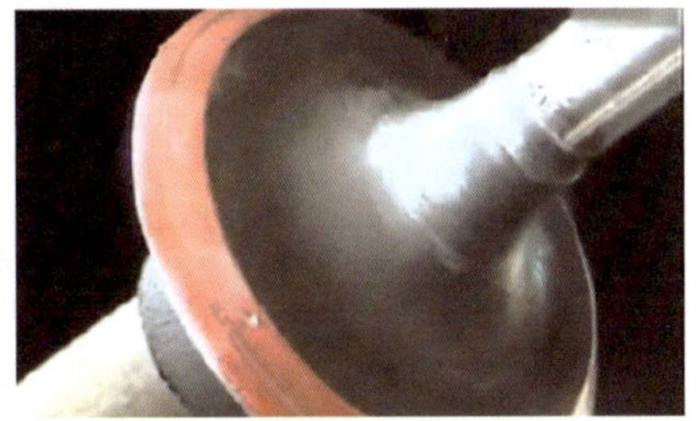

图 10-3 气门座孔的研磨

5.使用气门铰刀铰削气门座

气门铰刀可以将气门座密封面铰削成不同的角度，以满足气门作用在气门座上的单位面积压力要求，使气门座孔的密封性增强。使用气门铰刀铰削气门座的步骤：选用合适的铰刀头；组装气门铰刀和铰刀杆，将铰刀放在气门座孔上施加均匀的力进行铰削；在铰削过程中可以听声音判断，声音应该是均匀的，如果有异响应停止铰削；查看铰削平面是否均匀、平滑。

二、任务准备

在下列图片中勾选出完成本任务所需的工具、设备、资料等。

扭力扳手	刀口尺	气门拆装工具	吹尘枪
塞尺	工具车	工具套件	千分尺

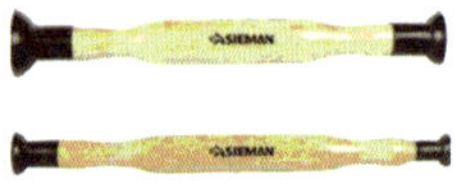 气门手工研磨工具	 抹布	 气门铰刀	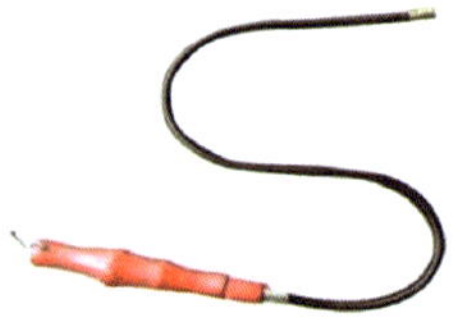 磁力棒
 工作台	 研磨砂	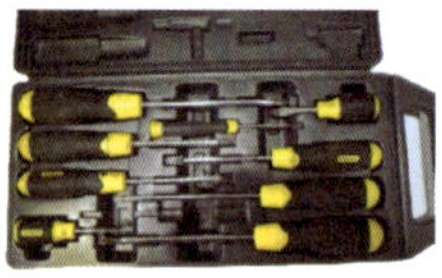 旋具套件	 尖嘴钳

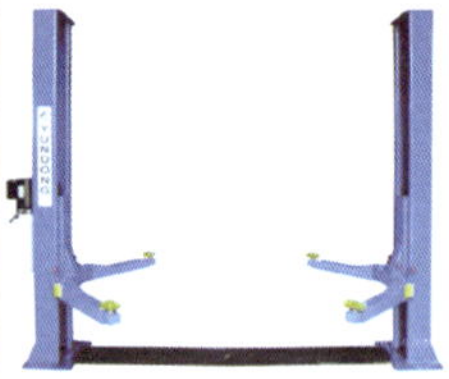 举升机	 发动机润滑油	 维修手册	 发动机实训设备	 实训车辆

三、防护措施

(1)进入车间应穿工作鞋、戴工作帽；工作服应整洁、无破损；操作时不可佩戴手表等金属饰品，以防划伤车辆表面。

(2)举升车辆时应严格按照举升机使用方法进行操作，并通知其他人员远离举升设备。

(3)更换油液或配件时，应处理好油液和配件的回收清理工作，以免对工作环境造成污染。

四、任务分配

任务分配见表 10-1。

表 10-1 任务分配

职务	代码	姓名	工作内容
组长	A		监督、管理组员工作
组员	B		准备实训所需车辆及设备
	C		
	D		准备实训所需工具及资料
	E		

五、任务实施

(一)操作流程

完成下列表格中工作内容对应工作步骤的排序并填空(表 10-2~表 10-5)。

表 10-2 测量气缸盖平面度的操作步骤

工作步骤	工作内容	图示
	用抹布清理量具和气缸盖平面	
	根据实际情况调整塞尺厚度重复测量,因为气缸体平面翘曲变形量不能超过 0.10 mm,因此在调整塞尺厚度的时候每次要求逐一增加厚度为 0.01 mm	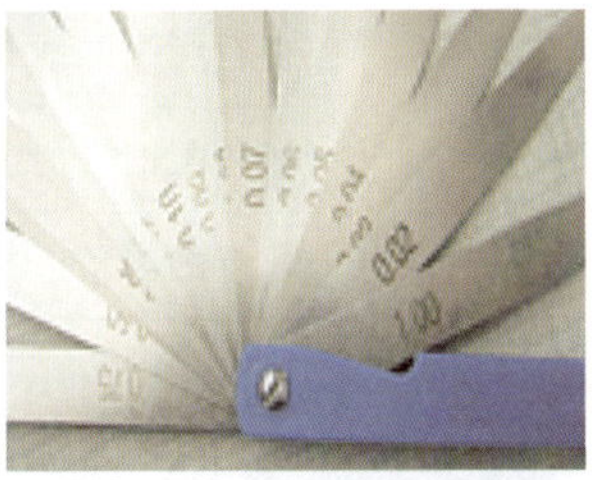
	将刀口尺放到气缸体平面处,刀口尺应紧贴气缸体表面放置	
	测量气缸盖对角线,记下测量数据	

续表

工作步骤	工作内容	图示
	用塞尺测量气缸盖平面度，从最薄的塞片开始，将塞片放入刀口尺与气缸体平面中间任意位置轻轻拉动进行测量	
	测量气缸盖长度方向，记下测量数据	
	测量气缸盖宽度方向，记下测量数据	
	整理工具、量具及发动机实训设备，清理现场卫生	

表 10-3　检查气门密封性（方法一：画线法）的操作步骤

工作步骤	工作内容
	在气门工作面上，每隔________ mm 左右用铅笔画一条线，画线要均匀
	查看所画的线条是否被均匀切断，如果线条均被切断表示________
	将相配的气门放在气门座上旋转 1/4 圈，旋转过程中用到的力和旋转速度要均匀
	若有的线条未被切断，说明气门密封性不良

表 10-4　检测气门密封性（方法二：渗漏法）的操作步骤

工作步骤	工作内容
	在________与________密合后，用手电筒照射气门座工作面，在对面的气门杆处观察是否有漏光
	5 min 后观察是否漏油，若漏油则表明气门密封不严
	如果________，说明密封不严
	在气门与气门座密合后，也可在气门座周围加注少量汽油

表 10-5　检测气门密封性（方法三：轻拍法）的操作步骤

工作步骤	工作内容
	取出气门，观察气门工作面
	将气门在相配的________上轻拍数次
	气门座上如有明亮而完整的光环，则可认为气门密封性________

(二)实施记录

结合实施过程,对照表 10-6、表 10-7 中的检查项目,勾选或填写实际的检查结果。

表 10-6 测量气缸盖平面度的实施记录 mm

检测位置	位置 1	位置 2	位置 3	位置 4	位置 5	位置 6
气缸盖平面						
标准值	<0.1					
处理意见	在范围内: 超出范围:					
气门密封性检查结果		处理意见				

表 10-7 检查气门密封性的实施记录

序号	检查项目	检查结果	备注
1	研磨气门:气门座孔密封性是否合格	是 □ 否 □	
2	铰削气门座:气门座孔密封性是否合格	是 □ 否 □	

六、检查

(一)自检

结合本组任务操作过程,对任务执行过程中的操作规范性进行检查,检查操作过程中是否存在以下问题,分析、讨论应如何避免并总结规范的操作方法(表 10-8、表 10-9)。

表 10-8 测量气缸盖平面度自检

检查项目	检查结果
刀口尺使用是否规范	是 □ 否 □
气缸盖平面度测量方法是否正确	是 □ 否 □
气门密封性检查方法是否正确	是 □ 否 □
是否将工具整理归位	是 □ 否 □

表 10-9 检查气门密封性自检

检查项目	检查结果
气门研磨方法是否正确	是 □ 否 □
气门铰削方法是否正确	是 □ 否 □
检修过程中是否存在安全隐患	是 □ 否 □
工具是否整理归位	是 □ 否 □
工具是否摆放整齐,工作台上是否有明显油污	是 □ 否 □

(二)互检

组与组之间相互进行操作过程及结果检查，并把检查结果填写在表10-10中。

表10-10　　互检

检查项目	检查结果
气缸盖平面度测量方法是否正确	是□　否□
气门研磨方法是否正确	是□　否□
气门铰削方法是否正确	是□　否□
对气门组检查结果的处理方案是否合理	是□　否□
工具是否摆放整齐，工作台上是否有明显油污	是□　否□

七、课堂小结

任务十一 配气机构的检查与组装

<table>
<tr><th colspan="4">汽车发动机机械系统拆装与修理任务工单</th></tr>
<tr><td>客户信息</td><td>姓名</td><td colspan="2">电话</td></tr>
<tr><td rowspan="2">车辆信息</td><td>车型</td><td>VIN 码</td><td>行驶里程</td></tr>
<tr><td></td><td></td><td></td></tr>
<tr><td>客户描述</td><td colspan="3">发动机抖动 □ 发动机工作不良 □ 排气管冒蓝烟 □ 发动机漏油、漏水 □
发动机动力不足 □ 发动机加速不良 □ 发动机怠速不稳 □ 发动机异响 □
耗油量增大 □ 发动机烧机油 □ 水温过高 □ 发动机无法启动 □
其他：
______
______
______</td></tr>
<tr><td colspan="2">车辆外观检查</td><td colspan="2">车辆内部检查</td></tr>
<tr><td>凹凸 □
划痕 □
石击 □
油漆 □</td><td></td><td>污渍 □
破损 □
色斑 □
变形 □</td><td></td></tr>
<tr><td>明确具体工作任务</td><td colspan="3">______
______
______</td></tr>
</table>

发动机基础检查					
机油液面	过高□ 过低□ 正常□	冷却液液面	过高□ 过低□ 正常□	气缸压力	无缸压□ 过低□ 正常□

发动机拆装检测项目					
曲柄连杆机构	配气机构	润滑系统	冷却系统	供给系统	启动与点火系统
气缸体检测 □	气缸盖检测 □	机油泵检测 □	水泵检测 □	燃油泵检测 □	启动机拆装检查□
活塞检测 □	进、排气门检测 □	机油油道检测□	节温器检测 □	滤清器检测 □	点火线圈检查 □
活塞环检测 □	气门弹簧检测□	滤清器检测 □	散热水箱检测□	喷油器检测 □	火花塞拆装检查□
连杆检测 □	气门座圈检测□	机油液面检测□	水管检测 □	燃油轨道检测 □	高压导线检查 □
曲轴检测 □	凸轮轴检测 □	机油压力检测□	密封性检测 □	油压调节器检测□	控制电路检查 □
轴瓦检测 □	液压挺柱检测□			燃油压力检测 □	
飞轮组检测 □	正时机构检测□			进气系统检测 □	
曲轴油封检测□				排气系统检测 □	

任务目标

- 掌握配气机构的维修技能及工艺流程
- 能够对配气机构进行正确装配

- 配气机构的分解与组装
- 配气机构的检查与测量

- 配气机构的分解
- 配气机构的检查
- 配气机构的组装
- 各种专用工具及量具的使用方法

- 气门密封性的检查
- 配气机构的组装
- 各种专用工具及量具的使用方法

一、知识讲解

(一)配气机构的分解

1.配气机构的分解步骤

(1)使用抹布清洁气缸盖。

(2)使用 T30 套筒、长接杆、棘轮,均匀地拆下各凸轮轴轴瓦盖,并按安装顺序摆放好。

(3)取下凸轮轴,并用磁力棒取下液压挺柱,按顺序摆放整齐。

(4)使用气门拆装工具分解气门组,并将分解完的气门组按照安装位置摆放好。

2.配气机构分解注意事项

(1)拆下来的凸轮轴轴承盖应按安装顺序摆放,液压挺柱应按安装位置摆放。

(2)拆卸下来的气门锁片应放到固定容器中,以防遗失。

(3)使用气门弹簧压缩器拆卸气门时,一定要将气门弹簧压缩器安装到位。

(4)拆下的气门应按照安装位置摆放,或在每个气门上做相应的安装位置标记。

(5)选用气门弹簧压缩器的上、下压头时,应与气缸盖上的气门孔径相匹配,防止划伤气缸盖。

(6)拆卸下来的气门油封必须更换新品。

(二)配气机构的检查与测量

1.清洗配气机构时的注意事项

气缸盖总成的清洗是十分严格的。气缸盖总成的各部分零件需要清洗 2～3 次,每次清洗完都要用高压空气吹干;如果是橡胶件,清洗完必须马上吹干,最好用航空煤油清洗,如果没有可以用汽油代替。一定要清洗彻底。

2.检查气门密封性

气门密封性的检查有三种方法,分别是渗漏法、画线法和轻拍法。

(1)第一种是画线法,是在气门工作面上,每隔 1 mm 左右用铅笔画一条线,然后将相配的气门放在气门座上旋转 1/4 圈,若所画的线条均被切断,则表示气门密封性良好;若有的线条未被切断,则说明气门密封不良,如图 11-1(a)所示。

(2)第二种是渗漏法,是在气门与气门座密合后,在气门座周围加注少量汽油,观察是否漏油,若漏油,则表明气门密封不严。另外,在气门与气门座密合后,也可观察其是否漏光,以判断气门密封性。

(3)第三种是轻拍法,是将气门在相配的气门座上轻拍数次,观察气门与气门座的工作面,如有明亮而完整的光环,则可认为气门密封性良好,如图 11-1(b)所示。

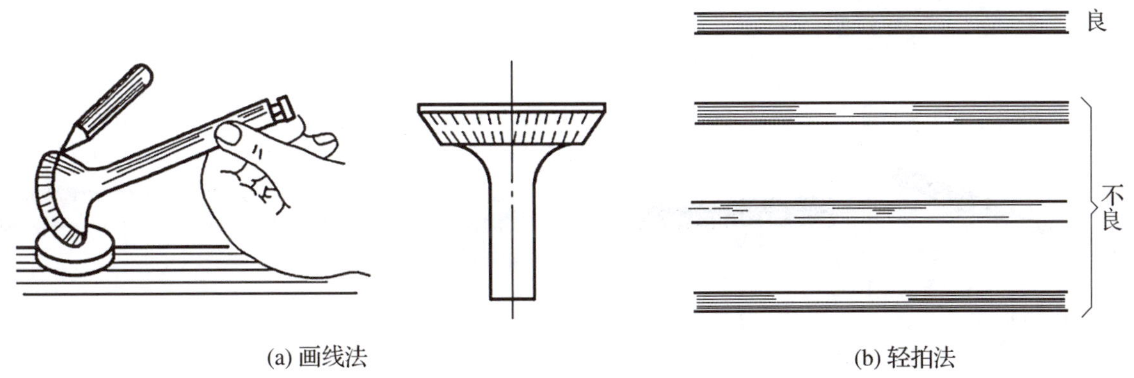

(a) 画线法　　(b) 轻拍法

图 11-1　气门密封性的检查方法

3.气门的检查方法

气门的具体检查方法参见任务九。

(三)配气机构的组装

(1)安装气门锁片时,使用小号一字旋具蘸取润滑脂粘住锁片,可提高装配效率,如图 11-2(a)所示。

(2)安装气门时,必须将气门安装回原来的安装位置或配合好的气门座孔内,以防密封不严，如图 11-2(b)所示。

(3)安装凸轮轴轴承盖时，应按顺序分多次拧紧，防止凸轮轴受力不均产生弯曲，并按规定力矩拧紧，如图 11-2(c)所示。

(4)使用气门弹簧压缩器安装气门时，不能将气门弹簧压缩得过大，否则可能会导致安装困难，如图 11-2(d)所示。

(5)组装各元件之前应先用汽油清洗干净，并用高压空气吹干，如图 11-2(e)所示。

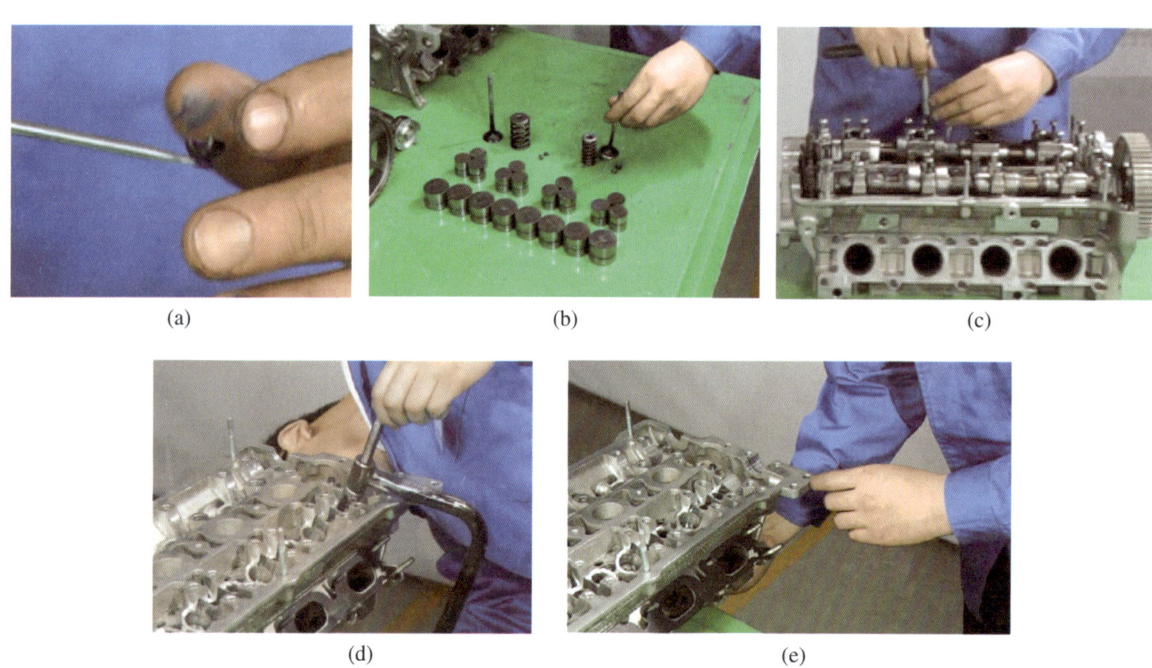

(a) (b) (c) (d) (e)

图 11-2　组装配气机构的注意事项

二、任务准备

在下列图片中勾选出完成本任务所需的工具、设备、资料等。

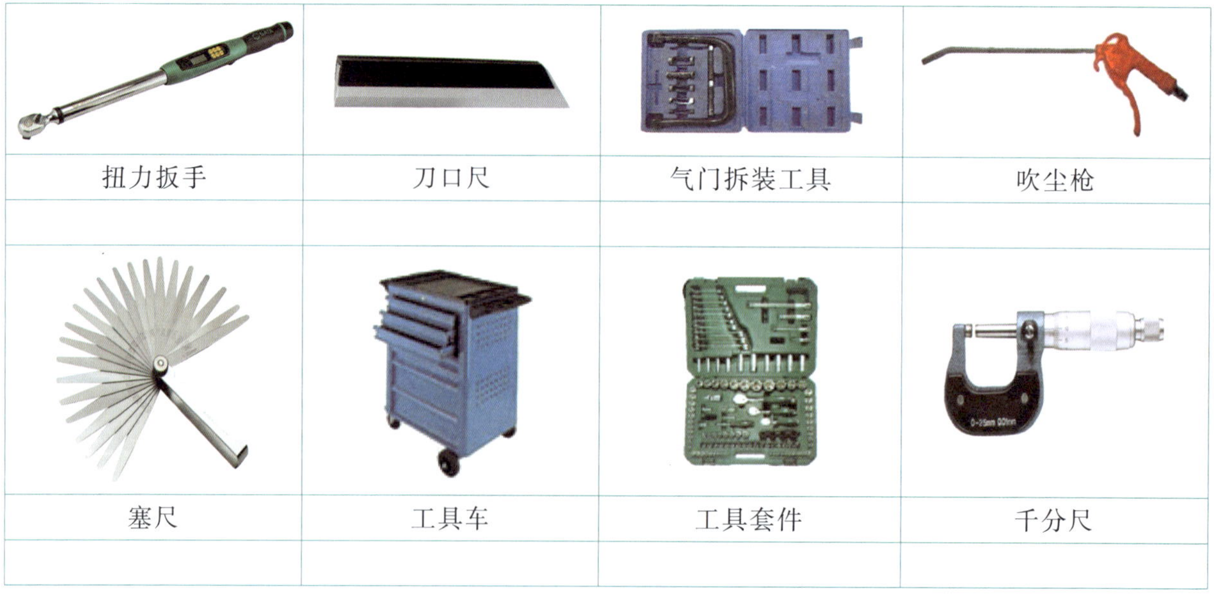

扭力扳手	刀口尺	气门拆装工具	吹尘枪
塞尺	工具车	工具套件	千分尺

气门手工研磨工具	抹布	气门铰刀	磁力棒

举升机	发动机润滑油	维修手册	发动机实训设备	实训车辆

三、防护措施

(1)进入车间应穿工作鞋、戴工作帽;工作服应整洁、无破损;操作时不可佩戴手表等金属饰品,以防划伤车辆表面。

(2)举升车辆时应严格按照举升机使用方法进行操作,并通知其他人员远离举升设备。

(3)更换油液或配件时,应处理好油液和配件的回收清理工作,以免对工作环境造成污染。

四、任务分配

任务分配见表11-1。

表11-1　　任务分配

职务	代码	姓名	工作内容
组长	A		监督、管理组员工作
组员	B		准备实训所需车辆及设备
	C		
	D		准备实训所需工具及资料
	E		

五、任务实施

(一)操作流程

完成表 11-2 中每个工作步骤对应工作内容的排序。

表 11-2　　配气机构总装的操作步骤

工作步骤	检查项目	工作内容
1	检查配气机构正时	( )用环形扳手固定住曲轴传动带轮的中心螺栓,然后再拆卸曲轴传动带轮的连接螺栓,取下正时传动带轮 ( )用大棘轮转动曲轴传动带轮,使曲轴传动带轮和凸轮轴传动带轮正时记号与发动机上的正时点重合 ( )拆卸发动机正时传动带上、中部防护罩盖,给正时传动带做方向标记 ( )拆卸传动带张紧轮,然后松开正时传动带 ( )拆卸正时传动带下部防护罩盖,取下正时传动带 ( )检查传动带、曲轴正时传动带轮和凸轮轴正时传动带轮
2	分解与清洗配气机构	( )使用工具拆卸凸轮轴轴承盖,并将拆卸下来的轴承盖按安装位置摆放 ( )拆下所有气门导管油封 ( )使用气门弹簧压缩器拆卸各个气门,并将拆下的气门及气门弹簧按安装位置摆放整齐,将所有气门锁片放在专用的容器中,以防丢失 ( )使用磁力棒拆下所有液压挺柱,并按照安装位置摆放整齐 ( )使用航空煤油或汽油清洗配件,并重新按安装位置摆放好
3	检查气门组	( )使用游标卡尺检查气门高度及气门平顶直径,使用外径千分尺检查气门杆直径 ( )检查气门杆与气门导管的间隙是否正常 ( )使用直角尺检查气门弹簧有无弯曲或扭曲变形 ( )使用游标卡尺检查所有气门弹簧高度是否一致
4	检查气缸盖	( )使用刀口尺及塞尺检查气缸盖平面度 ( )使用渗漏法或画线法检查气门密封性是否良好 ( )检查气缸体有无裂纹等损伤
5	检查凸轮轴	( )测量凸轮轴弯曲度与各个轴承轴颈的磨损程度 ( )使用外径千分尺检查液压挺柱的磨损程度 ( )安装凸轮轴到气缸盖上,并用规定力矩拧紧凸轮轴轴承盖 ( )使用百分表与磁力表座检查凸轮轴轴向间隙是否正常
6	组装配气机构	( )安装新的气门导管油封,并安装各个气门到气缸盖上 ( )安装液压挺柱到气缸盖上 ( )安装凸轮轴到气缸盖上并使用规定力矩拧紧

(二)实施记录

结合实施过程,对照表 11-3 中的检查项目,勾选或填写实际的检查结果。

表 11-3　　配气机构总装的实施记录

序号	检查项目	检查结果	备注
1	检查张紧轮有无缺齿、损坏	正常 □　　损坏 □	
2	检查正时传动带是否正常	正常 □　　损坏 □	

续表

序号	检查项目	检查结果	备注
3	检查曲轴正时传动带轮是否正常	正常 □　　损坏 □	
4	检查凸轮轴正时传动带轮是否正常	正常 □　　损坏 □	
5	测量凸轮轴轴向间隙	测量值：　　标准值：	
6	测量凸轮轴与液压挺柱之间的间隙	测量值：　　标准值：	
7	测量凸轮轴圆跳动量	测量值：　　标准值：	
8	测量气门杆端面磨损	进气门： 排气门：	
9	测量气门杆直径磨损	进气门： 排气门：	
10	测量气门平顶直径磨损	进气门： 排气门：	
11	测量气门与气门导管之间的配合间隙	进气门： 排气门：	
12	检查气门油封是否损坏	正常 □　　损坏 □	
13	测量气门弹簧自由长度	进气门： 排气门：	
14	测量气门弹簧的弯曲和扭曲变形	进气门： 排气门：	

六、检查

(一)自检

结合本组任务操作过程，对任务执行过程中的操作规范性进行检查，检查操作过程中是否存在以下问题，分析、讨论应如何避免并总结规范的操作方法(表 11-4)。

表 11-4　　自检

检查项目	检查结果
拆装正时传动带是否顺利	是 □　否 □
在拆检正时传动带时是否存在安全隐患	是 □　否 □
正时机构相关零件是否检查到位	是 □　否 □
拆装凸轮轴螺栓顺序是否正确	是 □　否 □
调整气门正时操作方式是否正确	是 □　否 □
凸轮轴检查方式是否正确	是 □　否 □
气门拆装工具使用是否正确	是 □　否 □
气门组拆装操作流程是否正确	是 □　否 □
是否正确使用工具检查气门组各组件	是 □　否 □

续表

检查项目	检查结果
对气门组检查结果的处理方案是否合理	是 □　否 □
工具是否摆放整齐，工作台上是否有明显油污	是 □　否 □

(二)互检

组与组之间相互进行操作过程及结果检查，并把检查结果填写在表 11-5 中。

表 11-5　　互检

检查项目	检查结果
项目单是否完成	是 □　否 □
配气正时的检查方法是否正确	是 □　否 □
对凸轮轴检查结果的处理方案是否合理	是 □　否 □
对气门组检查结果的处理方案是否合理	是 □　否 □
工具是否摆放整齐，工作台上是否有明显油污	是 □　否 □

七、课堂小结

任务十二 机油压力的检查

<table>
<tr><th colspan="5">汽车发动机机械系统拆装与修理任务工单</th></tr>
<tr><td>客户信息</td><td colspan="2">姓名</td><td colspan="2">电话</td></tr>
<tr><td rowspan="2">车辆信息</td><td>车型</td><td colspan="2">VIN 码</td><td>行驶里程</td></tr>
<tr><td></td><td colspan="2"></td><td></td></tr>
<tr><td>客户描述</td><td colspan="4">发动机抖动 □　发动机工作不良 □　排气管冒蓝烟 □　发动机漏油、漏水 □
发动机动力不足 □　发动机加速不良 □　发动机怠速不稳 □　发动机异响 □
耗油量增大 □　发动机烧机油 □　水温过高 □　发动机无法启动 □
其他：
______
______
______</td></tr>
<tr><td colspan="2">车辆外观检查</td><td colspan="3">车辆内部检查</td></tr>
<tr><td>凹凸 □</td><td rowspan="4"></td><td>污渍 □</td><td colspan="2" rowspan="4"></td></tr>
<tr><td>划痕 □</td><td>破损 □</td></tr>
<tr><td>石击 □</td><td>色斑 □</td></tr>
<tr><td>油漆 □</td><td>变形 □</td></tr>
<tr><td>明确具体工作任务</td><td colspan="4">______
______
______</td></tr>
</table>

发动机基础检查											
机油液面	过高□	过低□	正常□	冷却液液面	过高□	过低□	正常□	气缸压力	无缸压□	过低□	正常□

发动机拆装检测项目					
曲柄连杆机构	配气机构	润滑系统	冷却系统	供给系统	启动与点火系统
气缸体检测 □	气缸盖检测 □	机油泵检测 □	水泵检测 □	燃油泵检测 □	启动机拆装检查□
活塞检测 □	进、排气门检测 □	机油油道检测□	节温器检测 □	滤清器检测 □	点火线圈检查 □
活塞环检测 □	气门弹簧检测□	滤清器检测 □	散热水箱检测□	喷油器检测 □	火花塞拆装检查□
连杆检测 □	气门座圈检测□	机油液面检测□	水管检测 □	燃油轨道检测 □	高压导线检查 □
曲轴检测 □	凸轮轴检测 □	机油压力检测□	密封性检测 □	油压调节器检测□	控制电路检查 □
轴瓦检测 □	液压挺柱检测□			燃油压力检测 □	
飞轮组检测 □	正时机构检测□			进气系统检测 □	
曲轴油封检测□				排气系统检测 □	

- 能够根据故障现象对润滑系统做出故障判断，从而做出下一步的诊断计划
- 能够正确使用机油压力表对润滑系统压力进行检测
- 能够使用相关量具对润滑系统相关部件进行测量

任务内容

- 润滑系统的组成及工作原理
- 机油泵的作用
- 检测机油压力的步骤和方法
- 机油压力表的使用方法

任务重点

- 润滑系统的组成及工作原理
- 机油液位的检查方法与标准
- 机油压力的检测方法与标准

- 机油液位的检查方法与标准
- 机油压力的检测方法与标准

一、知识讲解

(一)发动机机油液位的检查

1.润滑系统的组成

润滑系统主要包括油底壳、机油泵、机油滤清器、机油集滤器、限压阀、油管、机油油道及机油压力传感器等零部件(图 12-1)。

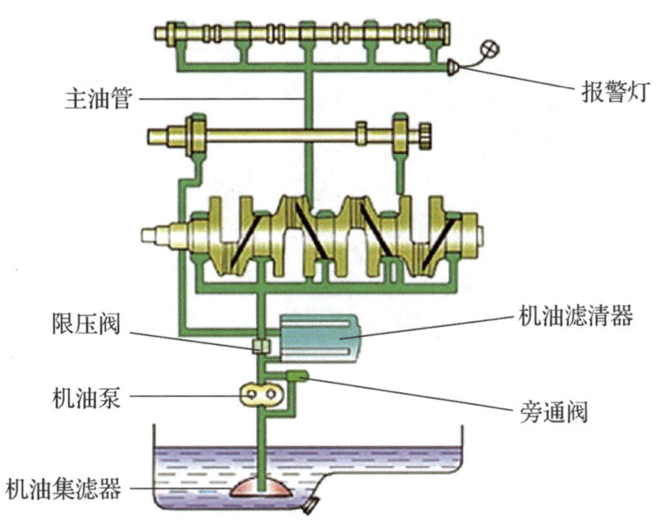

图 12-1 润滑系统的组成

2.机油泵的作用

机油泵在润滑系统里具有重要的作用，其在工作时始终为系统提供一定的压力，促使机油能够在系统中流动，从而起到良好的润滑作用(图 12-2)。

图 12-2 机油泵

3.检查机油液位

使发动机处于正常的工作温度，将汽车在水平位置停放好，使发动机停止运转 3～5 min 后，拔出机油尺，用干净、无绒毛的抹布擦拭干净，重新插回到机油量管内并推至极限位置，然后再拔出，观察机油液位，其应位于机油尺两个标记之间(图 12-3)。

(二)机油压力的检测

机油压力传感器又称机油感应塞，用来实时监控机油压力，当机油压力低时，仪表板上的机油压力警报灯点亮，提示驾驶员立即检修(图 12-4)。

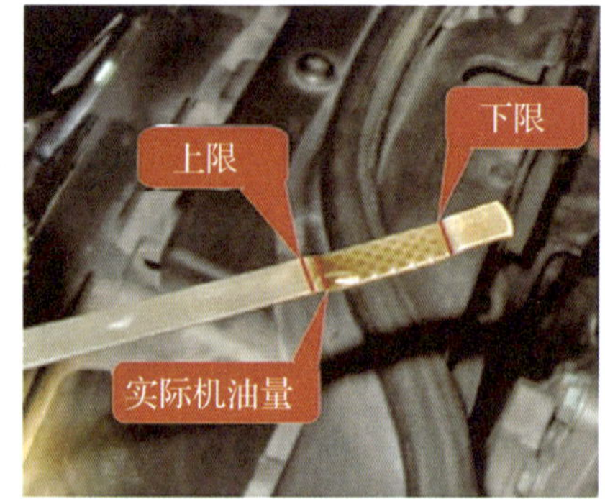

图 12-3　检查机油液位

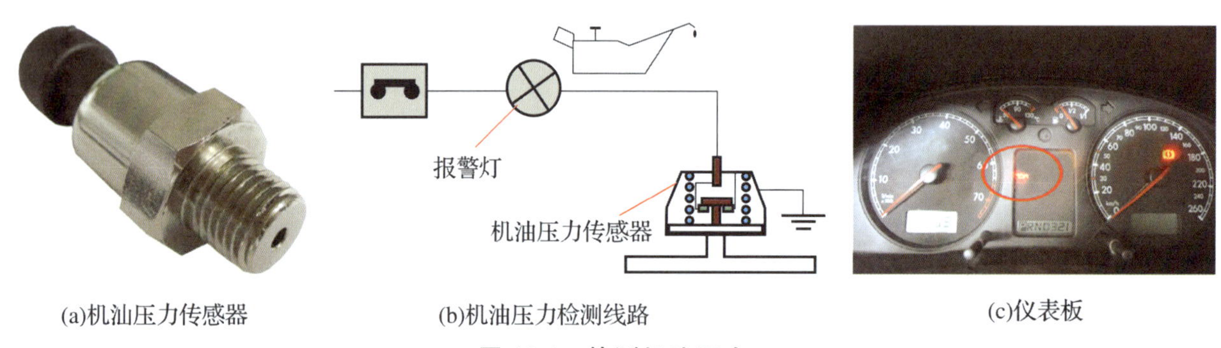

(a)机汕压力传感器　　(b)机油压力检测线路　　(c)仪表板

图 12-4　检测机油压力

二、任务准备

在下列图片中勾选出完成本任务所需的工具、设备、资料等。

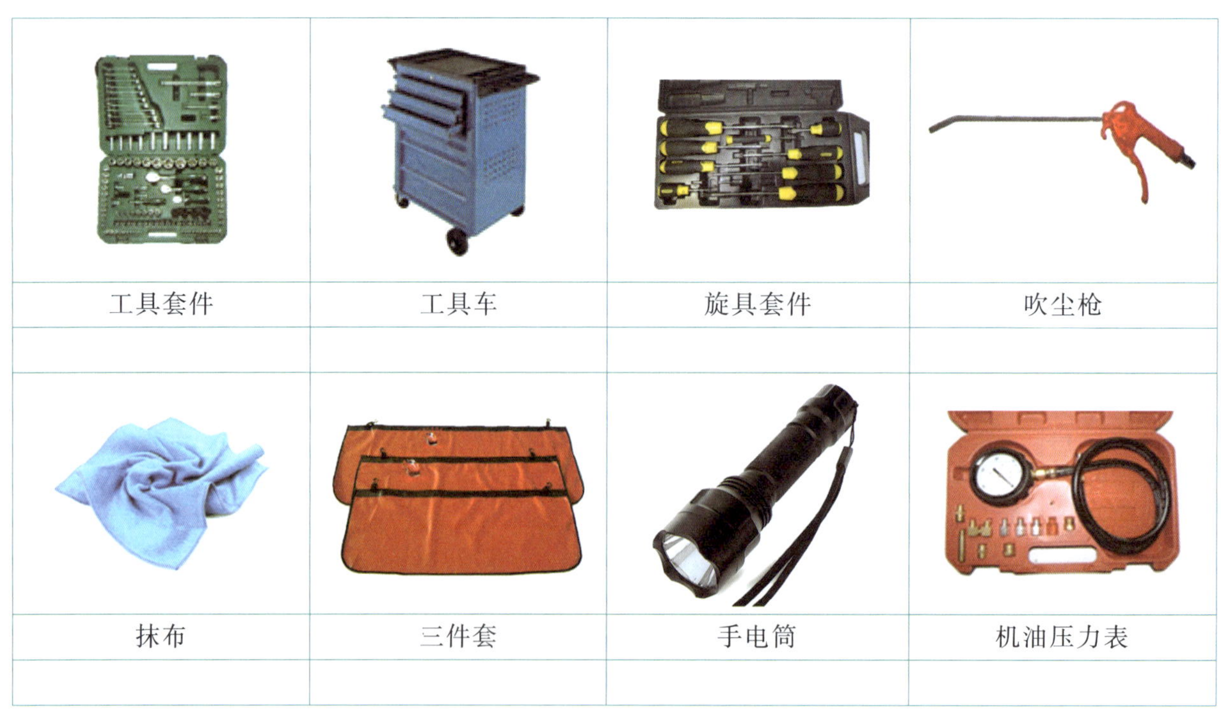

工具套件	工具车	旋具套件	吹尘枪
抹布	三件套	手电筒	机油压力表

举升机	发动机润滑油	维修手册	发动机实训设备	实训车辆

三、防护措施

(1)进入车间应穿工作鞋、戴工作帽;工作服应整洁、无破损;操作时不可佩戴手表等金属饰品,以防划伤车辆表面。

(2)举升车辆时应严格按照举升机使用方法进行操作,并通知其他人员远离举升设备。

(3)更换油液或配件时,应处理好油液和配件的回收清理工作,以免对工作环境造成污染。

四、任务分配

任务分配见表 12-1。

表 12-1　　任务分配

职务	代码	姓名	工作内容
组长	A		监督、管理组员工作
组员	B		准备实训所需车辆及设备
	C		
	D		准备实训所需工具及资料
	E		

五、任务实施

(一)操作流程

完成下列表格中工作内容对应工作步骤的排序并填空(表 12-2、表 12-3)。

表 12-2　　检查机油液位的操作步骤

工作步骤	工作内容
	拔出发动机机油尺,用抹布擦拭干净,重新插入到位
	再次拔出机油尺,检查机油液位是否在规定范围内
	发动机热车熄火后,将汽车停放在水平地面上,拉紧驻车制动器,使变速器处于驻车挡或空挡
	打开发动机舱盖,铺好翼子板布和三件套

表 12-3　　检测机油压力的操作步骤

工作步骤	工作内容	图示
	检查发动机机油液位是否正常，若液位过低需添加________	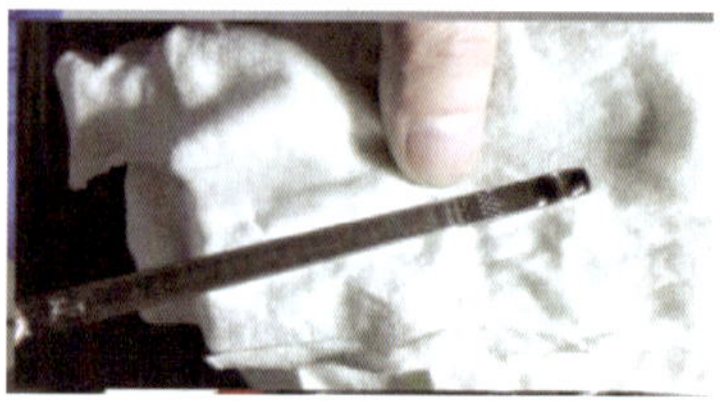
	启动发动机预热，使发动机温度达到________左右，然后熄火	
	拔下冷却液传感器线束插头并将其移至适当位置	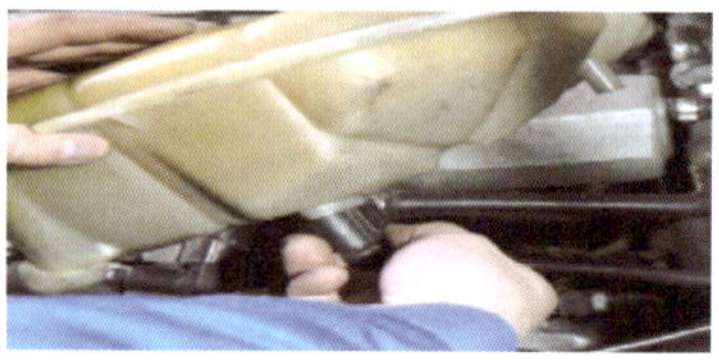
	拔下机油压力开关上的连接线束，并用________拆下机油压力开关	
	用旋具拆下冷却液储液壶固定螺栓	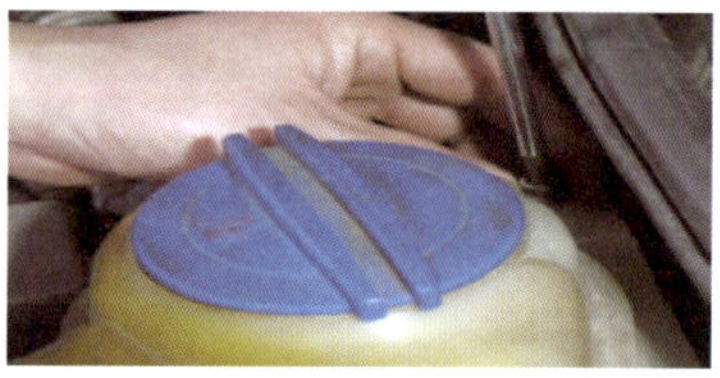
	安装机油压力表，连接尾排装置，启动车辆检查机油压力表的________是否泄漏	
	打开发动机舱盖，铺好翼子板布和三件套	
	将发动机转速提高到 2 000 r/min，测量机油压力并记录	
	机油压力检测完毕，关闭点火开关，拆下________并进行清洗，分解后放回表盒	
	将车辆停放在平坦路面上，拉紧驻车制动器，使变速器处于________	
	启动发动机，测量________的机油压力并记录	
	安装机油压力开关，检查线束插头是否正常	

续表

工作步骤	工作内容	图示
	整理工具设备,清理现场卫生	
	启动发动机，检查机油压力开关处是否漏油，并观察________工作是否正常,重新固定好冷却液储液壶	
	测量高转速时的机油压力并记录	

(二)实施记录

结合实施过程,对照表 12-4 中的检查项目,勾选或填写实际的检查结果。

表 12-4 检测机油压力的实施记录

序号	检查项目	检查结果	备注
1	检查机油液位	低于下限刻度 □ 高于上限刻度 □ 位于两刻度之间 □	
2	检测机油压力	怠速时机油压力值:________ 2 000 r/min 时的机油压力值:________ 机油温度:________	

六、检查

(一)自检

结合本组任务操作过程,对任务执行过程中的操作规范性进行检查,检查操作过程中是否存在以下问题,分析、讨论应如何避免并总结规范的操作方法(表 12-5)。

表 12-5 自检

检查项目	检查结果
所有检查项目是否顺利完成	是 □ 否 □
机油压力表的使用方法是否正确	是 □ 否 □
检查过程中是否存在安全隐患	是 □ 否 □
对检查结果的处理是否得当	是 □ 否 □
工具是否摆放整齐、归位	是 □ 否 □

(二)互检

组与组之间相互进行操作过程及结果检查,并把检查结果填写在表 12-6 中。

表 12-6　　互检

检查项目	检查结果
所有检查项目是否顺利完成	是 □ 否 □
对检查结果的处理是否得当	是 □ 否 □
工具是否摆放整齐、归位	是 □ 否 □

七、课堂小结

微课动画

实操视频

任务十三 机油滤清器和机油泵的检查

<table>
<tr><td colspan="5">汽车发动机机械系统拆装与修理任务工单</td></tr>
<tr><td>客户信息</td><td colspan="2">姓名</td><td colspan="2">电话</td></tr>
<tr><td rowspan="2">车辆信息</td><td>车型</td><td colspan="2">VIN 码</td><td>行驶里程</td></tr>
<tr><td></td><td colspan="2"></td><td></td></tr>
<tr><td>客户描述</td><td colspan="4">发动机抖动 □ 发动机工作不良 □ 排气管冒蓝烟 □ 发动机漏油、漏水 □
发动机动力不足 □ 发动机加速不良 □ 发动机怠速不稳 □ 发动机异响 □
耗油量增大 □ 发动机烧机油 □ 水温过高 □ 发动机无法启动 □
其他：
______
______
______</td></tr>
<tr><td colspan="2">车辆外观检查</td><td colspan="3">车辆内部检查</td></tr>
<tr><td>凹凸 □</td><td rowspan="4"></td><td>污渍 □</td><td colspan="2" rowspan="4"></td></tr>
<tr><td>划痕 □</td><td>破损 □</td></tr>
<tr><td>石击 □</td><td>色斑 □</td></tr>
<tr><td>油漆 □</td><td>变形 □</td></tr>
<tr><td>明确具体工作任务</td><td colspan="4">______
______
______</td></tr>
</table>

发动机基础检查								
机油液面	过高□ 过低□ 正常□	冷却液液面	过高□ 过低□ 正常□	气缸压力	无缸压□ 过低□ 正常□			

发动机拆装检测项目					
曲柄连杆机构	配气机构	润滑系统	冷却系统	供给系统	启动与点火系统
气缸体检测 □	气缸盖检测 □	机油泵检测 □	水泵检测 □	燃油泵检测 □	启动机拆装检查□
活塞检测 □	进、排气门检测 □	机油油道检测□	节温器检测 □	滤清器检测 □	点火线圈检查 □
活塞环检测 □	气门弹簧检测□	滤清器检测 □	散热水箱检测□	喷油器检测 □	火花塞拆装检查□
连杆检测 □	气门座圈检测□	机油液面检测□	水管检测 □	燃油轨道检测 □	高压导线检查 □
曲轴检测 □	凸轮轴检测 □	机油压力检测□	密封性检测 □	油压调节器检测□	控制电路检查 □
轴瓦检测 □	液压挺柱检测□			燃油压力检测 □	
飞轮组检测 □	正时机构检测□			进气系统检测 □	
曲轴油封检测□				排气系统检测 □	

- 能够熟练地对机油滤清器进行拆装、检查和更换
- 能够按照维修手册中的要求对机油泵进行检修

任务内容

- 机油滤清器的作用
- 机油滤清器的检查
- 机油泵的作用、组成及工作原理
- 机油泵的检查

- 机油滤清器总成的检查
- 机油泵总成的检查

- 机油泵的拆装与检查

一、知识讲解

(一)机油滤清器的检查

1.机油滤清器的作用

机油滤清器(图 13-1)的作用是滤除机油中的金属磨屑、机械杂质和机油氧化物。如果这些杂质随机油进入润滑系统,将加剧发动机零件的磨损,还可能堵塞油管或油道。

2.旁通阀的作用

当滤清器发生阻塞时,旁通阀(图 13-1)就会打开,机油不经滤清器直接进入主油道,以保证对发动机内部各部件的润滑。

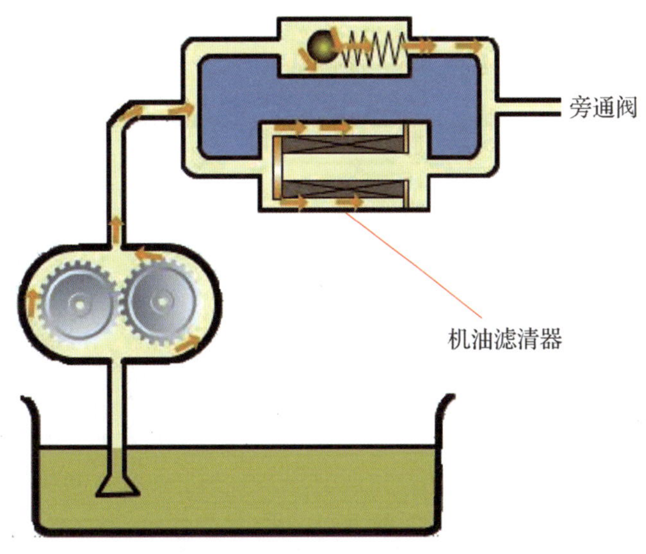

图 13-1 机油滤清器与旁通阀

3.机油滤清器的检查

机油滤清器的检查内容包括机油滤清器是否有破损，机油滤清器与支架接合面是否漏油，机油滤清器是否有金属磨屑、机械杂质和机油氧化物等(图 13-2)。

图 13-2 机油滤清器的检查

4.机油滤清器检查的注意事项

首先，观察机油滤清器是否有破损、漏油现象；然后，拆卸机油滤清器，要用扭力扳手、机油滤清器专用拆装工具、接杆等工具旋松机油滤清器；最后，取下机油滤清器时应保持竖直，防止机油洒落。

(二)机油泵的检查

1.机油泵的作用

机油泵可以提高机油压力，保证机油在循环系统内循环流动，并在发动机任何转速下都能以足够高的压力向润滑部位输送足够数量的润滑油。

2.机油泵的分类及组成

机油泵按结构形式可分为齿轮式机油泵和转子式机油泵(图 13-3)。

(a)齿轮式机油泵

(b)转子式机油泵

图 13-3　机油泵的分类

(1)齿轮式机油泵主要由主动轴、主动齿轮、从动轴、从动齿轮、壳体等组成(图 13-4),两个齿数相同的齿轮相互啮合装在壳体内,齿轮与壳体的径向和端面间隙很小。主动轴与主动齿轮采用键连接,从动齿轮空套在从动轴上。

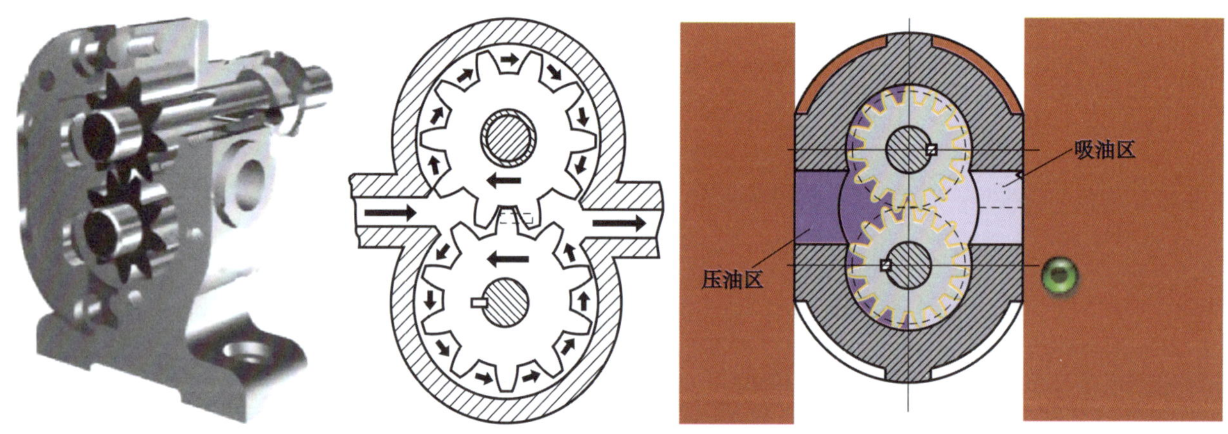

图 13-4　齿轮式机油泵

(2)转子式机油泵主要由内转子、外转子、机油泵体及机油泵盖等零件组成(图 13-5)。内转子固定在机油泵传动轴上,外转子自由地安装在泵体内,并与内转子啮合转动。内、外转子之间有一定的偏心距。

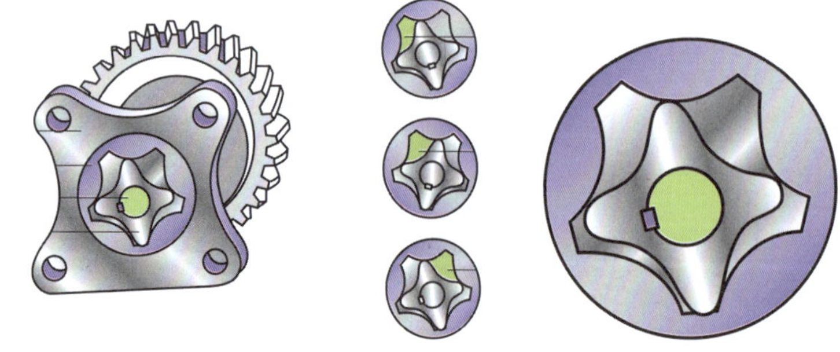

图 13-5　转子式机油泵

3.机油泵的工作原理

(1)齿轮式机油泵工作时,主动齿轮带动从动齿轮反向旋转。两齿轮旋转时,充满在齿轮齿槽间的机油沿机油泵壳壁由进油腔带到出油腔,在进油腔一侧由于齿轮脱开啮合以及机油被不断带出而产生真空,使油底壳内的机油在大气压力作用下经机油集滤器进入进油腔,而在出油腔一侧由于齿轮进入啮合和机油被不断带入而产生挤压作用,机油以一定压力被泵出(图 13-6)。

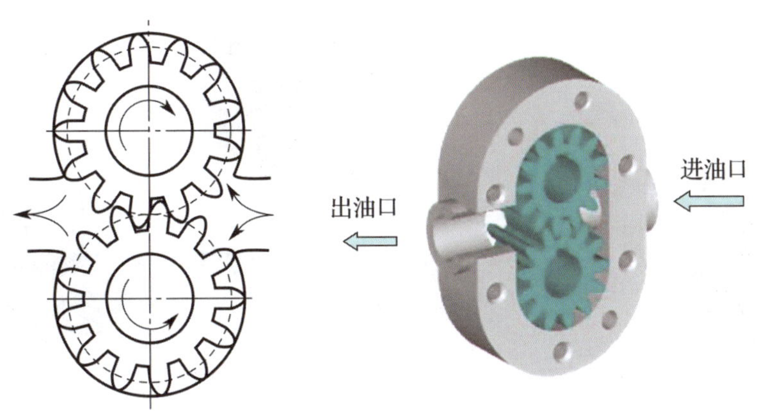

图 13-6 齿轮式机油泵的工作原理

(2)转子式机油泵工作时,内、外转子之间形成 4 个工作腔,随着转子的转动,这 4 个工作腔的容积是不断变化的。在进油道的一侧空腔,由于转子脱开啮合,容积逐渐增大,产生真空,机油被吸入,转子继续旋转,机油被带到出油道的一侧。这时,转子正好进入啮合,使这一空腔容积减小,油压升高,机油从齿间挤出,并经出油道压送出去。这样,随着转子的不断旋转,机油就不断地被吸入和压出(图 13-7)。

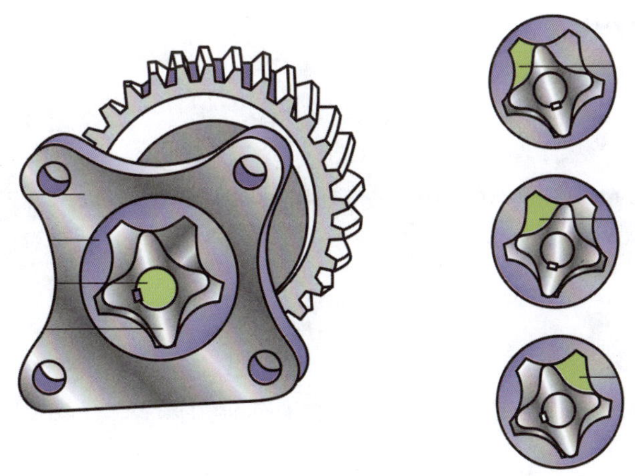

图 13-7 转子式机油泵的工作原理

4.机油泵的检查项目

首先,检查机油泵的外观是否有裂纹、变形和机械损伤;然后,检查机油泵啮合间隙和安装面是否符合车辆标准值,如不符合,应更换机油泵。

5.检查机油泵啮合间隙和安装面

(1)检查齿轮式机油泵

首先,用塞尺测量主、从动齿轮的间隙,如果间隙大于 0.20 mm,则应更换整套机油泵组件。其次,检查齿轮与机油泵盖的端面间隙,使用塞尺和刀口尺测量。如果端面间隙大于 0.15 mm,则应更换机油泵组件。最后,检查齿轮和泵体的间隙,其标准值为 0.03～0.06 mm,最大值为 0.20 mm。如果间隙超过最大值,应更换齿轮或机油泵总成(图 13-8)。

(a)主、从动齿轮间隙的检查

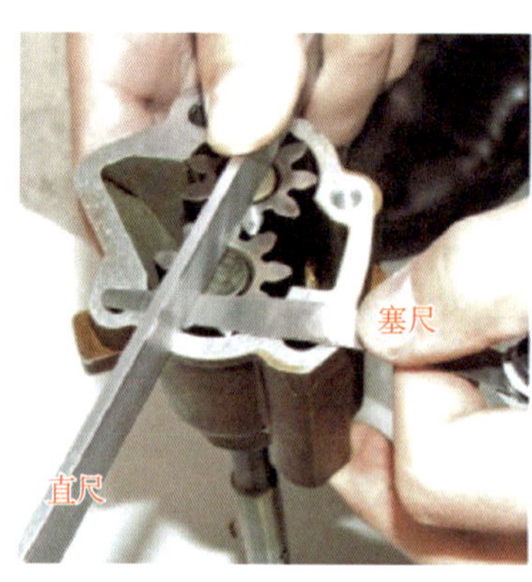

(b)齿轮与机油泵盖端面间隙的检查

(c)齿轮与泵体间隙的检查

图 13-8　机油泵的检查

(2)检查转子式机油泵

转子式机油泵也要检查三隙,即内、外转子的间隙(标准值为 0.04～0.12 mm)、转子与机油泵盖的端面间隙(标准值为 0.06～0.12 mm)、外转子与泵体的间隙(标准值为 0.10～0.12 mm)(图 13-9)。

(a)内、外转子间隙的检查

(b)转子与机油泵盖端面间隙的检查

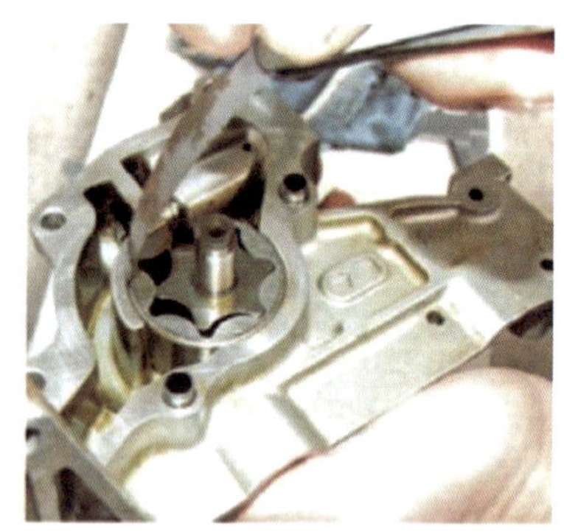
(c)外转子与泵体间隙的检查

图 13-9　转子式机油泵三隙的检查

6.检查限压阀和集滤器

限压阀一般装在机油泵或气缸体的主油道上,用于限制机油压力,并让其稳定在一定范围之内。检查限压阀时,如果发现限压阀弹簧折断或弹力减弱、密封面粗糙,应更换限压阀(图 13-10)。

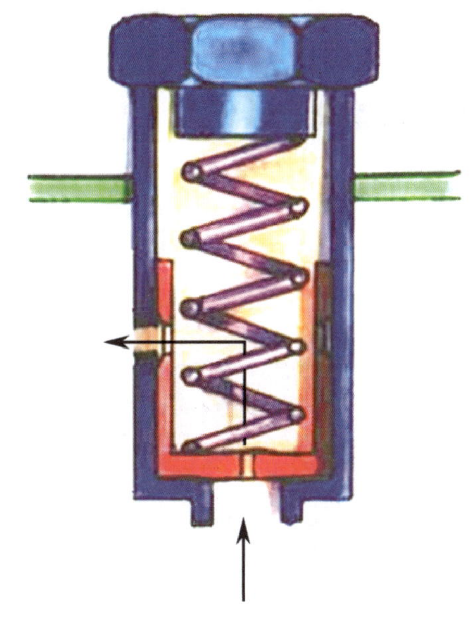

图 13-10　限压阀

集滤器(图 13-11)安装在机油泵前油底壳中,一般采用金属滤网式,其作用是过滤掉机油中颗粒较大的杂质。检查机油集滤器时,如果发现集滤器脏污应彻底清洁。

图 13-11　金属滤网式集滤器

二、任务准备

在下列图片中勾选出完成本任务所需的工具、设备、资料等。

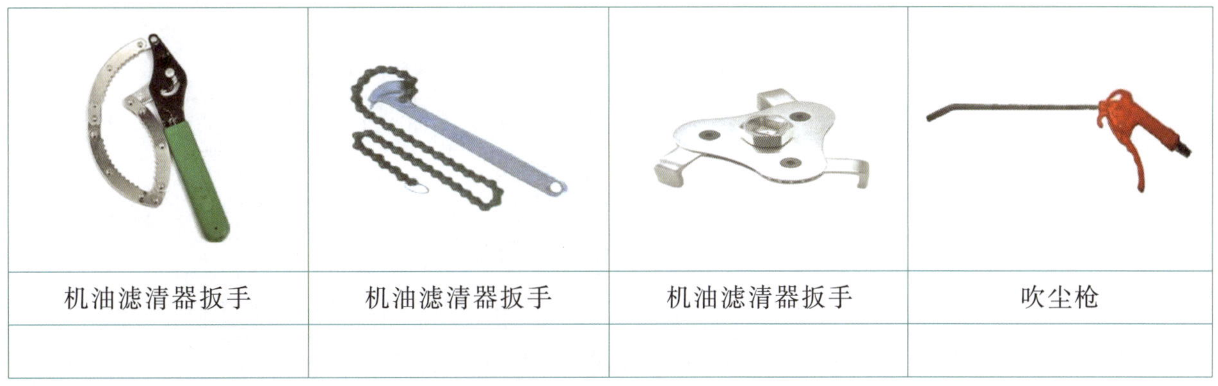

机油滤清器扳手	机油滤清器扳手	机油滤清器扳手	吹尘枪

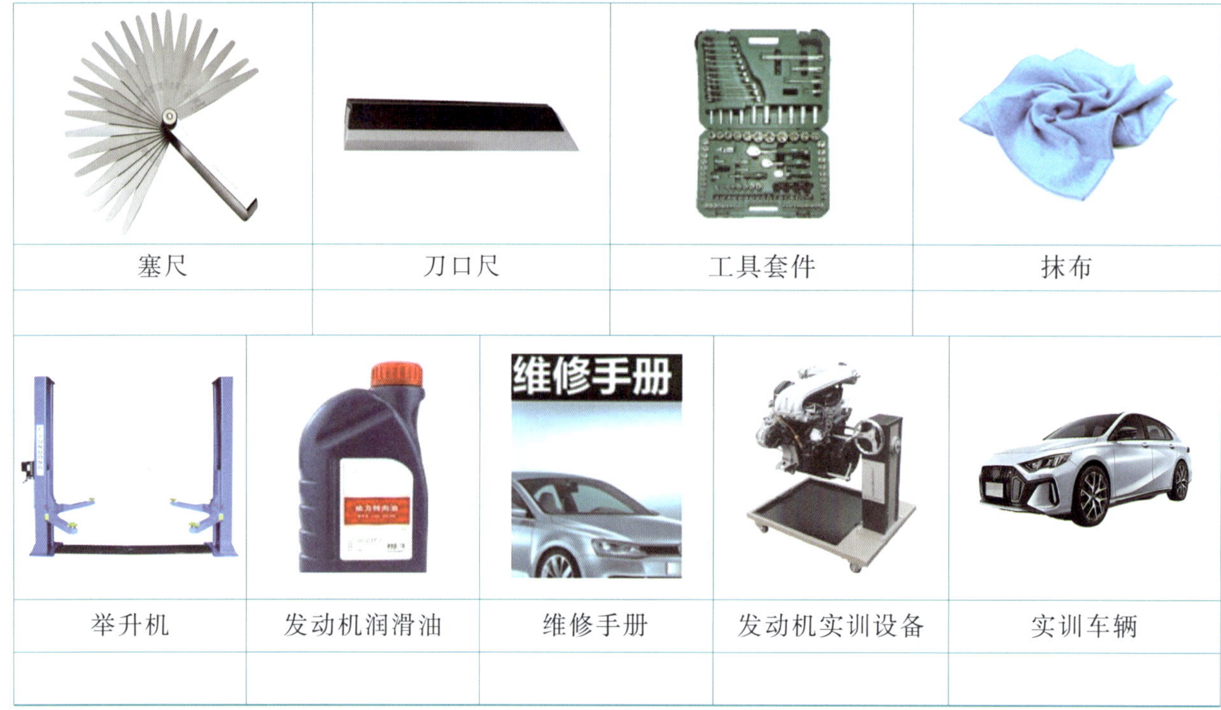

塞尺	刀口尺	工具套件	抹布

举升机	发动机润滑油	维修手册	发动机实训设备	实训车辆

三、防护措施

(1)进入车间应穿工作鞋、戴工作帽;工作服应整洁、无破损;操作时不可佩戴手表等金属饰品,以防划伤车辆表面。

(2)举升车辆时应严格按照举升机使用方法进行操作,并通知其他人员远离举升设备。

(3)更换油液或配件时,应处理好油液和配件的回收清理工作,以免对工作环境造成污染。

四、任务分配

任务分配见表 13-1。

表 13-1 任务分配

职务	代码	姓名	工作内容
组长	A		监督、管理组员工作
组员	B		准备实训所需车辆及设备
	C		
	D		准备实训所需工具及资料
	E		

五、任务实施

(一)操作流程

完成下列表格中工作内容对应工作步骤的排序(表 13-2～表 13-4)。

表 13-2　　拆装和检查机油滤清器的操作步骤

工作步骤	工作内容
	使用机油滤清器扳手安装机油滤清器
	使用机油滤清器专用工具和扭力扳手将机油滤清器用规定力矩紧固
	检查机油滤清器内螺纹有无损伤,壳体有无裂纹,检查密封圈是否断裂、老化
	使用机油滤清器扳手拆卸机油滤清器

表 13-3　　拆装和检查齿轮式机油泵的操作步骤

工作步骤	工作内容
	使用合适的工具将机油泵拆解,清洗机油泵壳体、主动齿轮、从动齿轮和机油泵盖
	使塞尺测量主、从动齿轮的间隙
	使用塞尺和刀口尺测量齿轮与机油泵盖的端面间隙
	使用塞尺测量齿轮和泵体的间隙
	按规定力矩组装机油泵

表 13-4　　拆装和检查转子式机油泵的操作步骤

工作步骤	工作内容
	使用塞尺检查机油泵内转子与外转子的间隙
	使用塞尺检查机油泵内、外转子与机油泵盖的端面间隙
	使用塞尺检查机油泵外转子与泵体的间隙
	使用合适的工具将机油泵解体,清洗机油泵壳体、内转子、外转子和机油泵盖
	按规定力矩组装机油泵

(二)实施记录

结合实施过程,对照表 13-5、表 13-6 中的检查项目,勾选或填写实际的检查结果。

表 13-5　　检查机油滤清器的实施记录

序号	检查项目	检查结果	备注
1	机油滤清器是否破损	是 □　否 □	
2	机油滤清器与支座接合面之间是否漏油	是 □　否 □	
3	机油滤清器内是否有金属磨屑	是 □　否 □	

续表

序号	检查项目	检查结果	备注
4	机油滤清器内是否有机械杂质	是 □　否 □	
5	机油滤清器内是否有机油氧化物	是 □　否 □	

表 13-6　　检查机油泵的实施记录　　mm

序号	检查项目	检查结果	备注
1	主、从动齿轮(内、外转子)的间隙	测量值:	正常值:齿轮式机油泵为 0.05,转子式机油泵为 0.04~0.12 极限值:0.20
2	齿轮(转子)与机油泵盖的端面间隙	测量值:	正常值:齿轮式机油泵为 0.05,转子式机油泵为 0.06~0.12 极限值:0.15
3	齿轮(外转子)与泵体的间隙	测量值:	正常值:齿轮式机油泵为 0.03~0.06,转子式机油泵为 0.10~0.12 极限值:0.20
4	机油泵螺栓拧紧力矩	拧紧力矩:	标准值:16 N·m

六、检查

(一)自检

结合本组任务操作过程,对任务执行过程中的操作规范性进行检查,检查操作过程中是否存在以下问题,分析、讨论应如何避免并总结规范的操作方法(表 13-7)。

表 13-7　　自检

检查项目	检查结果
所有检查项目是否顺利完成	是 □　否 □
机油滤清器扳手的使用方法是否正确	是 □　否 □
检查过程中是否存在安全隐患	是 □　否 □
对检查结果的处理是否得当	是 □　否 □
工具是否摆放整齐并归位	是 □　否 □

(二)互检

组与组之间相互进行操作过程及结果检查,并把检查结果填写在表 13-8 中。

表 13-8　　互检

检查项目	检查结果
所有检查项目是否顺利完成	是 □　否 □
对检查结果的处理是否得当	是 □　否 □
工具是否摆放整齐并归位	是 □　否 □

七、课堂小结

任务十四 冷却系统的检查

<table>
<tr><th colspan="4">汽车发动机机械系统拆装与修理任务工单</th></tr>
<tr><td>客户信息</td><td colspan="2">姓名</td><td>电话</td></tr>
<tr><td rowspan="2">车辆信息</td><td>车型</td><td>VIN 码</td><td>行驶里程</td></tr>
<tr><td></td><td></td><td></td></tr>
<tr><td>客户描述</td><td colspan="3">发动机抖动 □ 发动机工作不良 □ 排气管冒蓝烟 □ 发动机漏油、漏水 □
发动机动力不足 □ 发动机加速不良 □ 发动机怠速不稳 □ 发动机异响 □
耗油量增大 □ 发动机烧机油 □ 水温过高 □ 发动机无法启动 □
其他：</td></tr>
<tr><th colspan="2">车辆外观检查</th><th colspan="2">车辆内部检查</th></tr>
<tr><td>凹凸 □</td><td rowspan="4"></td><td>污渍 □</td><td rowspan="4"></td></tr>
<tr><td>划痕 □</td><td>破损 □</td></tr>
<tr><td>石击 □</td><td>色斑 □</td></tr>
<tr><td>油漆 □</td><td>变形 □</td></tr>
<tr><td>明确具体工作任务</td><td colspan="3"></td></tr>
</table>

发动机基础检查					
机油液面	过高□ 过低□ 正常□	冷却液液面	过高□ 过低□ 正常□	气缸压力	无缸压□ 过低□ 正常□
发动机拆装检测项目					
曲柄连杆机构	配气机构	润滑系统	冷却系统	供给系统	启动与点火系统
气缸体检测 □	气缸盖检测 □	机油泵检测 □	水泵检测 □	燃油泵检测 □	启动机拆装检查□
活塞检测 □	进、排气门检测 □	机油油道检测□	节温器检测 □	滤清器检测 □	点火线圈检查 □
活塞环检测 □	气门弹簧检测□	滤清器检测 □	散热水箱检测□	喷油器检测 □	火花塞拆装检查□
连杆检测 □	气门座圈检测□	机油液面检测□	水管检测 □	燃油轨道检测 □	高压导线检查 □
曲轴检测 □	凸轮轴检测 □	机油压力检测□	密封性检测 □	油压调节器检测□	控制电路检查 □
轴瓦检测 □	液压挺柱检测□			燃油压力检测 □	
飞轮组检测 □	正时机构检测□			进气系统检测 □	
曲轴油封检测□				排气系统检测 □	

- 掌握发动机冷却系统的组成及作用
- 掌握冷却系统各部件拆装、检查步骤及方法

- 冷却系统的组成及故障现象
- 散热器的检查
- 冷却风扇的检查

- 散热器的检查
- 冷却风扇的检查

- 冷却风扇的检查

一、知识讲解

(一)发动机冷却系统

1.冷却系统的组成

发动机冷却系统主要由散热器、发动机水套、水泵、水管、节温器、冷却风扇和冷却液储液罐等组成(图 14-1)。

2.发动机冷却液液位

检查冷却液储液罐内的液位是否正常。不同车型的冷却液储液罐的样式虽然不同,但是它们上面的标记是一样的。只要液位位于上、下两极限之间就可以正常工作(图 14-2)。

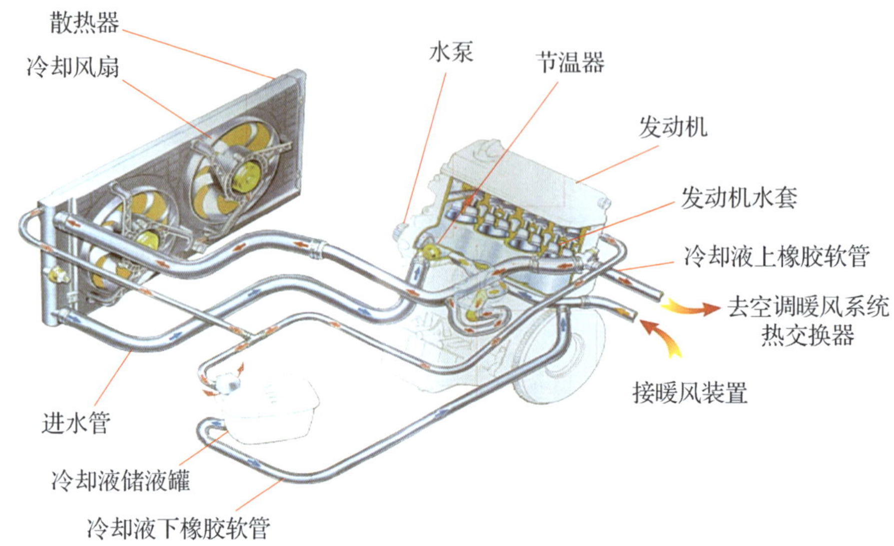

图 14-1　冷却系统的组成

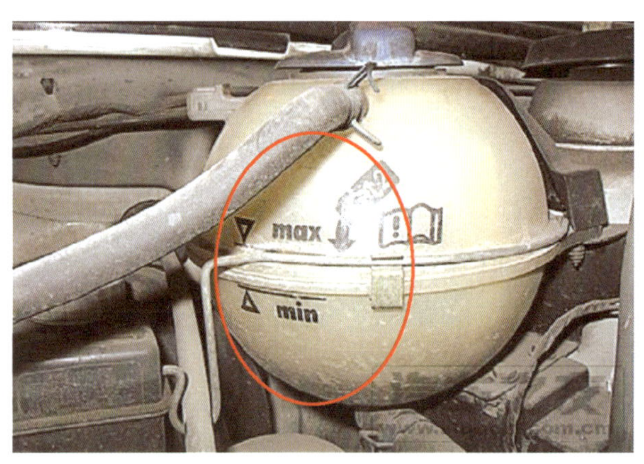

图 14-2　冷却液液位标记

如果检查后发现液位正常，可以沿着冷却系统管路检查其密封性，检查是否存在泄漏现象。

3. 检查冷却液时的注意事项

冷却液有毒，应防止接触而中毒。添加及释放冷却液时不要让其接触到皮肤，若不小心飞溅进嘴里、眼睛里或接触到皮肤，要及时用清水清洗。发动机过热时不可旋下散热器盖添加冷却液，以防冷却液喷出将人烫伤，而应在发动机冷却后拆卸散热器盖。

(二)散热器的检查

散热器可以使热的冷却液散热而变冷，其实散热器就是一个热交换机。在汽车行驶时，外界空气通过散热器面罩进入并流过散热器表面空隙，带走大量的冷却液的热量，从而达到为发动机降温的目的(图 14-3)。

虽然散热器装在汽车前端，可以起到利用迎面风进行冷却的作用，但是散热器叶片间容易储存毛絮、灰尘等杂物，不利于散热，需定期清理。如果汽车年限很长，散热器长期使用会出现上下水槽老化龟裂或者密封条老化造成的渗漏。如果冷却液使用不当，就会造成散热器内部循环管路堵塞，散热能力下降。

图 14-3 散热器的检查

可以简单地对散热器表面进行清扫，若要彻底清理，则一般要拆卸散热器水箱，然后用高压气体吹掉散热器上的污物。

(三)冷却风扇的检查

1.冷却风扇的工作原理

冷却风扇(图 14-4)是由电动机驱动的，其作用是提高流经散热器的空气流速和流量，以增强散热器的散热能力。冷却风扇一般由温控开关控制其运转，分为高速和低速两挡，根据冷却液温度来控制其选择哪种运转挡位。当温度达到 95 ℃时冷却风扇开启低速运转，当温度达到 102 ℃时，冷却风扇开启高速运转。如果冷却风扇出现故障，就会降低冷却系统的散热能力。

图 14-4 冷却风扇

2.冷却风扇的检查

如果冷却液温度高于规定温度时冷却风扇不转，应先检查熔丝和继电器是否良好。如果正常，再拔下温控开关插头，将两插片直接接通。此时若风扇仍不转，表明风扇电动机损坏，应予以更换；若两插片接通后风扇转动，则表明温控开关损坏，应更换温控开关。

二、任务准备

在下列图片中勾选出完成本任务所需的工具、设备、资料等。

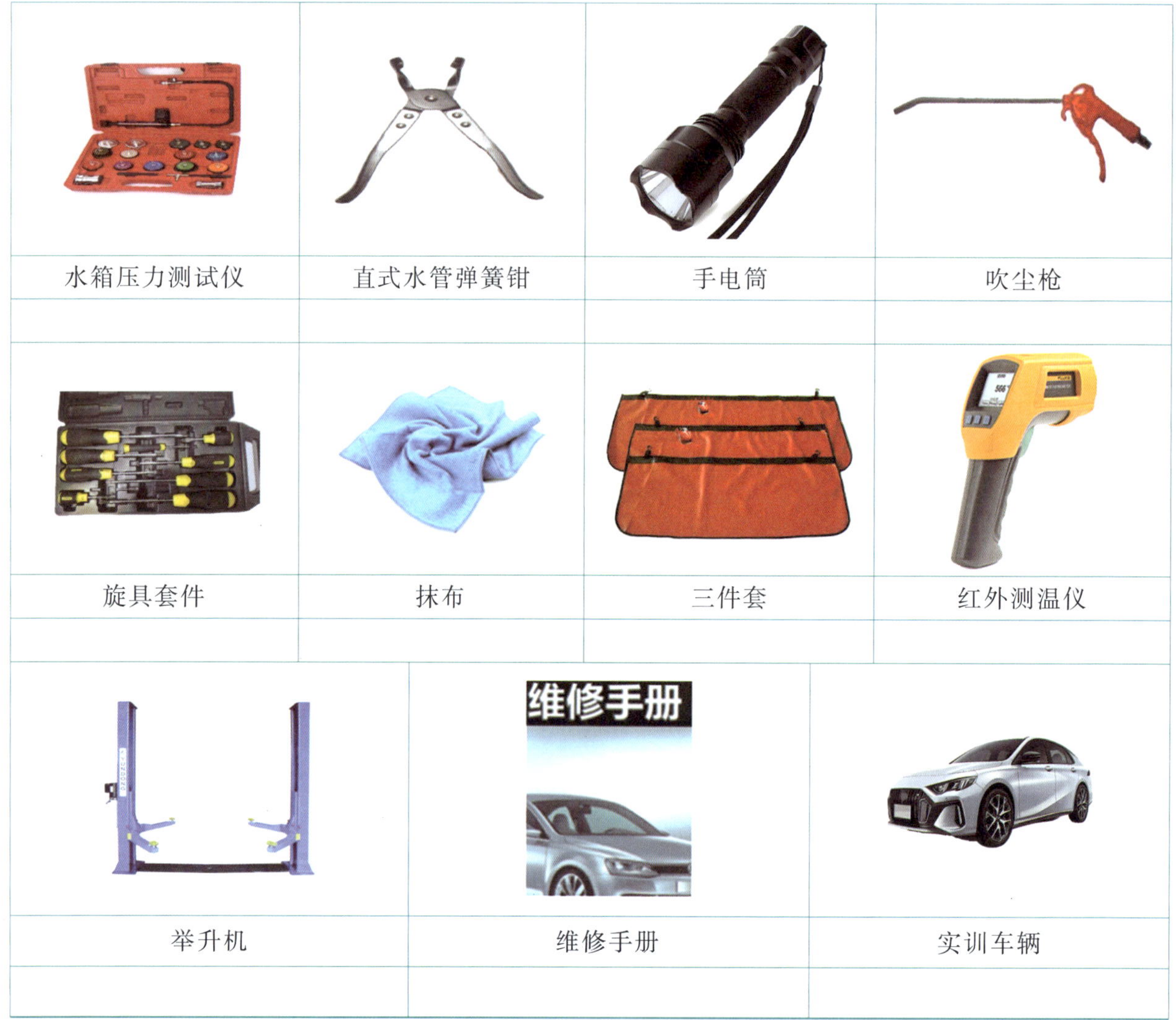

水箱压力测试仪	直式水管弹簧钳	手电筒	吹尘枪
旋具套件	抹布	三件套	红外测温仪
举升机	维修手册	实训车辆	

三、防护措施

(1)进入车间应穿工作鞋、戴工作帽;工作服应整洁、无破损;操作时不可佩戴手表等金属饰品,以防划伤车辆表面。

(2)举升车辆时应严格按照举升机使用方法进行操作,并通知其他人员远离举升设备。

(3)更换油液或配件时,应处理好油液和配件的回收清理工作,以免对工作环境造成污染。

四、任务分配

任务分配见表 14-1。

表 14-1　　任务分配

职务	代码	姓名	工作内容
组长	A		监督、管理组员工作
组员	B		准备实训所需车辆及设备
	C		
	D		准备实训所需工具及资料
	E		

五、任务实施

(一)操作流程

完成表 14-2 中工作内容对应工作步骤的排序并填空。

表 14-2　　检查发动机冷却系统的操作步骤

工作步骤	工作内容	图示
	整理工具、设备及场地,清理现场卫生	
	检查散热器水管的温度(102 ℃),确定冷却系统已经________。热车后冷却风扇随时可能旋转,应注意安全。发动机工作过程中观察是否存在异常情况	
	启动车辆,使发动机运转 5～10 min,至冷却液温度达到工作温度。启动车辆的时候要注意安全,以免发生危险	
	清理散热器叶片间的柳絮、泥土等污物,对于污物比较多的散热器,应________	

续表

工作步骤	工作内容	图示
	检查冷却风扇是否存在________;时刻注意发动机水温表与诊断仪数据流是否一致,避免发动机长期处于高温状态	
	检查温控开关及控制线路	
	将待检车辆停放在适宜的位置,打开发动机舱盖,铺好翼子板布及三件套	
	目视检查冷却液液位是否处于规定范围内,如缺少冷却液应补充加注,检查冷却系统管路是否有渗漏情况	

(二)实施记录

结合实施过程,对照表 14-3 中的检查项目,勾选或填写实际的检查结果。

表 14-3　　检查发动机冷却系统的实施记录

序号	检查项目	检查结果	备注
1	冷却液位是否正常	是 □　否 □	
2	冷却系统是否渗漏	是 □　否 □	
3	散热器性能是否良好	是 □　否 □	
4	冷却风扇是否有高、低转速	是 □　否 □	
5	冷却液温度是否高于正常温度	是 □　否 □	
6	散热器表面是否脏污严重	是 □　否 □	
7	温控开关功能是否正常	是 □　否 □	
8	控制线路是否正常	是 □　否 □	

六、检查

(一)自检

结合本组任务操作过程,对任务执行过程中的操作规范性进行检查,检查操作过程中是否存在以下问题,分析、讨论应如何避免并总结规范的操作方法(表 14-4)。

表 14-4　　自检

检查项目	检查结果
待检查项目是否全部完成	是 □　否 □
检查过程是否严格按照标准进行	是 □　否 □
检查流程是否与计划相符	是 □　否 □
检查过程中是否存在安全隐患	是 □　否 □
检查完成后工具、设备是否归位	是 □　否 □

(二)互检

组与组之间相互进行操作过程及结果检查,并把检查结果填写在表 14-5 中。

表 14-5　　互检

检查项目	检查结果
对检查结果的处理方法是否合理	是 □　否 □
检查过程中是否存在安全隐患	是 □　否 □
检查完成后工具、设备是否归位	是 □　否 □
待检查项目是否全部完成	是 □　否 □

七、课堂小结

任务十五 冷却系统部件的检查

汽车发动机机械系统拆装与修理任务工单				
客户信息	姓名		电话	
车辆信息	车型	VIN 码	行驶里程	
客户描述	发动机抖动 □	发动机工作不良 □	排气管冒蓝烟 □	发动机漏油、漏水 □
	发动机动力不足 □	发动机加速不良 □	发动机怠速不稳 □	发动机异响 □
	耗油量增大 □	发动机烧机油 □	水温过高 □	发动机无法启动 □
	其他：			

车辆外观检查		车辆内部检查	
凹凸 □		污渍 □	
划痕 □		破损 □	
石击 □		色斑 □	
油漆 □		变形 □	

明确具体工作任务	

发动机基础检查					
机油液面	过高□ 过低□ 正常□	冷却液液面	过高□ 过低□ 正常□	气缸压力	无缸压□ 过低□ 正常□
发动机拆装检测项目					
曲柄连杆机构	配气机构	润滑系统	冷却系统	供给系统	启动与点火系统
气缸体检测 □	气缸盖检测 □	机油泵检测 □	水泵检测 □	燃油泵检测 □	启动机拆装检查□
活塞检测 □	进、排气门检测 □	机油油道检测□	节温器检测 □	滤清器检测 □	点火线圈检查 □
活塞环检测 □	气门弹簧检测□	滤清器检测 □	散热水箱检测□	喷油器检测 □	火花塞拆装检查□
连杆检测 □	气门座圈检测□	机油液面检测□	水管检测 □	燃油轨道检测 □	高压导线检查 □
曲轴检测 □	凸轮轴检测 □	机油压力检测□	密封性检测 □	油压调节器检测□	控制电路检查 □
轴瓦检测 □	液压挺柱检测□			燃油压力检测 □	
飞轮组检测 □	正时机构检测□			进气系统检测 □	
曲轴油封检测□				排气系统检测 □	

- 能够根据冷却系统工作原理及冷却液循环途径分析水温过高的原因
- 能够正确检测节温器、水泵等相关部件

- 发动机大、小循环的定义
- 节温器的拆检
- 水泵的检测

- 节温器的拆检
- 水泵的检测

- 节温器的拆检
- 水泵的检测

一、知识讲解

(一)冷却系统大、小循环

1.发动机的大、小循环

对于 ANQ 发动机,当冷却液的温度高于 102 ℃时,冷却液全部流入散热器。此时冷却强度大,促使冷却液温度下降而不致过高。这就是发动机冷却系统大循环的过程。

小循环则是当发动机冷却液温度低于 87 ℃时,冷却液经水泵增压后,由发动机水套从小循环通道经节温器流回水泵,最后返回发动机缸体水套的过程。

2. 大循环和小循环路线

大循环的冷却液流经路线：散热器进水管→散热器→散热器出水管→节温器→水泵→发动机水套→(返回)散热器进水管(图 15-1)。

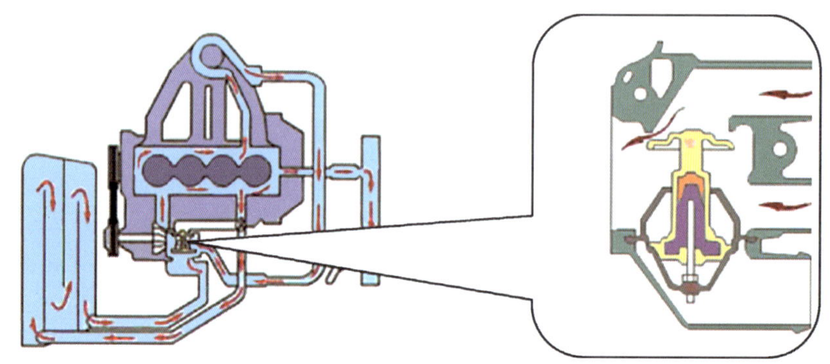

图 15-1　冷却系统大循环

小循环的冷却液流经路线：水泵→发动机水套→发动机小循环通道→(返回)水泵(图 15-2)。

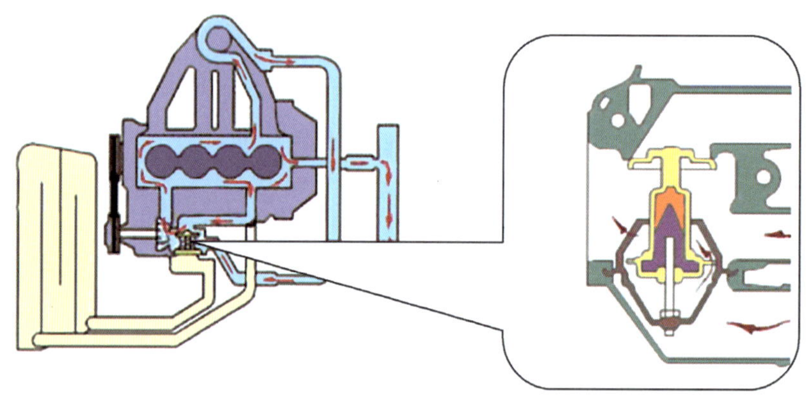

图 15-2　冷却系统小循环

3. 节温器的检修

节温器上一般有阀门开启温度，当冷却液温度高于阀门开启温度 11 ℃左右时，阀门会完全打开。如果冷却系统正常工作，发动机冷却液温度就应该在节温器的开启温度和全开温度之间变化(图 15-3)。

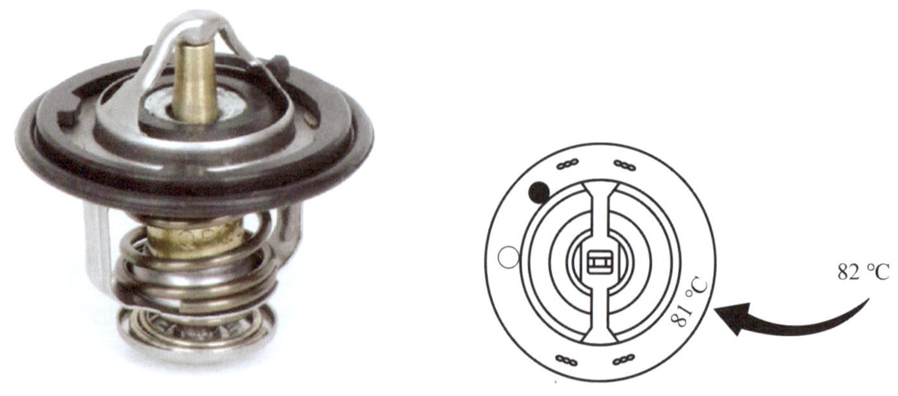

图 15-3　节温器

检查时,可以在水中加热节温器,观察节温器阀门开启温度和升程。节温器阀门开启温度约为 87 ℃,全开温度约为 102 ℃,节温器最大升程应不小于 8 mm。如果阀门开启温度不符合规定,则应更换节温器。在节温器处于较低温度(低于 40 ℃)时,检查阀门是否完全关闭。如不能完全关闭,则应更换节温器(图 15-4)。

图 15-4 节温器的检查

4.节温器的拆卸

(1)关闭点火开关,断开蓄电池负极(图 15-5)。

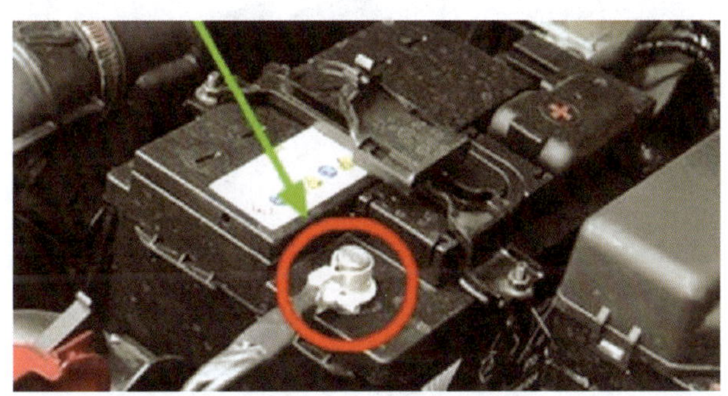

图 15-5 断开蓄电池负极

(2)排放冷却液,拆下空气软管(图 15-6)。

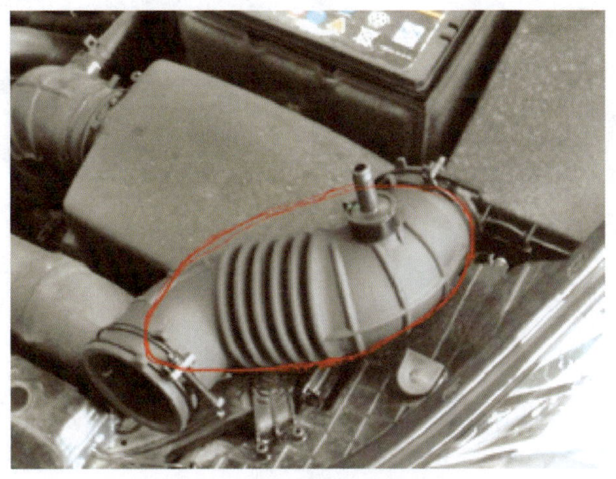

图 15-6 拆下空气软管

(3)拆卸发电机传动带及传动带轮(图 15-7),取下风扇,再拆下发电机。

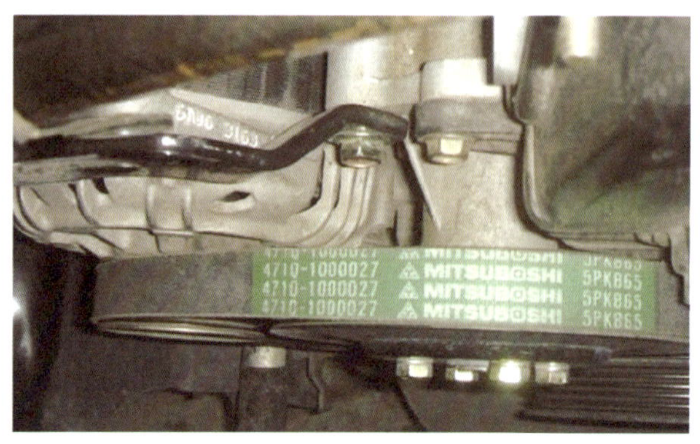

图 15-7　拆卸发电机传动带及传动带轮

(4)拆卸进气歧管(图 15-8)。

图 15-8　拆卸进气歧管

(5)拆下冷却液连接管并取出节温器(图 15-9)。

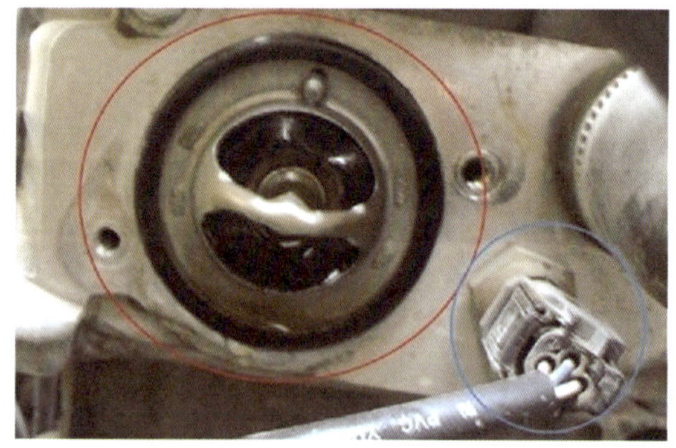

图 15-9　拆下冷却液连接管并取出节温器

(二)水泵的检测

1.水泵的位置及作用

水泵安装在发动机缸体上(图 15-10),其作用是强制冷却液在冷却系统中进行循环。

2.水泵的一般故障

水泵的一般故障包括水泵运转不平顺、轴承松旷、出现异响、水封损坏出现泄漏等。水泵的水量不足,一般是因为水道堵塞、叶轮与轴滑脱、漏水或传动带打滑造成的。

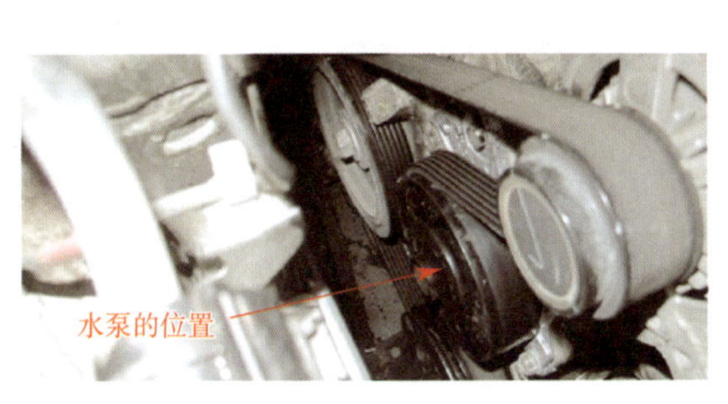

图 15-10 水泵的位置

3.水泵故障检修

如果出现轴承松旷异响，一般应对水泵整体进行更换；如果出现漏水，可以拆下水泵更换水封。当出现水泵水量不足时，可以通过疏通水道、更换水泵、调整传动带张紧度等方法来排除故障。

在拆卸水泵时，首先拆下发动机正时传动带；然后拆下发动机冷却风扇，再拆下发动机罩盖；最后拆下水泵。

二、任务准备

在下列图片中勾选出完成本任务所需的工具、设备、资料等。

扭力扳手	直式水管弹簧钳	手电筒	吹尘枪
工作台	温度计	工具套件	烧杯

红外测温仪	抹布	水箱压力测试仪	旋具套件
举升机	维修手册	发动机实训设备	实训车辆

三、防护措施

（1）进入车间应穿工作鞋、戴工作帽；工作服应整洁、无破损；操作时不可佩戴手表等金属饰品，以防划伤车辆表面。

（2）举升车辆时应严格按照举升机使用方法进行操作，并通知其他人员远离举升设备。

（3）更换油液或配件时，应处理好油液和配件的回收清理工作，以免对工作环境造成污染。

四、任务分配

任务分配见表 15-1。

表 15-1　　任务分配

职务	代码	姓名	工作内容
组长	A		监督、管理组员工作
组员	B		准备实训所需车辆及设备
	C		
	D		准备实训所需工具及资料
	E		

五、任务实施

(一)操作流程

完成下列表格中工作内容对应工作步骤的排序(表 15-2、表 15-3)。

表 15-2　　拆装、检查节温器的操作步骤

工作步骤	工作内容	
	参照维修手册,查找防盗码,关闭点火开关,断开蓄电池负极	
	拆卸发电机传动带和传动带轮,取下风扇,再拆下发电机	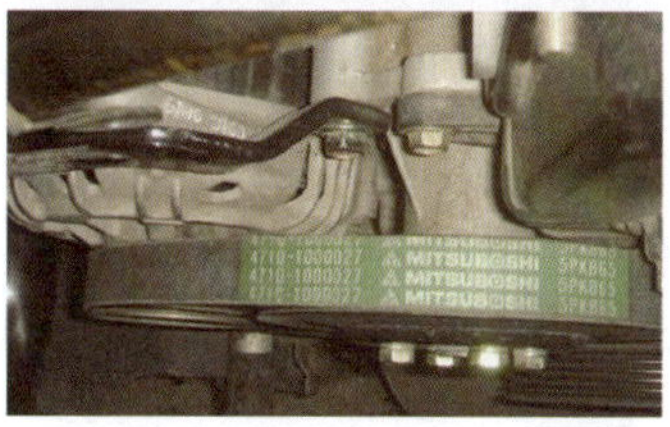
	在冷却液储液罐盖上盖一块抹布,旋开冷却液储液罐盖,在发动机下放置一个干净的收集盘。松开夹箍,拔下散热器下水管,放出冷却液	
	拆下空气软管	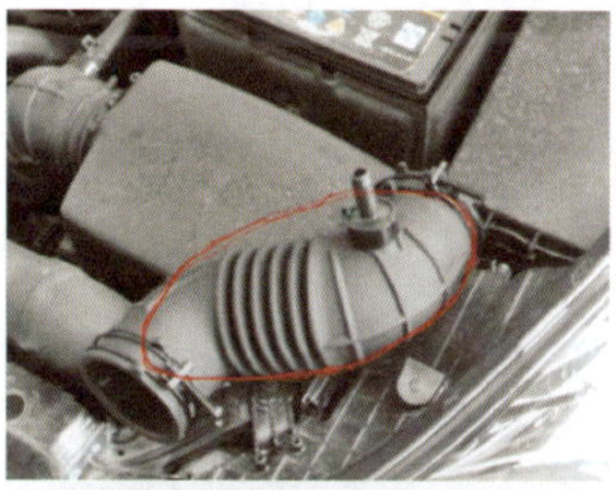
	使用合适的工具拆下冷却液连接管,避免拧断水泵固定螺栓,取出节温器	
	拆卸进气歧管	
	安装节温器,连接冷却液连接管	

续表

工作步骤	工作内容	
	在烧杯中加热节温器，检查节温器。低温时应完全关闭，当温度为 87 ℃时开始打开，最大升程应不小于 8 mm	
	安装发动机、冷却风扇、传动带，连接发电机后座线束，安装时应防止传动带被油液污染	
	安装进气歧管及空气软管	
	连接电源	
	加注冷却液时不要触碰或让冷却液外流，注入量应在冷却液储液罐上、下限范围之内	
	清理现场卫生，将车辆、工具归位	

表 15-3　　拆装、检查水泵的操作步骤

工作步骤	工作内容	
	旋开冷却液储液罐盖，在发动机下放置一个干净的收集盘。松开夹箍，拔下散热器下水管，放出冷却液	
	按曲轴旋转方向将曲轴转至 1 缸上止点，拆下发动机罩盖	
	拆下冷却风扇(使用合适的工具，避免拧断水泵固定螺栓)	
	拧下水泵固定螺栓，拆下水泵	
	拆下发动机正时传动带(用专用工具将齿形正时传动带张紧轮向左侧转动，直到可以用锁止片固定住活塞)	
	用固定螺栓安装水泵	
	转动水泵传动带轮时，检查是否有不平顺的感觉，是否存在异响，检查密封圈是否完好(更换水泵密封圈，清洁水泵接合处表面)	
	安装冷却风扇	
	取下专用工具使张紧轮回位	
	清理现场卫生，将车辆、工具归位	
	安装发动机罩盖	
	加注冷却液时应注意冷却系统排气	

(二)实施记录

结合实施过程,对照表 15-4 中的检查项目,勾选实际的检查结果。

表 15-4　　拆装、检查节温器及水泵的实施记录

序号	检查项目	检查结果	处理方法
1	水温达到 87 ℃时节温器阀门是否开始打开	是 □　否 □	□ 正常使用　□ 维修/更换
2	水温达到 102 ℃时节温器阀门是否停止打开	是 □　否 □	□ 正常使用　□ 维修/更换
3	水温低于 40 ℃时节温器阀门是否完全关闭	是 □　否 □	□ 正常使用　□ 维修/更换
4	节温器阀门打开的最大行程是否≥8 mm	是 □　否 □	□ 正常使用　□ 维修/更换
5	水泵转动是否平顺	是 □　否 □	□ 正常使用　□ 维修/更换
6	轴承是否松旷、有噪声	是 □　否 □	□ 正常使用　□ 维修/更换
7	水泵是否出现泄漏	是 □　否 □	□ 正常使用　□ 维修/更换
8	添加的冷却液是否合格	是 □　否 □	□ 正常使用　□ 维修/更换

六、检查

(一)自检

结合本组任务操作过程,对任务执行过程中的操作规范性进行检查,检查操作过程中是否存在以下问题,分析、讨论应如何避免并总结规范的操作方法(表 15-5)。

表 15-5　　自检

检查项目	检查结果
节温器拆装是否顺利	是 □　否 □
节温器检查方法是否正确	是 □　否 □
水泵拆装是否顺利	是 □　否 □
水泵检查方法是否正确	是 □　否 □
在拆检过程中是否存在安全隐患	是 □　否 □
工具、设备是否整理归位	是 □　否 □

(二)互检

组与组之间相互进行操作过程及结果检查,并把检查结果填写在表 15-6 中。

表 15-6　　互检

检查项目	检查结果
节温器拆装是否顺利	是 □　否 □
节温器检查方法是否正确	是 □　否 □
水泵拆装是否顺利	是 □　否 □

续表

检查项目	检查结果
水泵检查方法是否正确	是□　否□
在拆检过程中是否存在安全隐患	是□　否□
工具、设备是否整理归位	是□　否□

七、课堂小结

任务十六 进气与排气系统的检查

汽车发动机机械系统拆装与修理任务工单			
客户信息	姓名	电话	
车辆信息	车型	VIN 码	行驶里程
客户描述	发动机抖动 □ 发动机工作不良 □ 排气管冒蓝烟 □ 发动机漏油、漏水 □ 发动机动力不足 □ 发动机加速不良 □ 发动机怠速不稳 □ 发动机异响 □ 耗油量增大 □ 发动机烧机油 □ 水温过高 □ 发动机无法启动 □ 其他： ____________________ ____________________ ____________________		

车辆外观检查		车辆内部检查	
凹凸 □		污渍 □	
划痕 □		破损 □	
石击 □		色斑 □	
油漆 □		变形 □	

明确具体工作任务	____________________ ____________________ ____________________

发动机基础检查					
机油液面	过高□ 过低□ 正常□	冷却液液面	过高□ 过低□ 正常□	气缸压力	无缸压□ 过低□ 正常□

发动机拆装检测项目					
曲柄连杆机构	配气机构	润滑系统	冷却系统	供给系统	启动与点火系统
气缸体检测 □	气缸盖检测 □	机油泵检测 □	水泵检测 □	燃油泵检测 □	启动机拆装检查□
活塞检测 □	进、排气门检测 □	机油油道检测□	节温器检测 □	滤清器检测 □	点火线圈检查 □
活塞环检测 □	气门弹簧检测□	滤清器检测 □	散热水箱检测□	喷油器检测 □	火花塞拆装检查□
连杆检测 □	气门座圈检测□	机油液面检测□	水管检测 □	燃油轨道检测 □	高压导线检查 □
曲轴检测 □	凸轮轴检测 □	机油压力检测□	密封性检测 □	油压调节器检测□	控制电路检查 □
轴瓦检测 □	液压挺柱检测□			燃油压力检测 □	
飞轮组检测 □	正时机构检测□			进气系统检测 □	
曲轴油封检测□				排气系统检测 □	

- 能够根据故障现象对进气与排气系统做出故障判断，从而做出下一步的诊断计划
- 能够查阅维修手册，按照正确的流程对进气与排气系统进行拆装和检查
- 能够遵守操作规范、劳动纪律和环保要求
- 能够用资料说明、核查、评价自身的工作成果

- 发动机进气系统检查
- 发动机排气系统检查

- 发动机进气系统泄漏的检查方法
- 发动机排气系统故障的检查方法

- 发动机进气系统泄漏的检查方法
- 发动机排气系统故障的检查方法

一、知识讲解

(一)发动机进气系统检查

1.进气系统的检查方法

发动机进气系统出现泄漏一般是由于进气系统真空管路老化造成的，极少数情况下会存在节气门体或进气歧管人工安装不到位的现象，这时也会造成泄漏。发动机进气系统泄漏点如图 16-1 所示。

进气系统泄漏检查需要用到辅助设备与材料(图 16-2),如化油器清洗剂、泄漏检测喷剂及检测仪等。化油器清洗剂具有可燃性,而泄漏检测喷剂则是一种不可燃喷剂,无论是可燃还是不可燃喷剂,都可以帮助我们判断进气系统是否泄漏。化油器清洗剂具有腐蚀性,使用时需要注意。

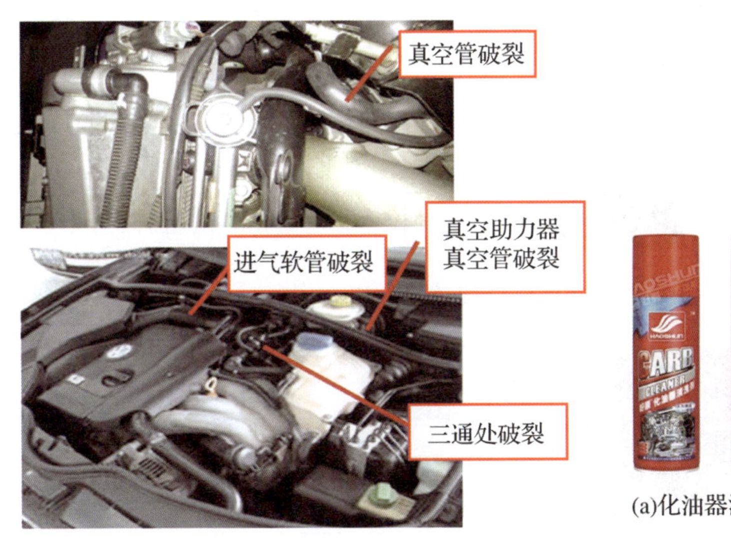

图 16-1 发动机进气系统泄漏点

(a)化油器清洗剂 (b)检测仪

图 16-2 进气系统泄漏检查辅助设备与材料

2.确定泄漏点

首先,铺设翼子板布和防护用具,连接尾排装置(图 16-3)。然后,启动车辆验证怠速抖动故障。连接 X431 检测仪,读取发动机控制单元数据流(图 16-4)。查询维修手册,读取数据流,使发动机冷却液温度达到 85 ℃。

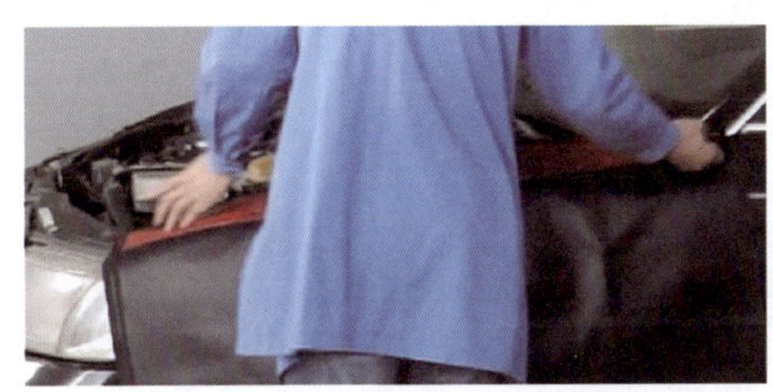

(a)铺设翼子板布和防护用具

(b)连接尾排装置

图 16-3 铺设翼子板布和防护用具并连接尾排装置

用泄漏检测喷剂喷射进气系统各位置,同时观察数据流。若存在泄漏点,发动机转速会降低,并且氧传感器读数会发生变化。若使用化油器清洗剂喷射,则现象相反,如图 16-5 所示。

发现泄漏点并对其进行维修处理,重新启动发动机。如果发动机运转正常,表明系统中不存在其他泄漏点;如果故障现象依旧存在,则重复上述步骤重新检查泄漏点。

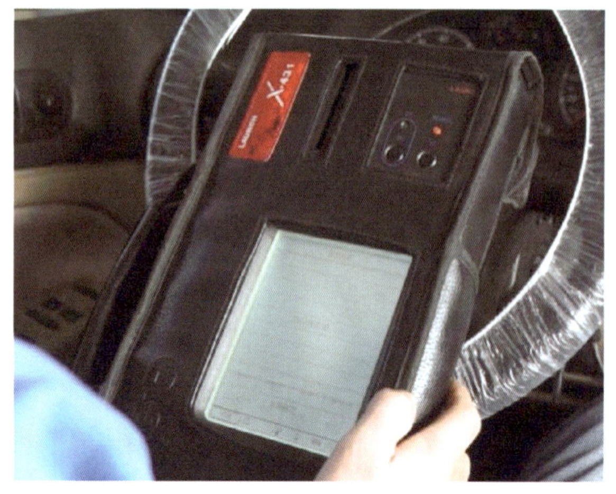

组号：	001		
	760.0 r/min		
	85.00 ℃		
	22.66%		
	00111110		
上翻页	下翻页	记录	图形-1
诊断首页	后退	打印	帮助

图 16-4　连接检测仪并读取发动机控制单元数据流

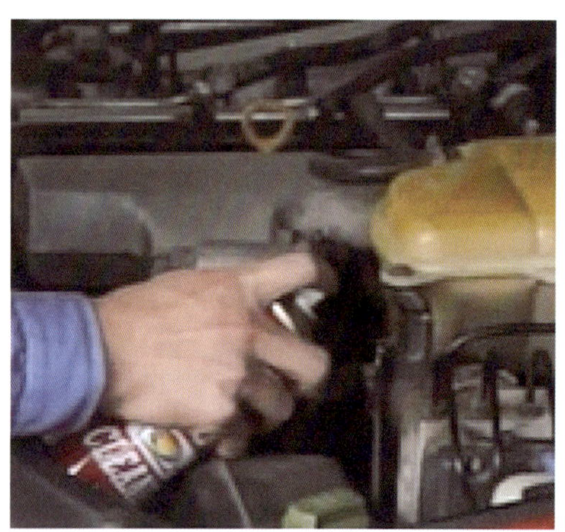

数据流			
组号：	001		
	800.0 r/min		
	80.00 ℃		
	26.56%		
	00110110		
上翻页	下翻页	记录	图形-1
诊断首页	后退	打印	帮助

图 16-5　向怀疑泄漏的部位喷射化油器清洗剂并观察数据流变化情况

(二)发动机排气系统检查

1.排气系统的组成和作用

排气系统主要由排气歧管、氧传感器、三元催化转换器、排气消音器、隔热装置等组成(图 16-6)。它的作用是汇集各气缸的废气,减小排气噪声和消除废气中的火焰,并对废气中的有害物质进行排放控制,使废气安全地排入到大气中。

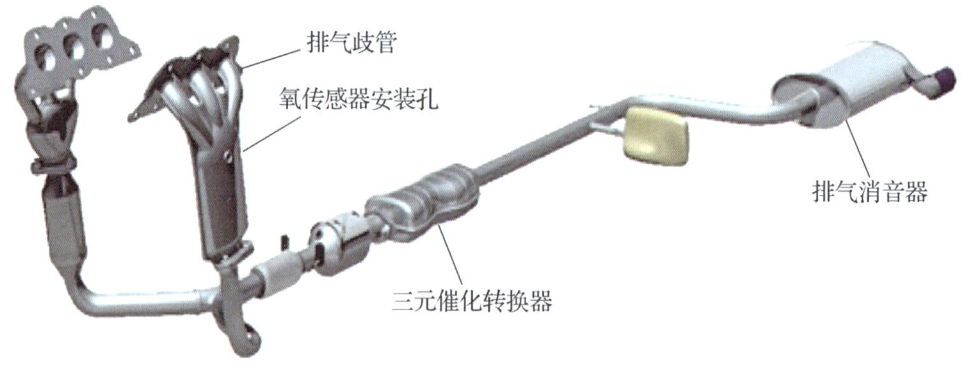

图 16-6　排气系统的组成

2.排气系统的检查项目

常见的排气系统故障主要有排气歧管垫损坏，排气管道腐蚀、漏气，三元催化转换器损坏等现象。因此，在对排气系统进行检查时，主要对排气歧管垫、排气管道及三元催化转换器进行检查。

3.排气系统故障检查

首先，打开发动机舱盖，认真观察排气歧管处是否有明显的冒烟现象，若有则说明排气歧管垫损坏，应更换。然后，举升车辆，从车下对排气系统部件进行敲打检查，检查连接部件及消音器内部是否有损坏。若静态检查无法判断故障部位，则应启动车辆进行动态检查，同时注意不要被烫伤。通过观察冒烟部位来确定故障点。若发现故障，则应及时维修或更换。

二、任务准备

在下列图片中勾选出完成本任务所需的工具、设备、资料等。

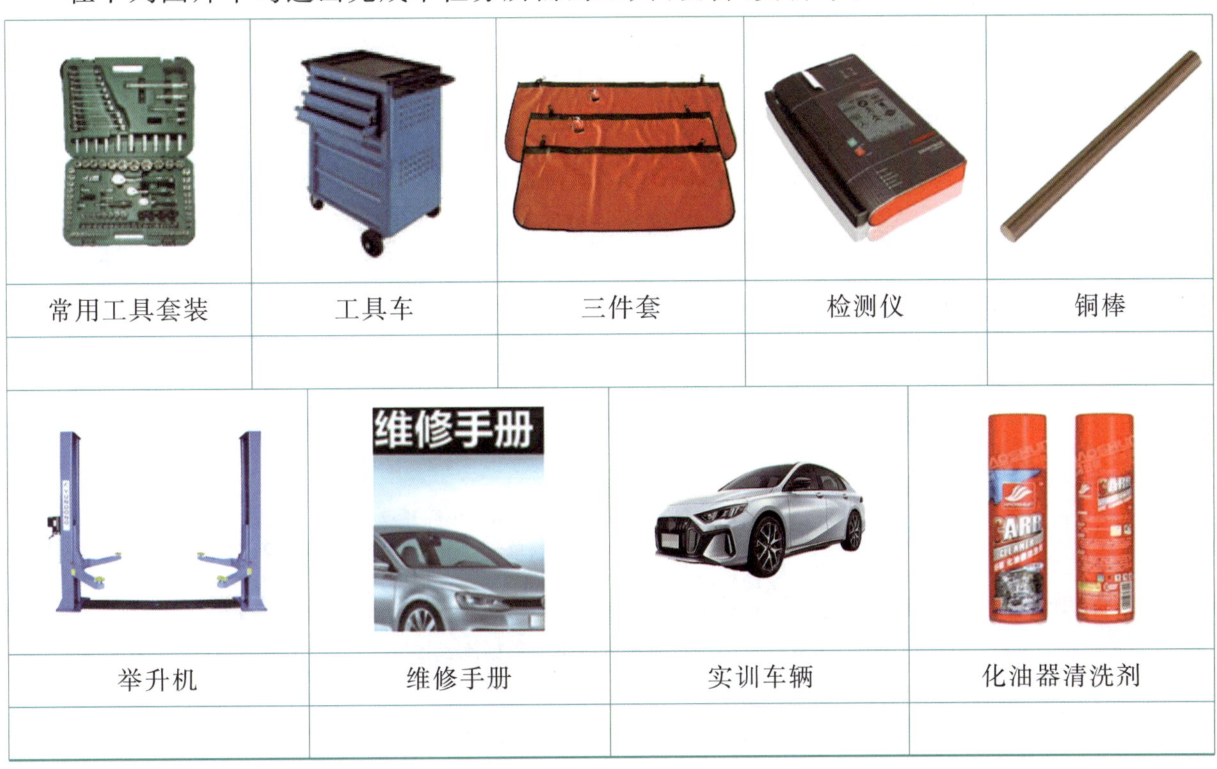

常用工具套装	工具车	三件套	检测仪	铜棒

举升机	维修手册	实训车辆	化油器清洗剂

三、防护措施

(1)进入车间应穿工作鞋、戴工作帽；工作服应整洁、无破损；操作时不可佩戴手表等金属饰品，以防划伤车辆表面。

(2)举升车辆时，应严格按照举升机使用方法进行操作，并通知其他人员远离举升设备。

(3)使用化油器清洗剂时，应注意防火，尽量避免将化油器清洗剂喷射到橡胶元件上。

四、任务分配

任务分配见表 16-1。

表 16-1 任务分配

职务	代码	姓名	工作内容
组长	A		监督、管理组员工作
组员	B		准备实训所需车辆及设备
	C		
	D		准备实训所需工具及资料
	E		

五、任务实施

(一)操作流程

完成表 16-2 中每个工作步骤对应工作内容的排序。

表 16-2 操作步骤

工作步骤	检查项目	工作内容
1	准备工作	(1)打开发动机舱盖并铺设翼子板布 (2)连接尾排装置到车辆排气管上 ( )将举升机支承臂与车辆支承点支承好 ( )移动举升机支承臂到支承位置
2	进气系统检查	(1)将检测仪连接到车辆诊断插座上,并打开点火开关启动发动机 (2)使用检测仪进入发动机控制单元,读取发动机冷却液温度数据 (3)待发动机冷却液温度达到 85 ℃时,读取发动机转速及氧传感器数据 (4)使用化油器清洗剂或泄漏检测喷剂对怀疑泄漏的部位进行喷射 (5)观察发动机转速和氧传感器数据流变化情况,以确定泄漏部位
3	排气系统检查	(1)检查发动机舱内排气歧管处有无漏气 ( )举升车辆至合适位置并落下保险锁 ( )对车底排气管进行检查

(二)实施记录

对发动机进气与排气系统进行检查,并将检查结果填入表 16-3、表 16-4 中。

表 16-3　　发动机进气系统检查实施记录

检查项目	检查记录		
进气系统泄漏	是 □　否 □		
发动机冷却液温度			
发动机转速变化			
氧传感器读数变化			
	是否脏污	是否破损漏气	处理办法
空气滤清器及滤芯	是 □　否 □	是 □　否 □	处理 □ / 更换 □
进气总管	是 □　否 □	是 □　否 □	处理 □ / 更换 □
节气门体	是 □　否 □	是 □　否 □	处理 □ / 更换 □
进气歧管	是 □　否 □	是 □　否 □	处理 □ / 更换 □
进气歧管垫	是 □　否 □	是 □　否 □	处理 □ / 更换 □

表 16-4　　发动机排气系统检查实施记录

检查项目	检查记录	处理办法
排气系统是否泄漏	是 □　否 □	处理 □ / 更换 □
排气系统部件连接是否完好	是 □　否 □	处理 □ / 更换 □
排气系统部件外观是否损坏	是 □　否 □	处理 □ / 更换 □
前消音器是否损坏	是 □　否 □	处理 □ / 更换 □
后消音器是否损坏	是 □　否 □	处理 □ / 更换 □

六、检查

（一）自检

结合本组任务操作过程，对任务执行过程中的操作规范性进行检查，检查操作过程中是否存在以下问题，分析、讨论应如何避免并总结规范的操作方法（表 16-5）。

表 16-5　　自检

检查项目	检查结果
所有检查项目是否顺利完成	是 □　否 □
检查过程中是否存在安全隐患	是 □　否 □
对检查结果的处理是否得当	是 □　否 □
工具是否摆放整齐、归位	是 □　否 □

(二)互检

组与组之间相互进行操作过程及结果检查,并把检查结果填写在表 16-6 中。

表 16-6 互检

检查项目	检查结果
所有检查项目是否顺利完成	是 □　否 □
对检查结果的处理是否得当	是 □　否 □
工具是否摆放整齐、归位	是 □　否 □

七、课堂小结

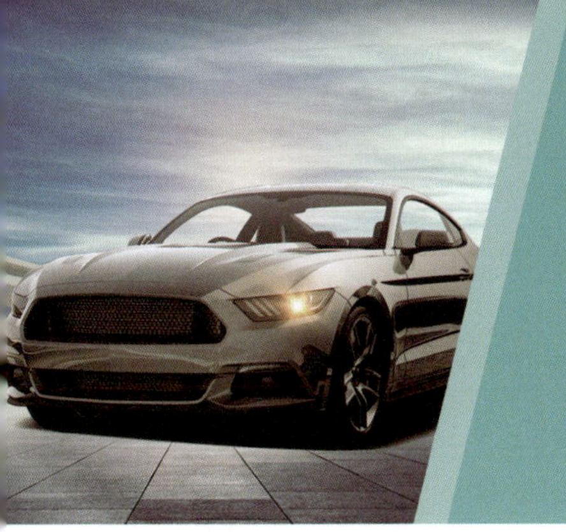

任务十七 汽油发动机燃油供给系统的检查(一)

<table>
<tr><th colspan="8">汽车发动机机械系统拆装与修理任务工单</th></tr>
<tr><td>客户信息</td><td colspan="3">姓名</td><td colspan="4">电话</td></tr>
<tr><td rowspan="2">车辆信息</td><td colspan="2">车型</td><td colspan="3">VIN 码</td><td colspan="2">行驶里程</td></tr>
<tr><td colspan="2"></td><td colspan="3"></td><td colspan="2"></td></tr>
<tr><td>客户描述</td><td colspan="7">发动机抖动 □ 发动机工作不良 □ 排气管冒蓝烟 □ 发动机漏油、漏水 □
发动机动力不足 □ 发动机加速不良 □ 发动机怠速不稳 □ 发动机异响 □
耗油量增大 □ 发动机烧机油 □ 水温过高 □ 发动机无法启动 □
其他：
____
____
______________________</td></tr>
<tr><th colspan="4">车辆外观检查</th><th colspan="4">车辆内部检查</th></tr>
<tr><td>凹凸 □</td><td colspan="3" rowspan="4"></td><td>污渍 □</td><td colspan="3" rowspan="4"></td></tr>
<tr><td>划痕 □</td><td>破损 □</td></tr>
<tr><td>石击 □</td><td>色斑 □</td></tr>
<tr><td>油漆 □</td><td>变形 □</td></tr>
<tr><td>明确具体工作任务</td><td colspan="7">______________________
____
______________________</td></tr>
</table>

发动机基础检查					
机油液面	过高□ 过低□ 正常□	冷却液液面	过高□ 过低□ 正常□	气缸压力	无缸压□ 过低□ 正常□

发动机拆装检测项目					
曲柄连杆机构	配气机构	润滑系统	冷却系统	供给系统	启动与点火系统
气缸体检测 □	气缸盖检测 □	机油泵检测 □	水泵检测 □	燃油泵检测 □	启动机拆装检查□
活塞检测 □	进、排气门检测 □	机油油道检测□	节温器检测 □	滤清器检测 □	点火线圈检查 □
活塞环检测 □	气门弹簧检测□	滤清器检测 □	散热水箱检测□	喷油器检测 □	火花塞拆装检查□
连杆检测 □	气门座圈检测□	机油液面检测□	水管检测 □	燃油轨道检测 □	高压导线检查 □
曲轴检测 □	凸轮轴检测 □	机油压力检测□	密封性检测 □	油压调节器检测□	控制电路检查 □
轴瓦检测 □	液压挺柱检测□			燃油压力检测 □	
飞轮组检测 □	正时机构检测□			进气系统检测 □	
曲轴油封检测□				排气系统检测 □	

- 通过对燃油系统压力检测，掌握燃油压力表的使用方法
- 通过对燃油压力检测结果分析判断，掌握燃油系统的工作原理
- 通过对燃油系统各元件的检查，掌握燃油系统各元件的工作原理

- 燃油压力的检测方法
- 燃油泵的检查方法

- 燃油压力表的使用方法
- 燃油压力的检测方法

- 燃油压力表的使用方法
- 燃油系统压力检测结果判断

一、知识讲解

(一)汽油发动机燃油压力检测

1.燃油压力的检测项目

燃油压力检测需要测量各种工况下的压力，以便判断燃油系统哪些部件出现问题，需要测量燃油系统的静态燃油压力、怠速燃油压力、全负荷燃油压力和系统保持压力。

2.静态燃油压力检测

打开点火开关但不启动发动机，读取燃油压力表数值，此时为静态压力，应为350 kPa左右。如果油压过高，应检查油压调节器；如果油压过低，应检查电动燃油泵、燃油滤清器和油压调节器。

3.怠速燃油压力与全负荷燃油压力检测

启动发动机并怠速运转，观察并记录此时的燃油压力，即怠速燃油压力。缓慢加大油门，测量节气门接近全开时的燃油压力并记录，此时即全负荷燃油压力。

如果测得的油压过高，应该检查回油管、油压调节器及真空管；如果油压过低，则应检查燃油泵、燃油滤清器及油压调节器等。

4.燃油系统保持压力检测

关闭点火开关 10 min 后，观察燃油压力表，此时的压力为系统保持压力，应为 200 kPa。如果未达标，将安全阀关闭重新建立压力，再次观察燃油压力表。如果达标，则应检查燃油泵单向出油阀。如还未达标，应检查油压调节器回油阀及喷油器等是否有泄漏。

(二)燃油泵压力检测

1.燃油泵的作用

电动燃油泵能将燃油从油箱中吸出，加压后输送到供给管路中，和燃油压力调节器配合建立一定的燃油压力。燃油泵(汽油泵)一般安装在汽油箱内部或供油管路上。汽油泵如图 17-1 所示。

2.汽油泵的组成

汽油泵主要由永磁电动机、泵轮、安全阀和单向阀组成，如图 17-2 所示。

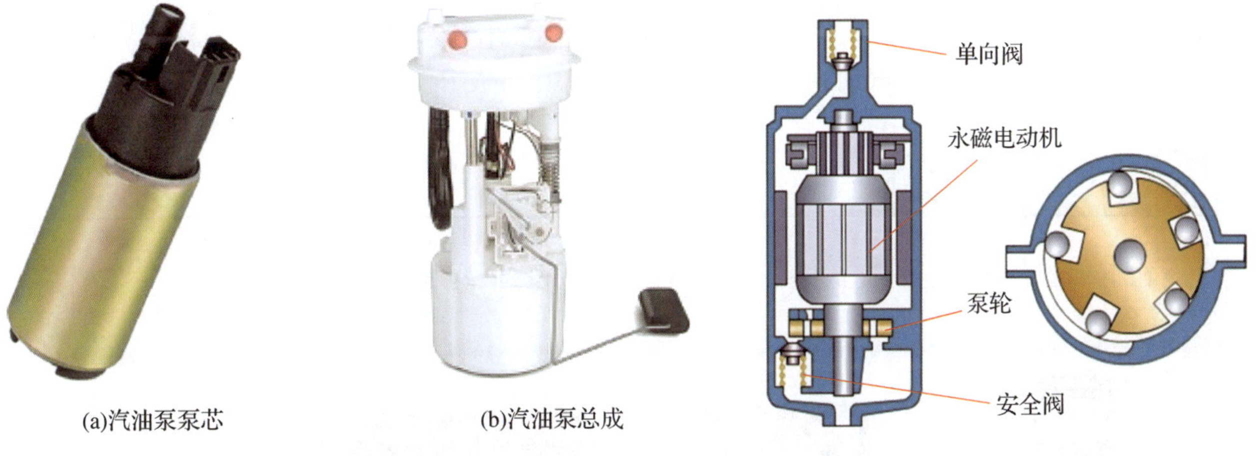

(a)汽油泵泵芯　(b)汽油泵总成

图 17-1　汽油泵

图 17-2　汽油泵的组成

3.汽油泵的检查

(1)汽油泵就车检查

汽油泵需要检查的项目有汽油泵是否工作、汽油泵最大压力及汽油泵的保持压力，以此来判断汽油泵是否工作正常。

打开点火开关但不启动发动机，从油箱处应能听到汽油泵的运转声音。

若听不清运转声，用一根线将熔丝(28 号)跨接打开点火开关，用手捏住汽油软管应能感到输油压力。否则，表明电动燃油泵不工作，应检查燃油泵继电器、熔丝和控制线路有无故障。若全都正常，则应拆检汽油泵。汽油泵安装在行李舱或驾驶室后排座椅下方，如图 17-3 所示。

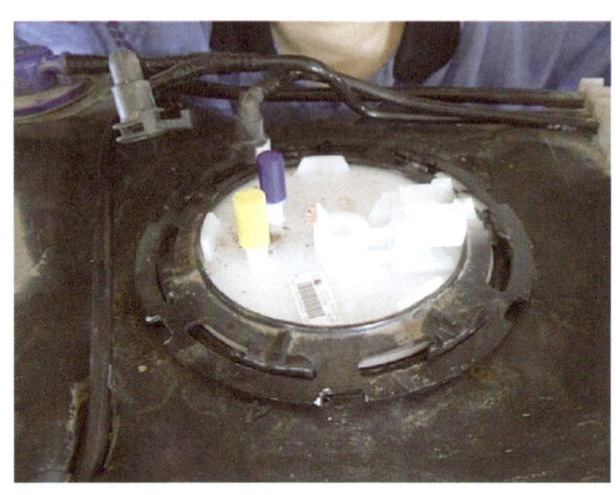

图 17-3 汽油泵的安装位置

(2)汽油泵压力检测

汽油泵压力检测主要包括最大压力和保持压力检测，在检测汽油泵最大压力和保持压力时，需要将燃油系统泄压。

将燃油压力表接在燃油管路上，并关闭安全阀。用一根线将燃油泵熔丝短接打开点火开关，等待 10 s 以上，读取燃油压力表的数值。

此时的压力为汽油泵最大压力，应比运转时的压力高 0.2～0.3 MPa，通常可达到 0.49～0.64 MPa。如果不符合标准，应更换汽油泵。将点火开关关闭，10 min 后再观察燃油压力表的数值，此时的压力为汽油泵保持压力，应大于 0.35 MPa，否则应更换燃油泵。

二、任务准备

在下列图片中勾选出完成本任务所需的工具、设备、资料等。

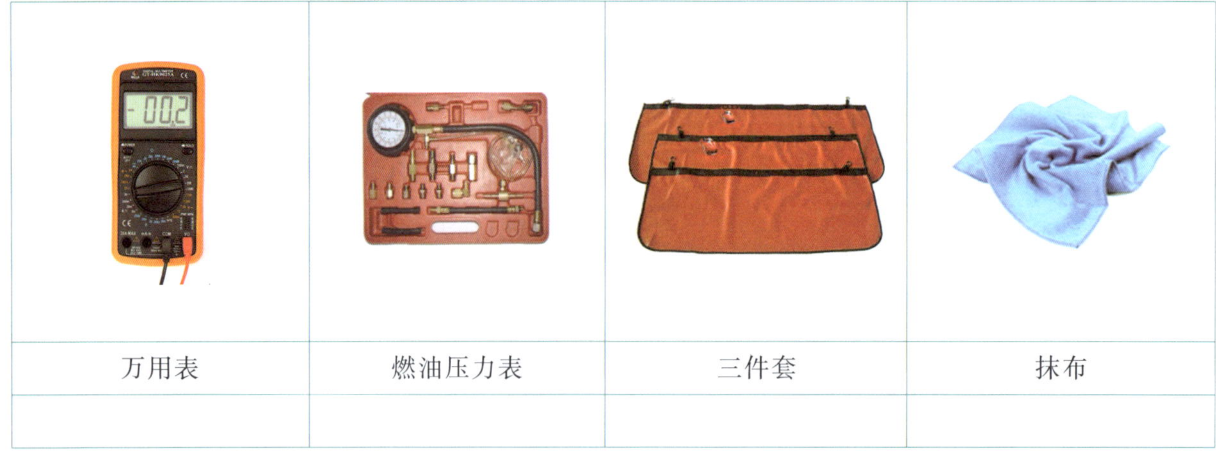

万用表	燃油压力表	三件套	抹布

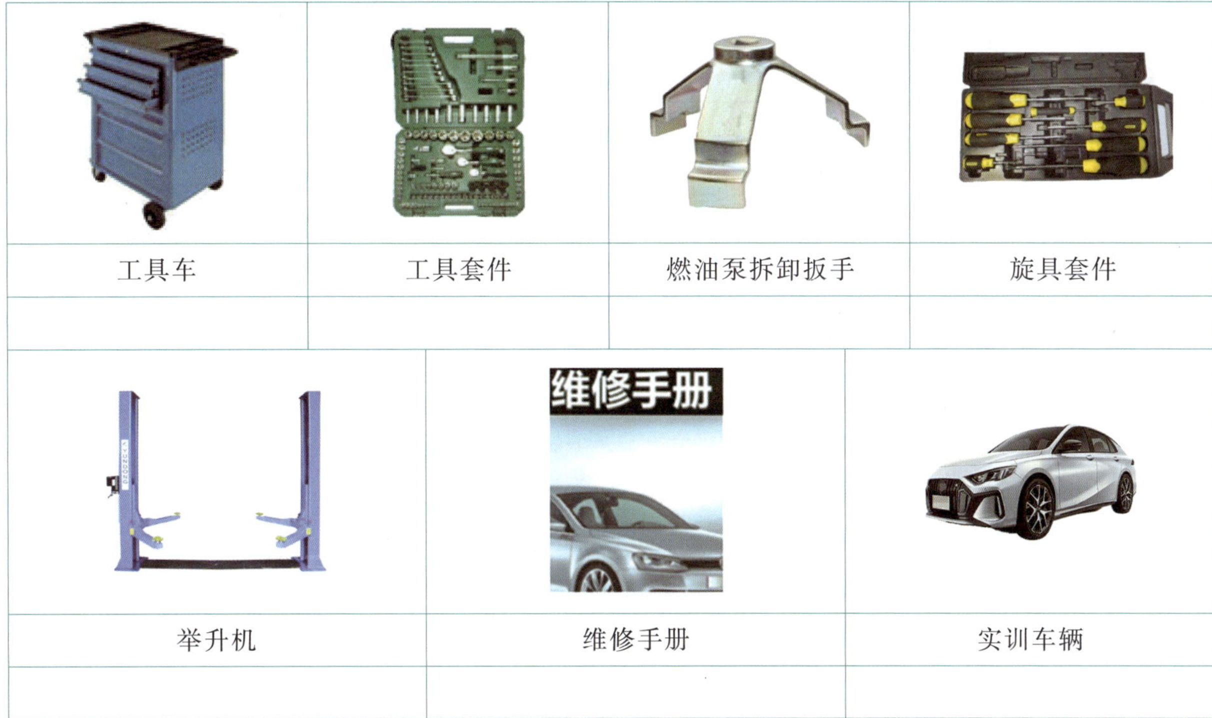

工具车
工具套件
燃油泵拆卸扳手
旋具套件
维修手册
举升机
维修手册
实训车辆

三、防护措施

(1)进入车间应穿工作鞋、戴工作帽;工作服应整洁、无破损;操作时不可佩戴手表等金属饰品,以防划伤车辆表面。

(2)采用正确的方法安装燃油压力表,安装之前应对燃油系统进行泄压。

(3)实训车间严禁明火,拆卸燃油管路时,应使用抹布垫在燃油管路下方,滴落在零配件上的燃油应及时清理。

四、任务分配

任务分配见表 17-1。

表 17-1 **任务分配**

职务	代码	姓名	工作内容
组长	A		监督、管理组员工作
组员	B		准备实训所需车辆及设备
	C		
	D		准备实训所需工具及资料
	E		

五、任务实施

(一)操作流程

完成表 17-2 中每个工作步骤对应工作内容的排序。

表 17-2　操作步骤

工作步骤	检查项目	工作内容
1	安装燃油压力表	(1)打开发动机舱盖,铺设翼子板布,安装发动机尾排装置并启动发动机 ( )插回汽油泵熔丝 ( )拆卸燃油供给系统,安装燃油压力表 ( )拔下汽油泵熔丝,使车辆熄火
2	检测燃油压力	(1)打开点火开关,检查燃油压力表的连接情况,确定无燃油泄漏 (2)查看燃油压力表的数值,读取静态燃油压力值 (3)启动发动机,观察怠速燃油压力值和全负荷燃油压力值 (4)关闭点火开关,10 min 后读取保持压力值
3	检测汽油泵	(1)关闭燃油压力表后方的安全阀 (2)打开点火开关 3 次,观察燃油压力表的数值,此时为汽油泵的最大压力值 (3)关闭点火开关后,静待 10 min,观察燃油泵保持压力值
4	拆卸燃油压力表	(1)打开燃油压力表后方的安全阀,启动发动机,拔下汽油泵熔丝,使发动机熄火 ( )拆卸燃油压力表 ( )装复燃油供给系统管路
5	拆检燃油滤清器	(1)确保燃油系统无压力 (2)举升车辆到合适位置,并落下保险锁 (3)使用常用工具拆卸燃油滤清器 (4)检查燃油滤清器有无堵塞现象 (5)更换新的燃油滤清器或将拆下的燃油滤清器装复 (6)降下车辆,打开点火开关,检查燃油系统有无泄漏

(二)实施记录

结合实施过程,对照表 17-3 中的检查项目,勾选或填写实际的检查结果。

表 17-3　检测燃油压力的实施记录

车型:__________		发动机型号:__________		
检测项目		标准值	测量值	处理结果
燃油系统压力	静态压力	约 300 kPa		
	怠速压力	约 350 kPa		
	全负荷压力	约 400 kPa		
	保持压力	约 200 kPa		
汽油泵	燃油泵运转	运转正常	是 □　否 □	
	汽油泵最大压力	490～640 kPa		
	保持压力	约 350 kPa		
燃油滤清器		检查是否脏污	是 □　否 □	

六、检查

(一)自检

结合本组任务操作过程，对任务执行过程中的操作规范性进行检查，检查操作过程中是否存在以下问题，分析、讨论应如何避免并总结规范的操作方法(表 17-4)。

表 17-4　　自检

检查项目	检查结果
燃油压力表使用是否正确	是 □　否 □
测量燃油压力的方法和流程是否正确	是 □　否 □
对测量结果的处理方式是否正确	是 □　否 □
实施过程中是否存在安全隐患	是 □　否 □
检测汽油泵最大压力和保持压力的操作流程是否正确	是 □　否 □
工具是否摆放整齐，工作台上是否有明显油污	是 □　否 □

(二)互检

组与组之间相互进行操作过程及结果检查，并把检查结果填写在表 17-5 中。

表 17-5　　互检

检查项目	检查结果
对测量结果的处理方式是否正确	是 □　否 □
实施过程中是否存在安全隐患	是 □　否 □
工具是否摆放整齐，工作台上是否有明显油污	是 □　否 □

七、课堂小结

微课动画

实操视频

任务十八 汽油发动机燃油供给系统的检查（二）

<table>
<tr><th colspan="5">汽车发动机机械系统拆装与修理任务工单</th></tr>
<tr><td>客户信息</td><td colspan="2">姓名</td><td colspan="2">电话</td></tr>
<tr><td rowspan="2">车辆信息</td><td>车型</td><td colspan="2">VIN 码</td><td>行驶里程</td></tr>
<tr><td></td><td colspan="2"></td><td></td></tr>
<tr><td>客户描述</td><td colspan="4">发动机抖动 □ 发动机工作不良 □ 排气管冒蓝烟 □ 发动机漏油、漏水 □
发动机动力不足 □ 发动机加速不良 □ 发动机怠速不稳 □ 发动机异响 □
耗油量增大 □ 发动机烧机油 □ 水温过高 □ 发动机无法启动 □
其他：</td></tr>
<tr><td colspan="2">车辆外观检查</td><td colspan="3">车辆内部检查</td></tr>
<tr><td>凹凸 □</td><td rowspan="4"></td><td>污渍 □</td><td colspan="2" rowspan="4"></td></tr>
<tr><td>划痕 □</td><td>破损 □</td></tr>
<tr><td>石击 □</td><td>色斑 □</td></tr>
<tr><td>油漆 □</td><td>变形 □</td></tr>
<tr><td>明确具体工作任务</td><td colspan="4"></td></tr>
</table>

发动机基础检查					
机油液面	过高□ 过低□ 正常□	冷却液液面	过高□ 过低□ 正常□	气缸压力	无缸压□ 过低□ 正常□
发动机拆装检测项目					
曲柄连杆机构	配气机构	润滑系统	冷却系统	供给系统	启动与点火系统
气缸体检测 □	气缸盖检测 □	机油泵检测 □	水泵检测 □	燃油泵检测 □	启动机拆装检查□
活塞检测 □	进、排气门检测 □	机油油道检测□	节温器检测 □	滤清器检测 □	点火线圈检查 □
活塞环检测 □	气门弹簧检测□	滤清器检测 □	散热水箱检测□	喷油器检测 □	火花塞拆装检查□
连杆检测 □	气门座圈检测□	机油液面检测□	水管检测 □	燃油轨道检测 □	高压导线检查 □
曲轴检测 □	凸轮轴检测 □	机油压力检测□	密封性检测 □	油压调节器检测□	控制电路检查 □
轴瓦检测 □	液压挺柱检测□			燃油压力检测 □	
飞轮组检测 □	正时机构检测□			进气系统检测 □	
曲轴油封检测□				排气系统检测 □	

- 能够掌握燃油压力调节器、喷油器和燃油分配管的检查方法
- 能够找出故障原因，在实车上验证并排除故障
- 能够对故障最终结果做出解释和说明
- 能够根据工作原理对柴油机燃油供给系统进行初步故障诊断

任务内容

- 油压调节器的作用与结构
- 燃油压力调节器的检查
- 喷油器和燃油分配管的检查
- 喷油器清洗机的使用方法

- 油压调节器的检查
- 喷油器的检查

- 燃油压力调节器的检查
- 喷油器的检查

一、知识讲解

(一)燃油压力调节器的检测

1.燃油压力调节器的作用

燃油压力调节器能调节喷油器上的燃油压力，使油路中的燃油压力与进气管压力之差保持为 250～300 kPa，这样，从喷油器喷出的燃油量便只取决于喷油器的开启时间，使电控单元能够通过控制电脉冲宽度来精确控制喷油量。

燃油压力调节器一般安装在燃油导轨(油轨)上，用于调节燃油的共轨压力，从而控制喷油器的压力,如图 18-1 所示。

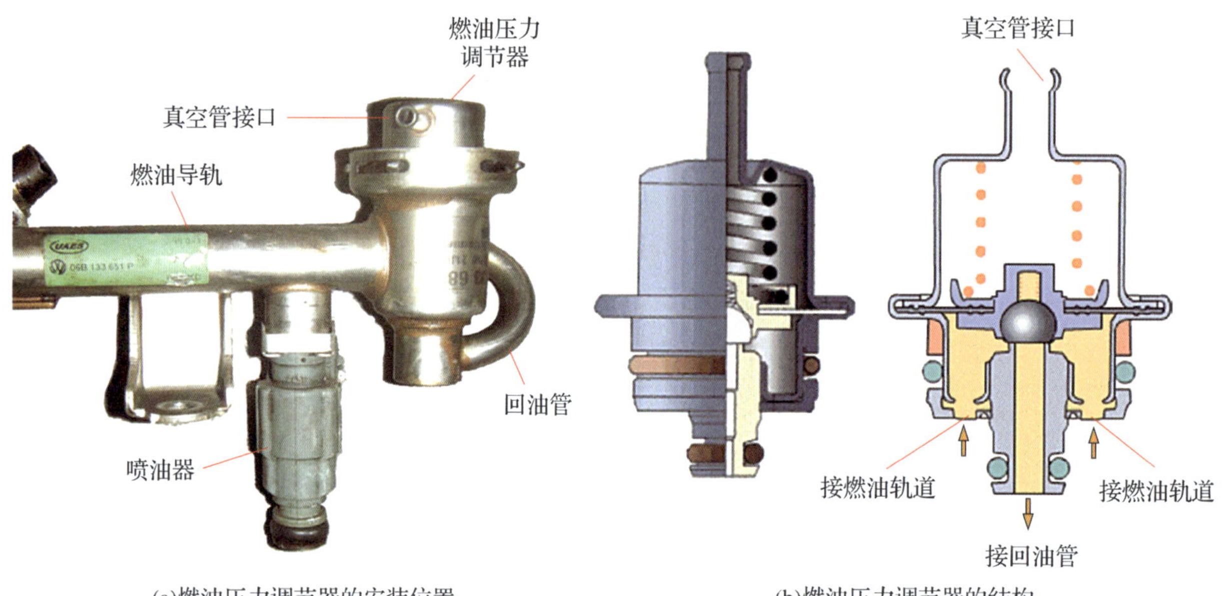

(a)燃油压力调节器的安装位置　　(b)燃油压力调节器的结构

图 18-1　燃油压力调节器

2.燃油压力调节器的检查

在检查燃油压力调节器之前,先保证燃油泵供油量正常,将燃油压力表接入供油管路中,启动发动机怠速运转,检测燃油压力,允许值约为 350 kPa。如达到允许值,拔掉燃油压力调节器的真空管(图 18-2),燃油压力升高到约 400 kPa 时,关闭点火开关,检查密封性并保持压力,观察燃油压力表的压力降。10 min 后,燃油压力应大于 200 kPa,如图 18-3 所示。

图 18-2　真空管的位置

图 18-3　读取燃油压力表的数值

(二)喷油器与燃油分配管的检测

1.喷油器的作用

喷油器的主要作用是将经计算机精确计量的燃油量在合适的时间喷入进气道或气缸

内,供发动机燃烧使用,如图 18-4 所示。

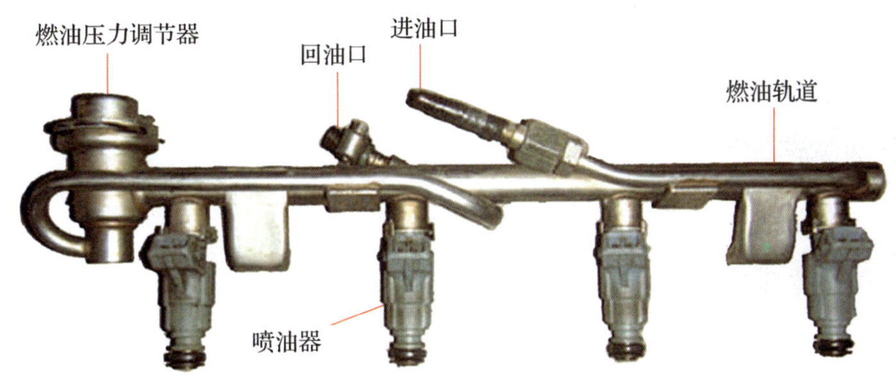

图 18-4 喷油器

2.喷油器的安装位置

根据燃油喷射位置不同,喷油器的安装位置也有所不同。喷射一般可以分为缸内喷射和进气道喷射两种。缸内喷射的发动机,喷油器安装在气缸盖上,燃油可以直接喷射到气缸内部;进气道喷射的发动机,喷油器安装在进气歧管上,将燃油喷入进气管或进气道内,如图 18-5 所示。

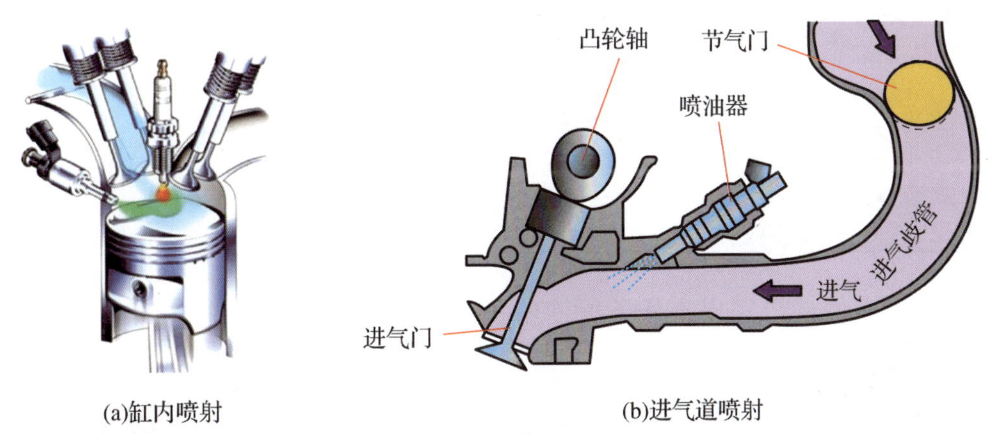

(a)缸内喷射 (b)进气道喷射

图 18-5 喷油器的分类及安装位置

3.喷油器故障对车辆的影响

喷油器出现故障后会造成喷油量下降、喷油雾化程度不好等故障,表现为启动困难或无法启动、排气冒黑烟等故障。

4.喷油器的检查

就车检查,保持发动机怠速运转,可逐缸拔掉喷油器的插头,查看发动机转速有无明显变化,以此来判断该缸喷油器是否工作。如无明显变化,说明该缸喷油器不正常,需要检修或更换。如果有明显变化,说明喷油器工作,但不保证工作完全正常。这时需要借助喷油器检测仪对喷油器进行喷油雾化和喷油量检查;如有雾化不良或喷油量不达标的喷油器应更换,如图 18-6 所示。

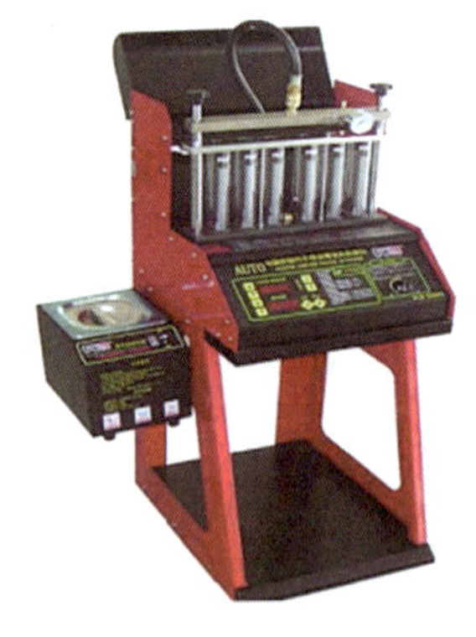

(a)喷油器清洗机

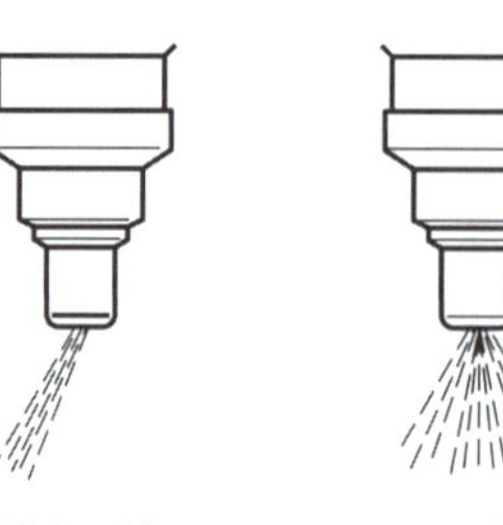
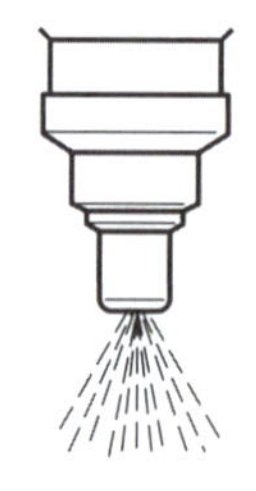
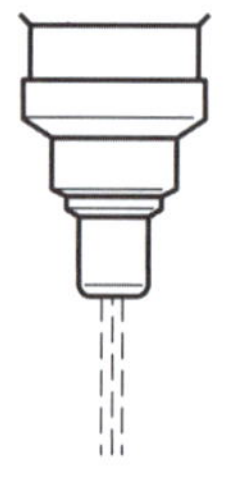
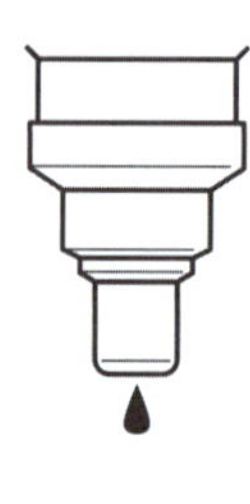

(b)喷油器雾化情况检查

图 18-6　喷油器的检查

5.燃油分配管的检查

燃油分配管(图 18-7)又称燃油导轨,它的主要作用是将汽油均匀、等压地输送给各缸喷油器,同时还有储油蓄压、减缓油压脉动的作用。检查时可以观察燃油分配管表面是否存在油污,若有油污,则说明燃油分配管存在油污渗漏,会导致压力下降。

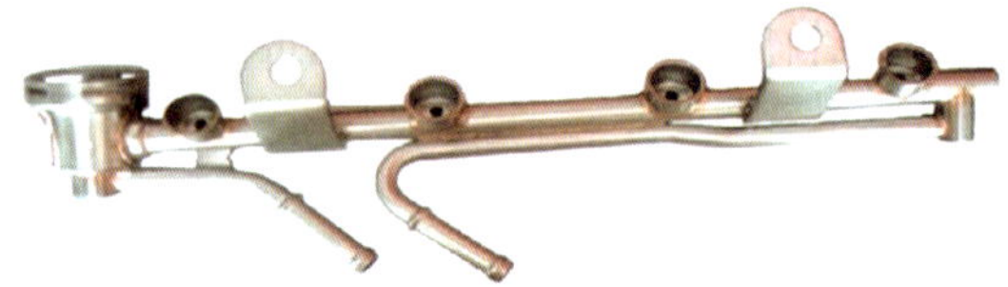

图 18-7　燃油分配管

二、任务准备

在下列图片中勾选出完成本任务所需的工具、设备等。

工具车	燃油压力表	三件套
工具套件	抹布	旋具套件

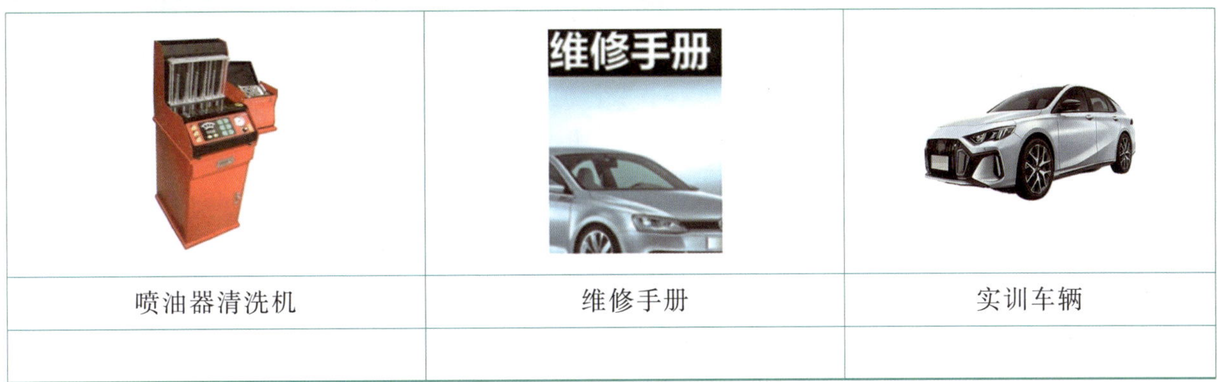

喷油器清洗机	维修手册	实训车辆

三、防护措施

(1)进入车间应穿工作鞋、戴工作帽;工作服应整洁、无破损;操作时不可佩戴手表等金属饰品,以防划伤车辆表面。

(2)采用正确的方法安装燃油压力表,安装之前应先对燃油系统进行泄压。

(3)实训车间严禁明火,拆卸燃油管路时,应使用抹布垫在燃油管路下方,滴落在零配件上的燃油应及时清理。

四、任务分配

任务分配见表 18-1。

表 18-1 任务分配

职务	代码	姓名	工作内容
组长	A		监督、管理组员工作
组员	B		准备实训所需车辆及设备
	C		
	D		准备实训所需工具及资料
	E		

五、任务实施

(一)操作流程

完成表 18-2 中每个工作步骤对应工作内容的排序。

表 18-2　操作步骤

工作步骤	项目工作	内容
1	安装燃油压力表	（ ）将变速杆置于空挡或驻车挡位置，启动发动机 （ ）拔掉燃油泵熔丝 （ ）安装防护三件套，接入尾排装置 （ ）车辆熄火后，再启动车辆 2～3 次，确保燃油系统无压力 （ ）将燃油压力表接入管路中并固定好
2	检查燃油压力调节器	(1)接通点火开关，怠速运转 (2)读取怠速时的燃油压力表数值 (3)拔掉燃油压力调节器真空管，读取燃油压力表数值 (4)10 min 后再观察燃油压力表，读取燃油压力表数值
3	就车检查喷油器	(1)启动发动机并保持怠速运转 (2)拔掉 1 缸喷油器，查看发动机转速有无明显变化 (3)采用此方法依次检查其他喷油器不工作后，对发动机转速有无影响
4	清洗、检测喷油器	(1)对发动机燃油系统进行泄压并断开燃油分配管与进油管、回油管的连接 （ ）取下燃油分配管上的喷油器，并使用喷油器清洗机清洗喷油器上的积炭 （ ）拔下各缸喷油器插头，拆下燃油分配管固定螺栓，将喷油器与燃油分配管一同取下 （ ）观察喷油器雾化质量、雾化角度及滴漏情况 （ ）把喷油器放到喷油器清洗机上安装牢固，调整相关参数后对喷油器进行清洗与检测 (6)检测完成后，使用吹尘枪清洁喷油器，并将其装复

(二)实施记录

结合实施过程，对照表 18-3 中的检查项目，勾选或填写实际的检查结果。

表 18-3　检查燃油供给系统的实施记录

车型：________		发动机型号：________			
检查燃油压力调节器	项目	标准值	测量值	是否合格	处理结果
	怠速时的燃油压力	约 350 kPa		是 □　否 □	
	拔下真空管后的燃油压力	约 400 kPa		是 □　否 □	
	熄火后的保持压力	大于 200 kPa		是 □　否 □	
就车检查喷油器	项目	转速		处理意见	
	怠速			无	
	拔下 1 缸喷油器			转速下降：喷油器正常 转速不变：喷油器故障，需维修或更换	
	拔下 2 缸喷油器				
	拔下 3 缸喷油器				
	拔下 4 缸喷油器				
	燃油分配管是否漏油	是 □　否 □		是：　　否：	
检查喷油器工作情况	项目	喷油量	喷油雾化是否正常	是否工作	
	1 缸喷油器		是□　否□	更换 □　继续使用 □	
	2 缸喷油器		是□　否□	更换 □　继续使用 □	
	3 缸喷油器		是□　否□	更换 □　继续使用 □	
	4 缸喷油器		是□　否□	更换 □　继续使用 □	

六、检查

(一)自检

结合本组任务操作过程，对任务执行过程中的操作规范性进行检查，检查操作过程中是否存在以下问题，分析、讨论应如何避免并总结规范的操作方法(表 18-4)。

表 18-4　　自检

检查项目	检查结果
用喷油器清洗机检查喷油量和喷油雾化情况是否正常	是 □　否 □
实施过程中是否存在安全隐患	是 □　否 □
对检查结果的处理是否合理	是 □　否 □
工具是否摆放整齐，工作台上是否有明显油污	是 □　否 □

(二)互检

组与组之间相互进行操作过程及结果检查，并把检查结果填写在表 18-5 中。

表 18-5　　互检

检查项目	检查结果
检测到的气缸压力值是否符合要求	是 □　否 □
实施过程中是否存在安全隐患	是 □　否 □
对检查结果的处理是否合理	是 □　否 □
工具是否摆放整齐，工作台上是否有明显油污	是 □　否 □

七、课堂小结

微课动画

实操视频

任务十九 柴油发动机燃油供给系统的检查

汽车发动机机械系统拆装与修理任务工单				
客户信息	姓名		电话	
车辆信息	车型	VIN 码	行驶里程	
客户描述	发动机抖动 □ 发动机动力不足 □ 耗油量增大 □ 其他：	发动机工作不良 □ 发动机加速不良 □ 发动机烧机油 □	排气管冒蓝烟 □ 发动机怠速不稳 □ 水温过高 □	发动机漏油、漏水 □ 发动机异响 □ 发动机无法启动 □
车辆外观检查		车辆内部检查		
凹凸 □		污渍 □		
划痕 □		破损 □		
石击 □		色斑 □		
油漆 □		变形 □		
明确具体工作任务				

发动机基础检查					
机油液面	过高□ 过低□ 正常□	冷却液液面	过高□ 过低□ 正常□	气缸压力	无缸压□ 过低□ 正常□

发动机拆装检测项目					
曲柄连杆机构	配气机构	润滑系统	冷却系统	供给系统	启动与点火系统
气缸体检测 □	气缸盖检测 □	机油泵检测 □	水泵检测 □	燃油泵检测 □	启动机拆装检查□
活塞检测 □	进、排气门检测 □	机油油道检测□	节温器检测 □	滤清器检测 □	点火线圈检查 □
活塞环检测 □	气门弹簧检测□	滤清器检测 □	散热水箱检测□	喷油器检测 □	火花塞拆装检查□
连杆检测 □	气门座圈检测□	机油液面检测□	水管检测 □	燃油轨道检测 □	高压导线检查 □
曲轴检测 □	凸轮轴检测 □	机油压力检测□	密封性检测 □	油压调节器检测□	控制电路检查 □
轴瓦检测 □	液压挺柱检测□			燃油压力检测 □	
飞轮组检测 □	正时机构检测□			进气系统检测 □	
曲轴油封检测□				排气系统检测 □	

- 能够根据工作原理，对柴油发动机燃油供给系统进行初步故障诊断

- 柴油发动机燃油供给系统的组成
- 柴油发动机低压油路的检查
- 柴油发动机高压油路的检查

- 柴油发动机燃油供给系统的组成
- 柴油发动机燃油供给系统的工作原理
- 柴油发动机燃油供给系统的检查方法

- 柴油发动机燃油供给系统故障检查

一、知识讲解

(一)柴油发动机燃油供给系统的组成

柴油发动机由曲柄连杆机构、配气机构、燃油供给系统、润滑系统、冷却系统和启动系统等组成。跟汽油发动机不同的是，柴油发动机采用的是压燃法，所以无点火系统。

柴油发动机无法启动或启动困难一般与燃油供给系统有关，柴油发动机燃油供给系统由低压油路、高压油路和控制系统三部分组成，如图 19-1 所示。燃油供给系统出现故障后容易引起怠速不稳、加速不良、容易熄火、不易启动等问题。

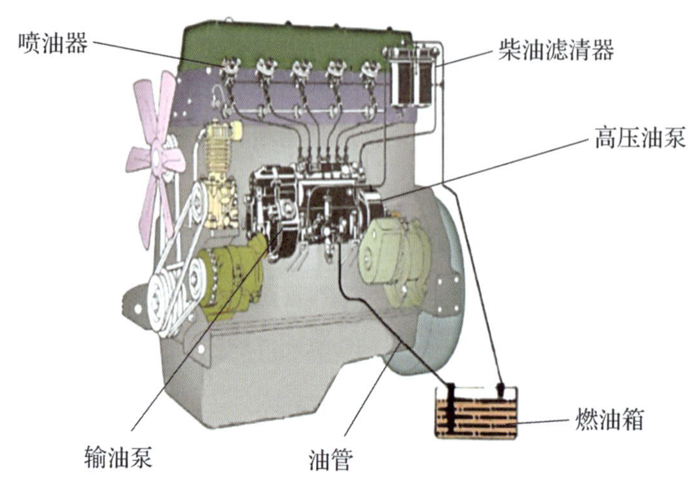

图 19-1　柴油发动机燃料供给系统的组成

(二)柴油发动机低压油路的检查

1.低压油路的组成

从燃油箱到高压油泵入口的这段油路称为低压油路。低压油路由燃油箱、输油泵、低压油管、柴油粗滤器(油水分离器)、柴油细滤器等组成,如图 19-2 所示。

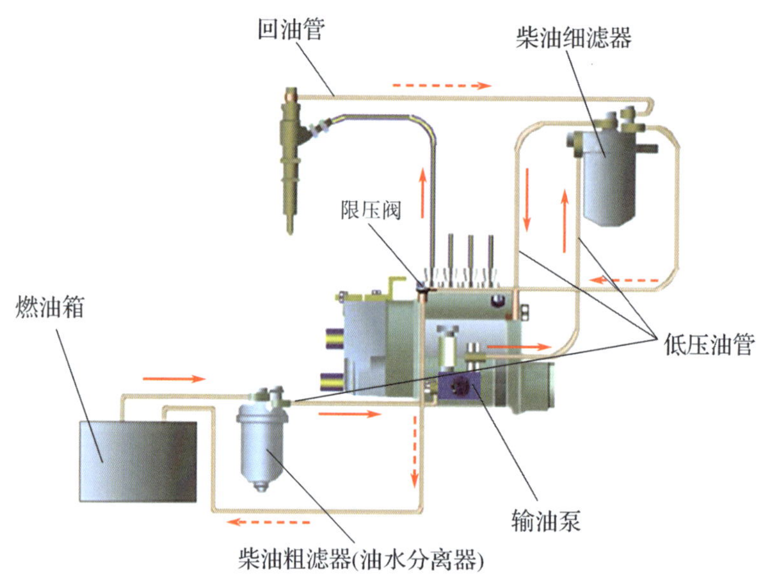

图 19-2　柴油发动机低压油路的组成

2.低压油路的检查

首先,检查油箱的油面是否过低或没油,油管是否堵塞或漏气等,应视情况补充柴油或进行维修。其次,用手动油泵(图 19-3)泵油,若拉出手动油泵泵柄时,明显感到有吸力,松手后又自动回位,表明燃油箱至输油泵之间的油路堵塞,应进行拆检。

如果用手动油泵泵油,感到来油不畅,无正常的泵油阻力,而且泵油多次也不出油,说明低压油路有堵塞或破损、油泵活塞磨损过甚、输油泵出油阀卡滞或密封不严,应重点检查。

若向上拉出手动油泵泵柄时感到无吸力，但在压下手动油泵泵柄时感到阻力很大，说明柴油滤清器（柴油粗滤器和柴油细滤器）滤芯、输油泵滤网或柴油滤清器到喷油泵之间的油路堵塞，应拆下清洗、疏通或更换滤芯。旋松输油泵出油接头，拉动手动油泵拉钮，若排出的油有气泡，说明输油泵至燃油箱这段油管接头松动。若排出的是柴油，说明前段油管无故障，是柴油滤清器或高压油泵（图 19-4）之后的高压油路有故障。

图 19-3　手动油泵

图 19-4　高压油泵

3.输油泵的作用

输油泵（图 19-5）的作用是保证低压油路中柴油的正常流动，克服柴油滤清器和管路中的阻力，并以一定的压力向高压油泵输送足量的柴油，输油泵的出油压力一般为 0.15～3 MPa（1.5～3.0 bar），输油量为柴油机全负荷最大耗油量的 3～4 倍。

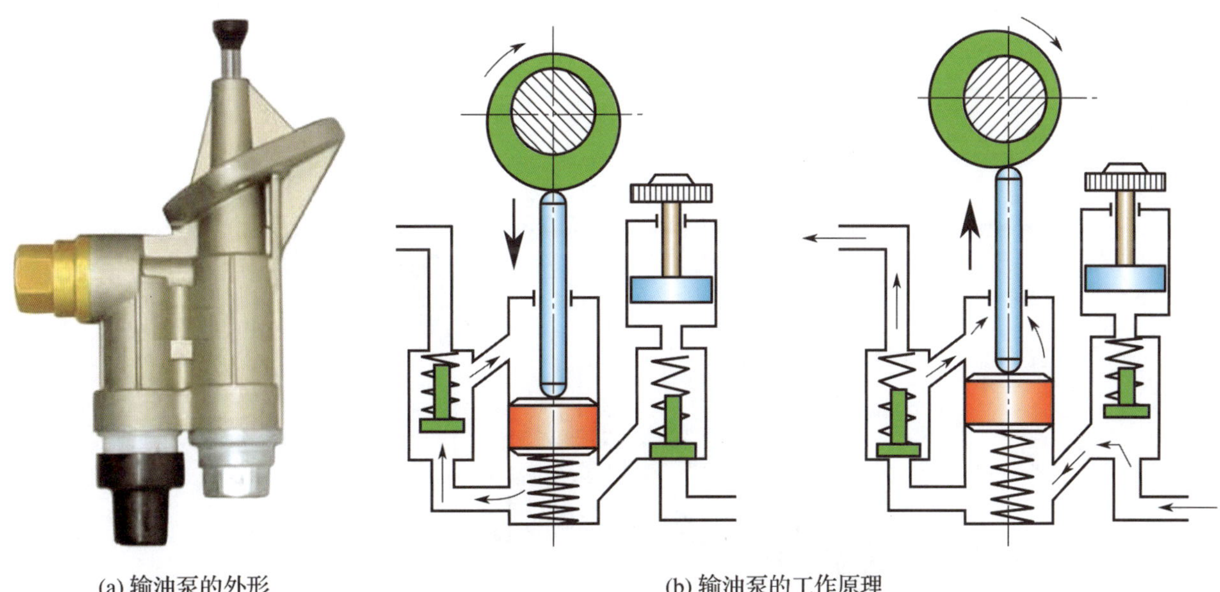

(a) 输油泵的外形　　(b) 输油泵的工作原理

图 19-5　输油泵的外形及工作原理

4.输油泵的检查

输油泵的检查应在柴油管路畅通无阻、密封而无空气的情况下进行。检查时，拧松高压油泵上的放气螺塞，并在按下发动机启动按钮的同时，观察放气螺塞处的流油情况。若柴油向外喷出，说明输油泵工作正常；若喷油不畅或不喷油，说明输油泵泵油不良或不泵油。

5.油路堵塞的处理方法

采用分段断开式，通过感知手动油泵阻力来判断堵塞位置。如某段管路或元件断开前后手动油泵阻力有明显区别，则此段油路或元件就是堵塞位置，可接通气压较大的压缩空气来疏通阻塞位置；如不能疏通，则应更换相关部件。

6.油路泄漏的处理方法

柴油机燃油供给系统若发生 油量不足、油路漏油或密封不严，则将使空气从漏油处进入，使燃油管道内产生气泡，形成气阻，影响供油的均匀性，导致柴油机启动困难、动力不足或运转不稳，甚至不能启动等问题。

常规的排气方法：用旋具或扳手将高压油泵两侧上端的任一放气螺塞拧松数圈，用手挤压手动油泵至排出的柴油连续、通畅、无气泡为止。在排除泄漏的过程中，多采用透明软管分段跨接的方法，利用透明软管的可视特性，观察跨接管内的气泡，从而找到泄漏点。跨接透明软管后可利用手动油泵排气和启动发动机的方式进行观察。

(三)柴油发动机高压油路的检查

1.高压油路的组成

柴油发动机燃油供给系统高压油路主要由高压油泵、高压油管和喷油器等组成(图 19-6)。与低压油路故障类似，高压油路一般容易出现的故障有怠速不稳、加速不良、容易熄火、不易启动等。

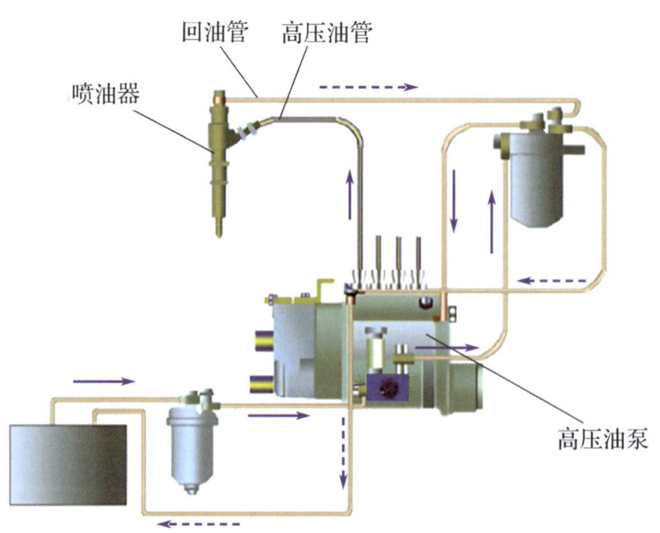

图 19-6　柴油发动机燃油供给系统高压油路

柴油机高压共轨供油系统是柴油发动机高压油路的一种供油方式，它利用高压油泵将高压燃油输送到共轨油管，通过共轨油管内的油压实现精准控制，使高压油管内压力的大小与发动机转速无关，从而大幅减小柴油发动机供油压力随发动机转速变化的程度。高压油路是将喷射压力的产生和喷射过程完全分开的一种供油方式。柴油是通过高压油泵输送到共轨油管的，如图 19-7 所示。

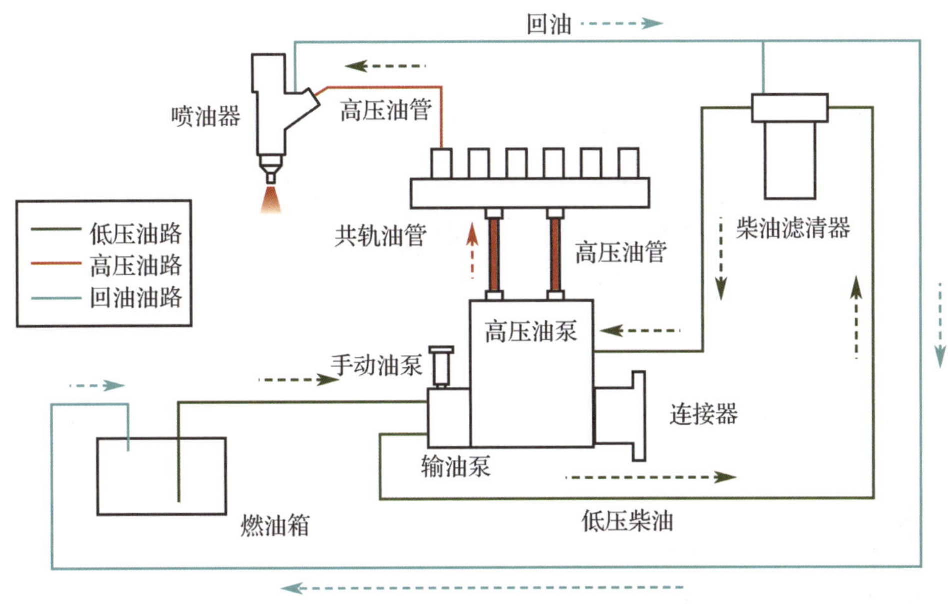

图 19-7 柴油发动机高压共轨供油系统

2.高压油泵的作用

高压油泵能按照发动机的工作顺序、负荷大小，定时、定量、定压地向喷油器输送高压柴油。

高压油泵由泵体、分泵、传动机构等组成。分泵是每个气缸所对应的一套柱塞偶件、出油阀偶件等零件组成的高压油泵机构。利用柱塞在柱塞套内的往复运动吸油和压油，每一副柱塞与柱塞套只向一个气缸供油，如图 19-8 所示。

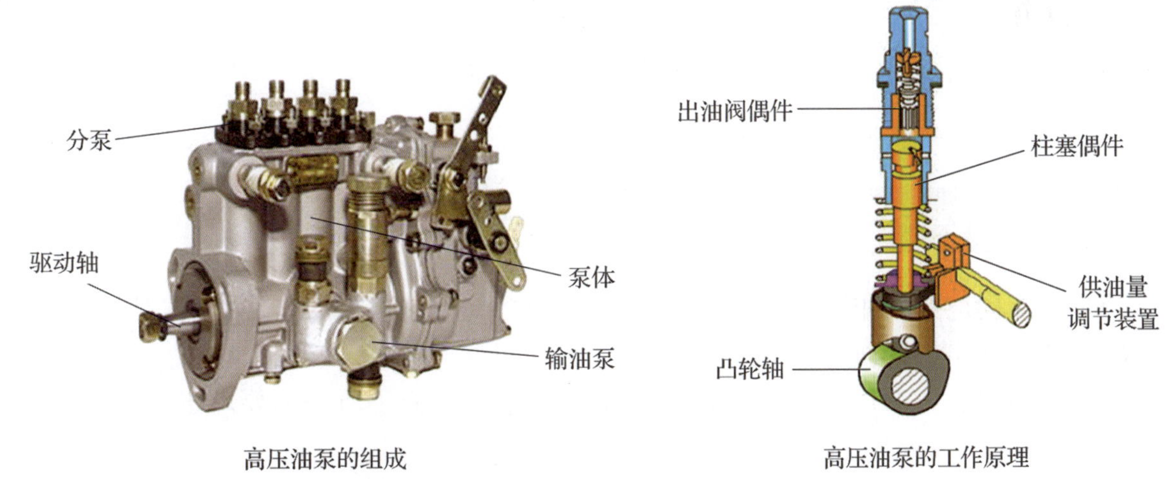

图 19-8 高压油泵的组成及工作原理

3.高压油路易损部位的检查

分泵是高压油路的易损部位，可以用肉眼检查柱塞偶件或出油阀偶件是否有划痕、腐蚀等损伤。除此之外，还要检查高压油管、高压油泵是否漏油等。

二、任务准备

在下列图片中勾选出完成本任务所需的工具、设备、资料等。

 工具车	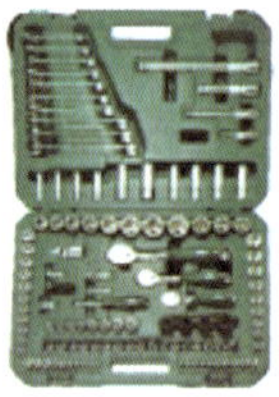 工具套装	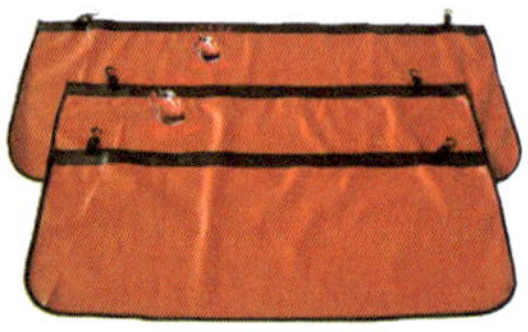 三件套	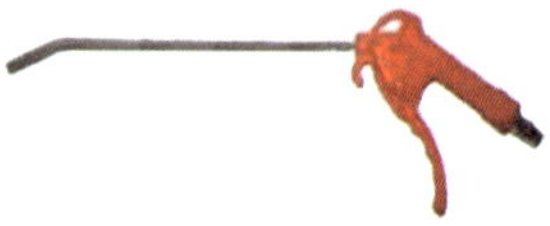 吹尘枪
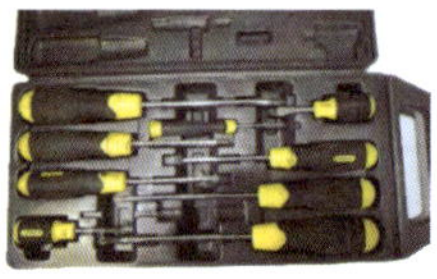 旋具套件	 清洗油盆	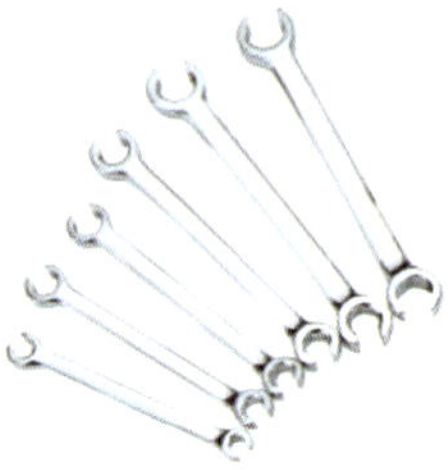 油管扳手	 抹布
维修手册	柴油发动机实训设备	实训车辆	

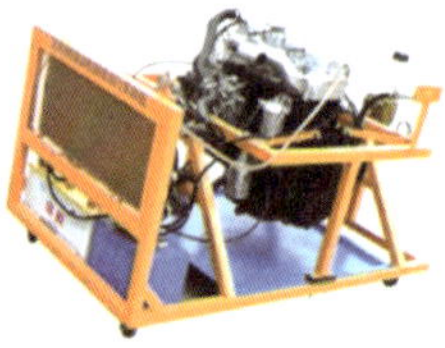

三、防护措施

（1）进入车间应穿工作鞋、戴工作帽；工作服应整洁、无破损；操作时不可佩戴手表等金属饰品，以防划伤车辆表面。

（2）拆卸与组装柴油机燃油供给系统时，应严格按照维修手册中的要求进行操作，以免损坏零部件。

（3）正确使用维修工具，以免造成发动机不必要的损坏。

四、任务分配

任务分配见表 19-1。

表 19-1 任务分配

职务	代码	姓名	工作内容
组长	A		监督、管理组员工作
组员	B		准备实训所需车辆及设备
	C		
	D		准备实训所需工具及资料
	E		

五、任务实施

(一)操作流程

操作步骤见表 19-2。

表 19-2 操作步骤

工作步骤	项目	工作内容
1	准备工作与故障验证	(1)车辆停好并铺好防护三件套 (2)观察车辆并记录相关信息 (3)启动车辆,观察并记录车辆启动的状态和现象 (4)验证车辆故障后将其熄火并停放好
2	检查低压油路	(1)松开低压油路接头,检查低压油路是否有空气 (2)拆卸手动油泵低压油管接头,用手压手动油泵,观察油液变化情况 (3)检测低压油路各接头是否泄漏
3	检查高压油路	(1)目测高压油路是否有渗漏 (2)断油试验、排气
4	收尾工作	(1)排除故障并验证,拆除诊断材料 (2)填写项目单,监督本组计划执行和安全情况 (3)将检查工具放回原位

(二)实施记录

结合实施过程,对照表 19-3 中的检查项目,填写实际的检查结果。

表 19-3 检查柴油发动机燃油供给系统的实施记录

检查项目	记录
故障验证(记录看到的故障现象)	
低压油路是否存在泄漏	
低压管路有无空气	
高压管路是否存在泄漏	
高压管路有无空气	
故障排除方法	

六、检查

(一)自检

结合本组任务操作过程,对任务执行过程中的操作规范性进行检查,检查操作过程中是否存在以下问题,分析、讨论应如何避免并总结规范的操作方法(表 19-4)。

表 19-4 自检

检查项目	检查结果
车辆是否顺利启动	是 □　否 □
低压油路是否有油液渗漏	是 □　否 □
启动车辆时高压油路是否有渗漏	是 □　否 □
工位是否干净整洁	是 □　否 □
故障是否排除	是 □　否 □
工具、设备是否清洁并归位	是 □　否 □

(二)互检

组与组之间相互进行操作过程及结果检查,并把检查结果填写在表 19-5 中。

表 19-5 互检

检查项目	检查结果
车辆是否顺利启动	是 □　否 □
低压油路是否有油液渗漏	是 □　否 □
启动车辆时高压油路是否有渗漏	是 □　否 □
工位是否干净整洁	是 □　否 □

七、课堂小结

微课动画

实操视频

任务二十 启动系统与点火系统的拆装与检查

<table>
<tr><th colspan="5">汽车发动机机械系统拆装与修理任务工单</th></tr>
<tr><td>客户信息</td><td colspan="2">姓名</td><td colspan="2">电话</td></tr>
<tr><td rowspan="2">车辆信息</td><td>车型</td><td colspan="2">VIN 码</td><td>行驶里程</td></tr>
<tr><td></td><td colspan="2"></td><td></td></tr>
<tr><td>客户描述</td><td colspan="4">发动机抖动 ☐ 发动机工作不良 ☐ 排气管冒蓝烟 ☐ 发动机漏油、漏水 ☐
发动机动力不足 ☐ 发动机加速不良 ☐ 发动机怠速不稳 ☐ 发动机异响 ☐
耗油量增大 ☐ 发动机烧机油 ☐ 水温过高 ☐ 发动机无法启动 ☐
其他：</td></tr>
<tr><td colspan="2">车辆外观检查</td><td colspan="3">车辆内部检查</td></tr>
<tr><td>凹凸 ☐
划痕 ☐
石击 ☐
油漆 ☐</td><td></td><td>污渍 ☐
破损 ☐
色斑 ☐
变形 ☐</td><td colspan="2"></td></tr>
<tr><td>明确具体工作任务</td><td colspan="4"></td></tr>
</table>

发动机基础检查					
机油液面	过高□ 过低□ 正常□	冷却液液面	过高□ 过低□ 正常□	气缸压力	无缸压□ 过低□ 正常□
发动机拆装检测项目					
曲柄连杆机构	配气机构	润滑系统	冷却系统	供给系统	启动与点火系统
气缸体检测 □	气缸盖检测 □	机油泵检测 □	水泵检测 □	燃油泵检测 □	启动机拆装检查□
活塞检测 □	进、排气门检测 □	机油油道检测□	节温器检测 □	滤清器检测 □	点火线圈检查 □
活塞环检测 □	气门弹簧检测□	滤清器检测 □	散热水箱检测□	喷油器检测 □	火花塞拆装检查□
连杆检测 □	气门座圈检测□	机油液面检测□	水管检测 □	燃油轨道检测 □	高压导线检查 □
曲轴检测 □	凸轮轴检测 □	机油压力检测□	密封性检测 □	油压调节器检测□	控制电路检查 □
轴瓦检测 □	液压挺柱检测□			燃油压力检测 □	
飞轮组检测 □	正时机构检测□			进气系统检测 □	
曲轴油封检测□				排气系统检测 □	

- 能够根据工作原理，对启动系统与点火系统进行初步故障诊断
- 能够遵守操作、劳动纪律与环保要求
- 能够用资料说明、核查、评价自身的工作成果

任务内容

- 启动系统的作用与组成
- 启动系统拆装检测流程及注意事项
- 点火系统的作用与组成
- 点火系统的拆装与检查

- 启动系统的组成及工作原理
- 点火系统的组成及工作原理
- 启动系统故障检查与排除
- 点火系统故障检查与排除

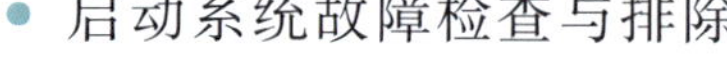

任务难点

- 启动系统故障检查与排除
- 点火系统故障检查与排除

一、知识讲解

(一)启动系统的检查

1.启动系统的作用与组成

启动系统一般由启动机、点火开关、蓄电池、启动线路等组成(图 20-1)。启动系统的作

用是将电能转变为机械能,带动曲轴旋转,启动发动机。

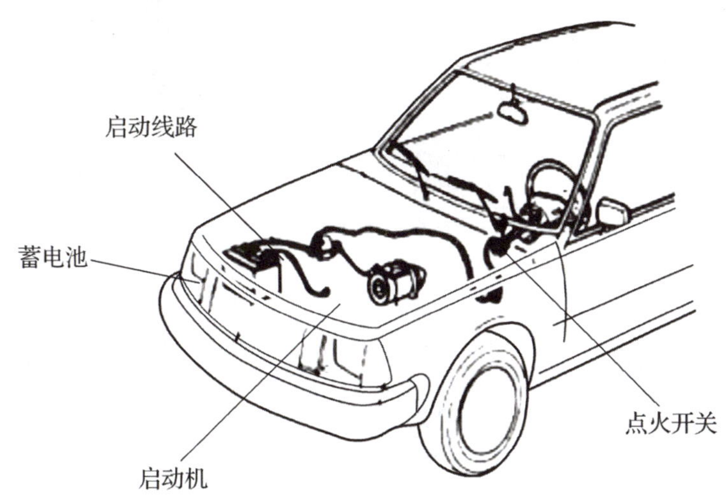

图 20-1 启动系统的组成

2.启动机的组成

家用轿车基本全部采用电磁啮合式启动机,其由电动机、电磁操纵机构和传动机构等部分组成,如图 20-2 所示。

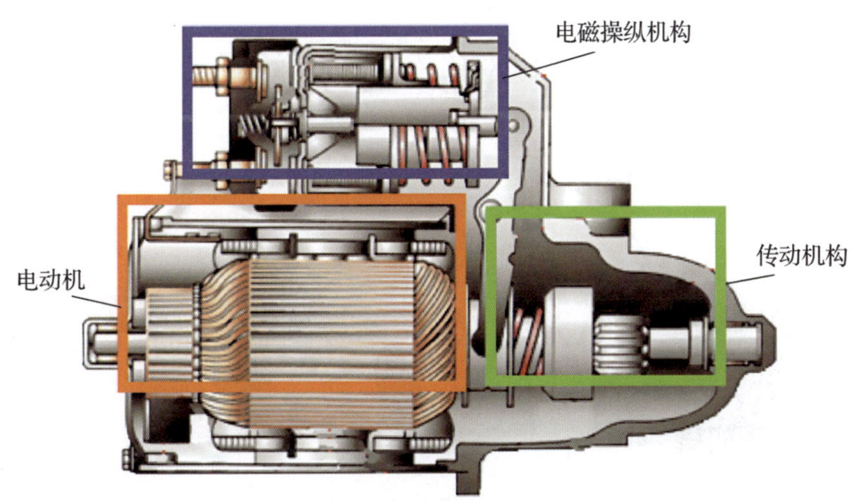

图 20-2 电磁啮合式启动机的组成

3.启动机传动机构的作用

传动机构的作用是将直流电动机的转矩传递给发动机的飞轮,带动发动机转动。传动机构的主要部件是单向离合器,如图 20-3 所示,它的作用是单方向传递转矩。单向离合器有滚柱式、摩擦片式和扭簧式三种。

4.电磁操纵机构的作用

电磁操纵机构又称电磁开关,用来控制启动机主电路的通与断,并操纵传动机构工作,

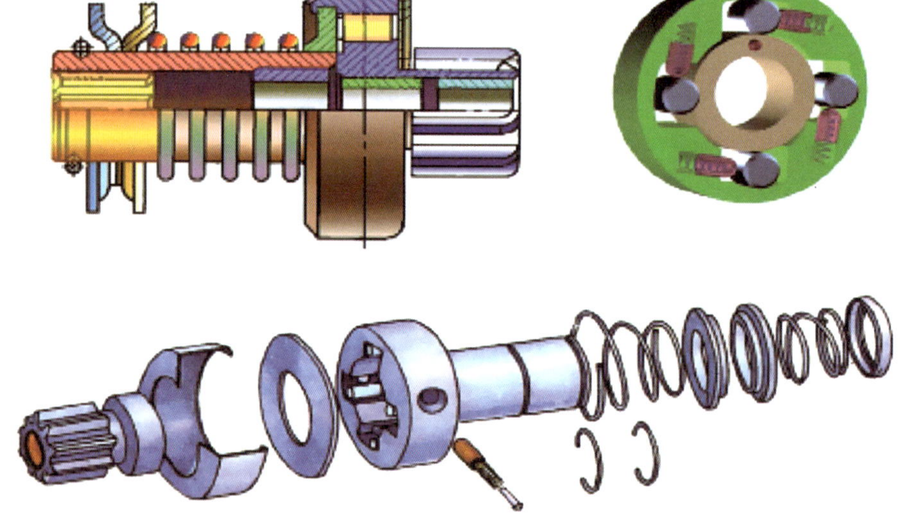

图 20-3　单向离合器

如图 20-4 所示。

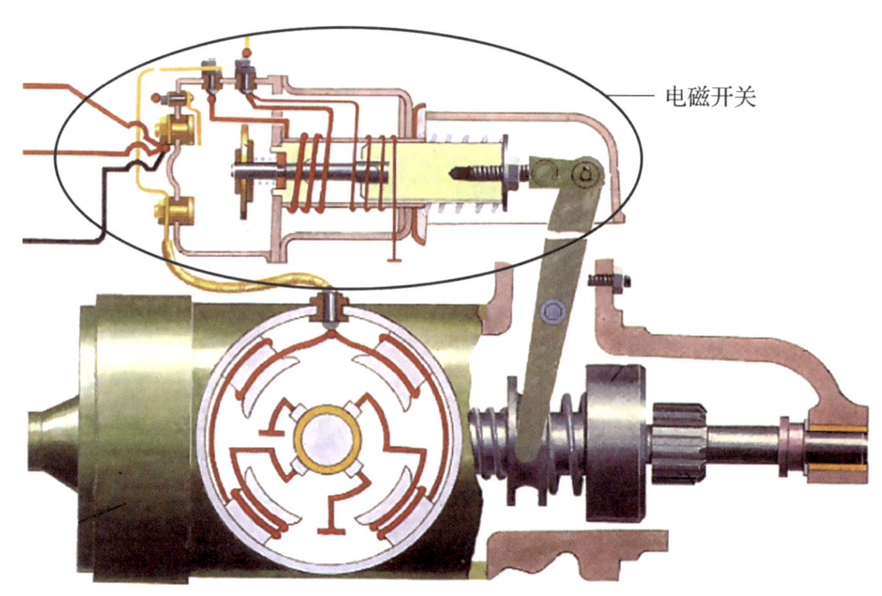

图 20-4　启动机电磁开关

5.电磁操纵机构的检查

电磁操纵机构的检查可分为以下三步：

第一步：吸拉动作试验。将启动机固定到台虎钳上，拆下启动机端子“C”上的磁场绕组电缆引线端子，用带夹电缆将启动机“C”端子和电磁开关壳体与蓄电池负极连接。用带夹电缆将启动机“50”端子与蓄电池正极连接，此时驱动齿轮应向外移动。若驱动齿轮不动，则说明电磁开关有故障，如图 20-5(a)所示。

第二步：保持动作试验。在吸拉动作基础上，当驱动齿轮保持在伸出位置时，拆下电磁

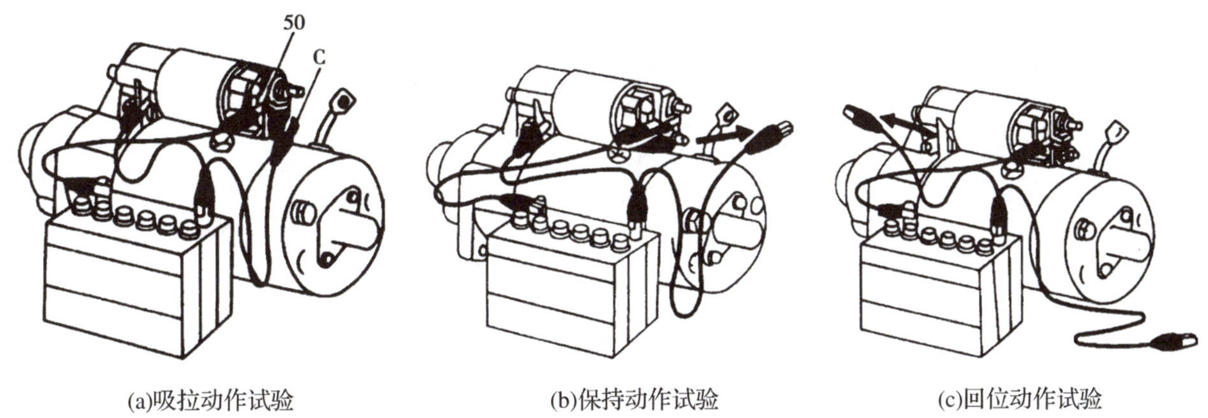

图 20-5 启动机操纵机构的检查

开关“C”端子上的电缆夹，此时驱动齿轮应保持在伸出位置不动。若驱动齿轮回位，则说明保持线圈断路，如图 20-5(b)所示。

第三步：回位动作试验。在保持动作的基础上，再拆下启动机壳体上的电缆夹，此时驱动齿轮应迅速回位。若驱动齿轮不能回位，则说明回位弹簧失效，应更换弹簧或电磁开关总成，如图 20-5(c)所示。

6. 启动机的拆卸

启动机安装在发动机舱内，如图 20-6 所示。

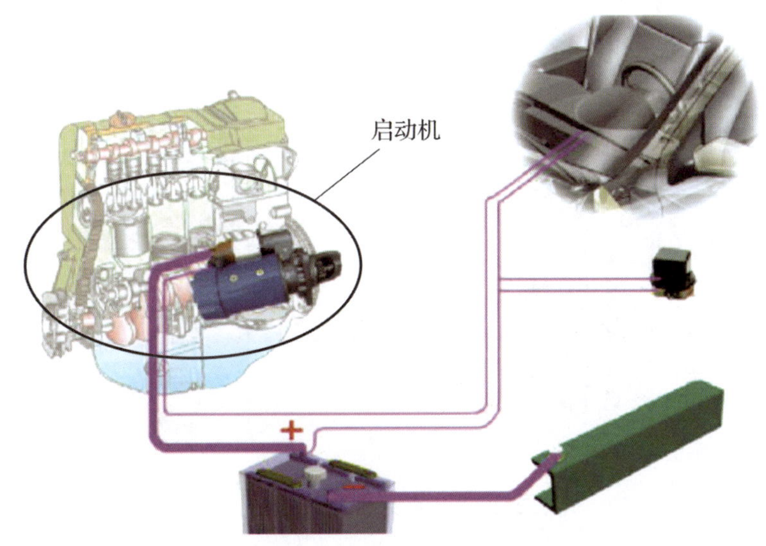

图 20-6 启动机的安装位置

在拆卸启动机之前应先断开蓄电池负极线，注意拆卸蓄电池接线之前要确定车辆是否配备原车防盗及收音机防盗功能，如配备要先找到密码；然后移除防短路盖，拆下启动机电缆，拔下连接器；最后拧下启动机螺栓，拆下启动机总成。启动机的拆卸步骤如图 20-7 所示。

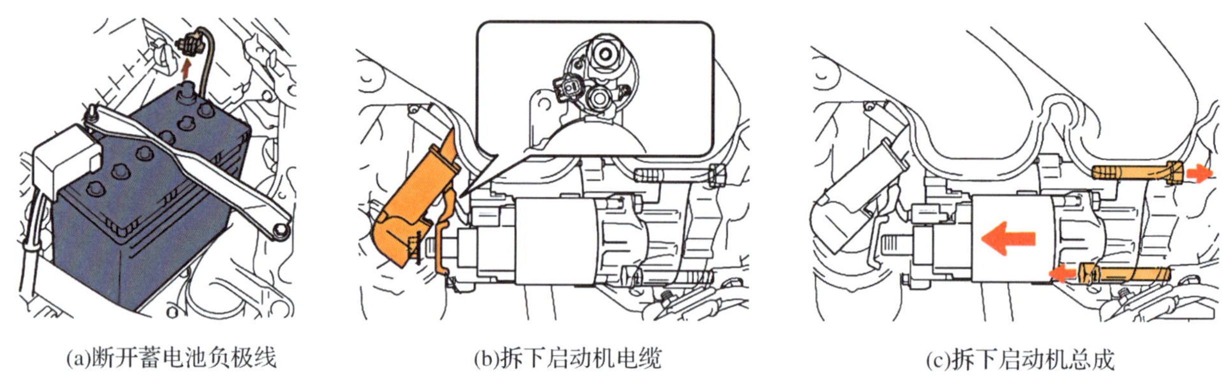

(a)断开蓄电池负极线　　(b)拆下启动机电缆　　(c)拆下启动机总成

图 20-7　启动机的拆卸步骤

(二)点火系统的检查

1.点火系统的作用与组成

点火系统由分电器、电子控制单元、点火线圈、高压缸线、火花塞、各种传感器等组成，如图 20-8 所示。它的作用是根据发动机的做功顺序，在适当的时刻提供足够强度的电火花点燃混合气。

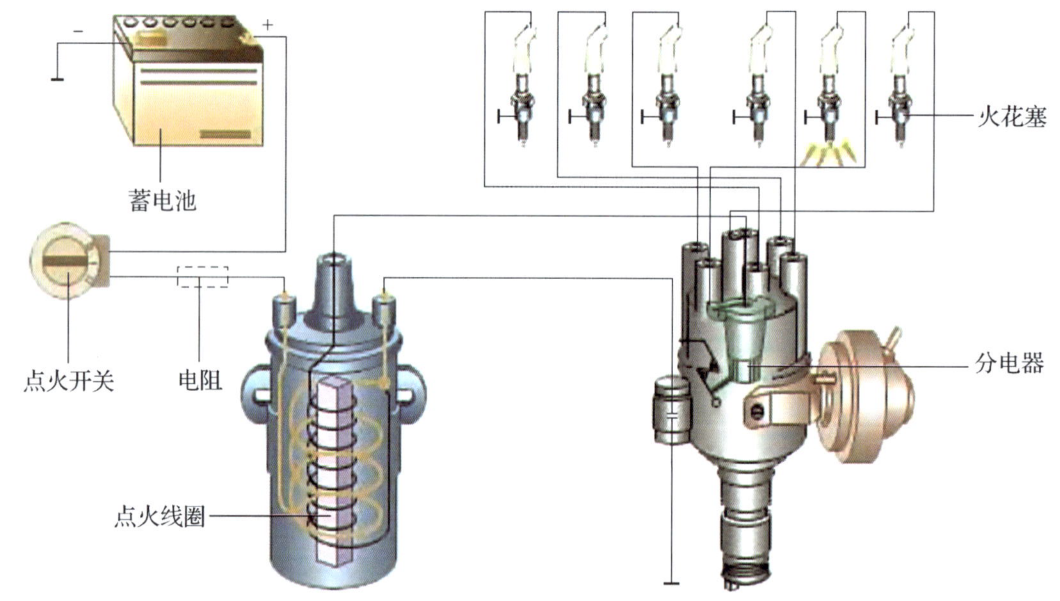

图 20-8　点火系统的组成

2.点火线圈的检查

拆卸点火线圈，对于独立点火系统的点火线圈(图 20-9)主要检查其外观是否破损，绝缘皮是否老化、龟裂。

3.高压缸线的检查

高压缸线(图 20-10)负责将点火线圈产生的高压电传递到火花塞，不能出现绝缘皮破损、龟裂、老化等漏电现象。

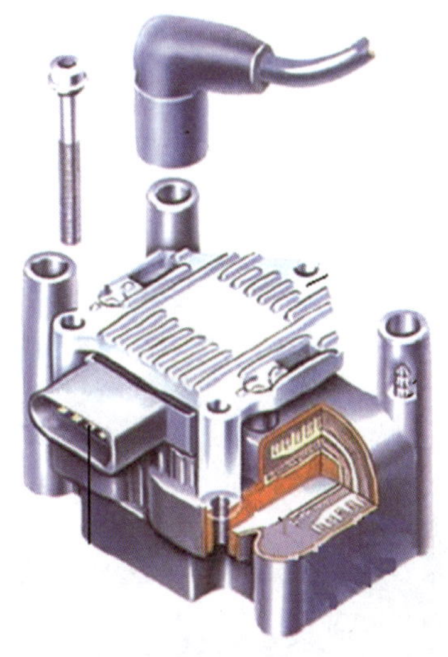

(a)分组点火线圈

(b)独立点火线圈

图 20-9 点火线圈的类型

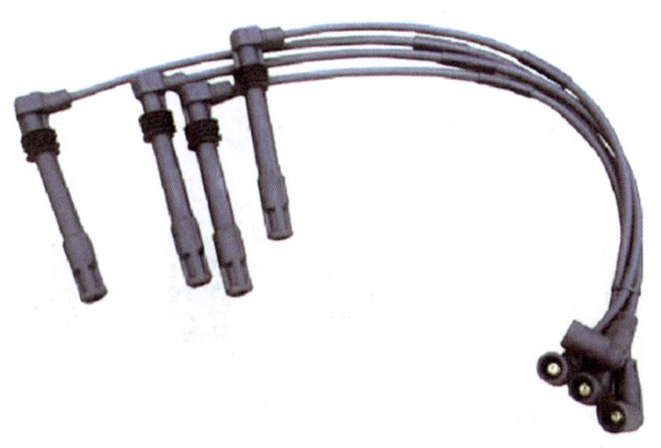

图 20-10 高压缸线

4.火花塞的一般故障

火花塞(图 20-11)的作用是将点火线圈产生的高压电引入燃烧室,在电极间产生强烈的电火花,进而点燃混合气。火花塞应该选择相应的型号和热值。另外,电极间隙也应在标准范围内,间隙过大会导致击穿电压高,跳火可靠性差;间隙过小会导致有效点火能力降低,如不符合须调整。

(a)火花塞头部

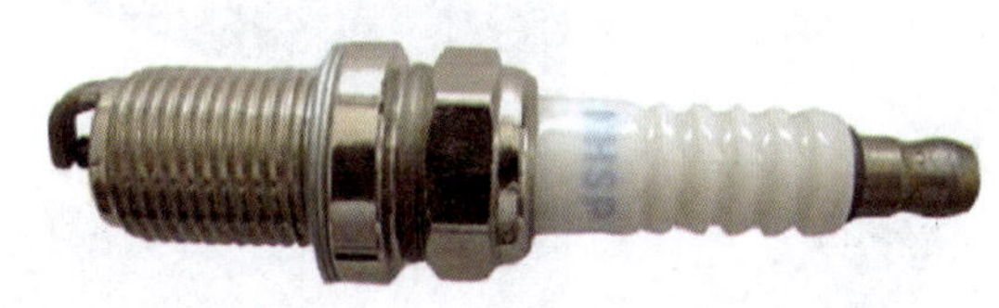

(b)火花塞外形

图 20-11 火花塞

5.火花塞的拆检

在检查火花塞时，可以用火花塞套筒扳手拆下火花塞，对 4 个气缸进行火花塞跳火试验。车内操作人员进行点火，车外操作人员将火花塞靠近排气管，跳火过程中注意观察火花强度及跳火频率，如图 20-12 所示。

(a)拆卸火花塞

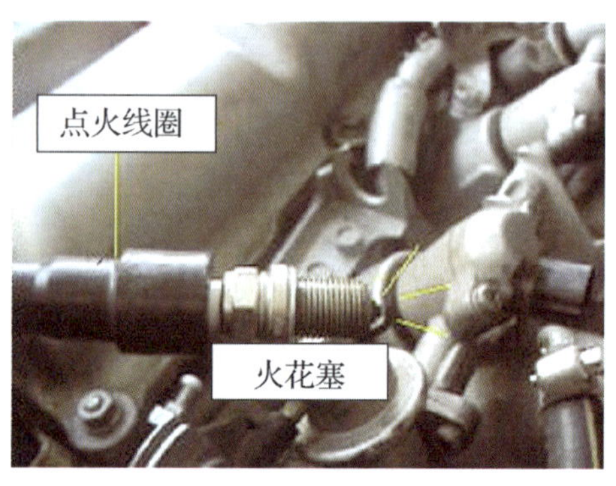

(b)检查火花塞跳火情况

图 20-12　火花塞跳火试验

然后，对火花塞进行外部检查，检查其外观是否有积炭、淹缸、机油浸入、中央电极烧损、侧电极烧损、过度燃烧、绝缘体破裂等现象，如图 20-13 所示。

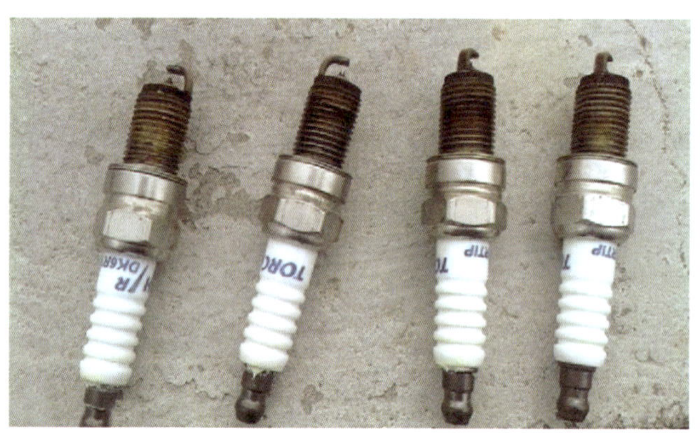

图 20-13　火花塞外观检查

最后，使用塞尺检查火花塞电极间隙，应为 0.9～1.1 mm，而且 4 只火花塞间隙应保持一致，如图 20-14 所示。

(a)清理火花塞间隙积炭

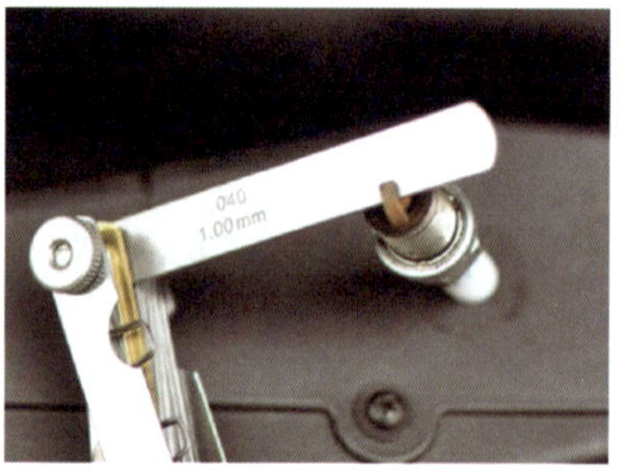

(b)检查火花塞间隙

(c)观察火花塞电极燃烧情况

图 20-14　火花塞电极间隙的检查

二、任务准备

在下列图片中勾选出完成本任务所需的工具、设备、资料等。

 工具车	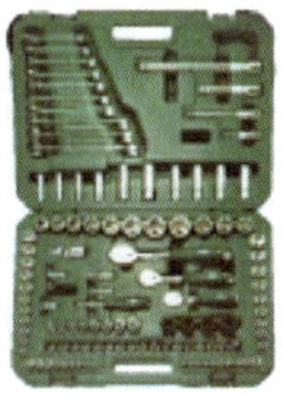 工具套装	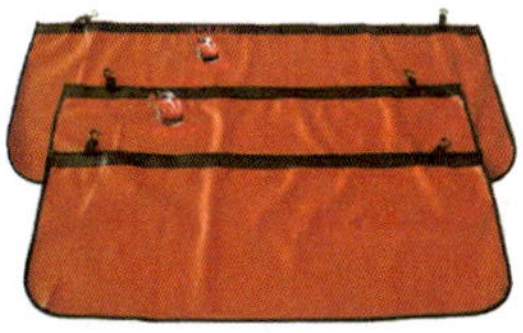 三件套	 吹尘枪
 抹布	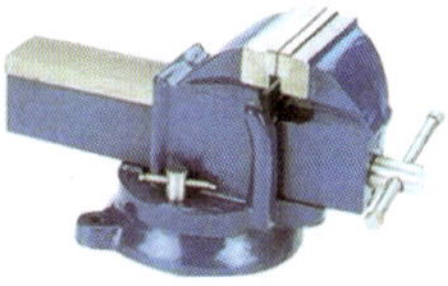 台虎钳	 带夹电缆	 火花塞套筒扳手
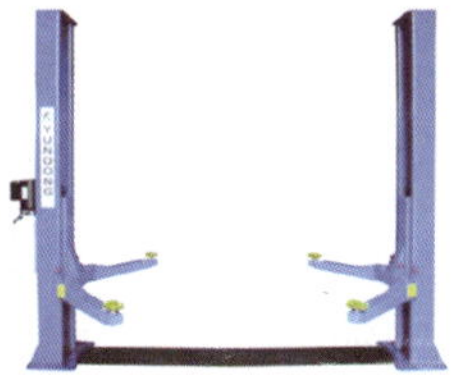 举升机	 维修手册	 发动机实训设备	 实训车辆

三、防护措施

（1）进入车间应穿工作鞋、戴工作帽；工作服应整洁、无破损；操作时不可佩戴手表等金属饰品，以防划伤车辆表面。

（2）举升车辆时应严格按照举升机使用方法进行操作，并通知其他人员远离举升设备。

（3）在发动机舱内进行作业时，严禁启动发动机，以免对操作人员造成伤害。

四、任务分配

任务分配见表 20-1。

表 20-1　　任务分配

职务	代码	姓名	工作内容
组长	A		监督、管理组员工作
组员	B		准备实训所需车辆及设备
	C		
	D		准备实训所需工具及资料
	E		

五、任务实施

(一)操作流程

完成表 20-2 中每个工作步骤对应工作内容的填写。

表 20-2　　操作步骤

工作步骤	项目	工作内容
1	拆卸启动机	(1)安装防护三件套 (2) (3) (4) (5)
2	分解、检查启动机	(1)拆卸启动机电磁操纵机构固定螺栓,取下电磁操纵机构 (2)拆除操纵机构铁芯与分离杠杆的挂钩,并取下电磁操纵机构铁芯 (3)拆除位于启动机电动机尾部的两个长螺栓,取下启动机电动机总成 (4)对启动机进行检查 (5)完成启动机检查后,装复启动机
3	检查启动机总成	(1) (2) (3) (4) (5) (6)
4	安装启动机	(1)对启动机各元件进行清洗,并使用高压气体吹干 (2) (3) (4) (5) (6)

续表

工作步骤	项目	工作内容
5	检查点火系统	(1)拔下高压缸线,使用吹尘枪和抹布清理点火线圈周围的尘土,并将点火线圈拆下 (2)检查点火线圈与高压缸线是否存在绝缘皮龟裂、老化、损坏 (3)清洁火花塞周围并拆下所有火花塞 (4)对火花塞进行外观检查,并检查火花塞间隙 (5)连接点火线圈插接器,依次连接各缸火花塞进行跳火试验 (6)安装火花塞和点火线圈

(二)实施记录

结合实施过程,对照表20-3中的检查项目,勾选或填写实际的检查结果。

表20-3　　检查发动机启动系统与点火系统的实施记录

<table>
<tr><th colspan="3">检查项目</th><th colspan="2">检查结果</th><th>处理方法</th></tr>
<tr><td rowspan="19">启动机</td><td colspan="2">电磁开关</td><td colspan="2">好 □　坏 □</td><td rowspan="3">好:继续使用
坏:更换总成</td></tr>
<tr><td colspan="2">单向离合器</td><td colspan="2">好 □　坏 □</td></tr>
<tr><td colspan="2">传动机构齿圈</td><td colspan="2">好 □　坏 □</td></tr>
<tr><td rowspan="3">点火线圈
高压缸线</td><td>有无破损</td><td colspan="2">有 □　无 □</td><td rowspan="3">有:处理或更换
无:继续使用</td></tr>
<tr><td>绝缘皮老化</td><td colspan="2">有 □　无 □</td></tr>
<tr><td>绝缘皮龟裂</td><td colspan="2">有 □　无 □</td></tr>
<tr><td rowspan="7">火花塞
外观</td><td>积炭</td><td colspan="2">有 □　无 □</td><td rowspan="7">有:处理或更换
无:继续使用</td></tr>
<tr><td>淹缸</td><td colspan="2">有 □　无 □</td></tr>
<tr><td>机油浸入</td><td colspan="2">有 □　无 □</td></tr>
<tr><td>中央电极烧损</td><td colspan="2">有 □　无 □</td></tr>
<tr><td>侧电极烧损</td><td colspan="2">有 □　无 □</td></tr>
<tr><td>过度燃烧</td><td colspan="2">有 □　无 □</td></tr>
<tr><td>绝缘体破裂</td><td colspan="2">有 □　无 □</td></tr>
<tr><td rowspan="5">火花塞
间隙</td><th>气缸数</th><th>标准值</th><th>测量值</th><th>处理方法</th></tr>
<tr><td>1 缸</td><td>0.9～1.1 mm</td><td></td><td rowspan="4">不在范围内:处理或更换
在范围内:继续使用</td></tr>
<tr><td>2 缸</td><td>0.9～1.1 mm</td><td></td></tr>
<tr><td>3 缸</td><td>0.9～1.1 mm</td><td></td></tr>
<tr><td>4 缸</td><td>0.9～1.1 mm</td><td></td></tr>
<tr><td colspan="2">火花塞拧紧力矩</td><td></td><td></td><td></td></tr>
</table>

六、检查

(一)自检

结合本组任务操作过程,对任务执行过程中的操作规范性进行检查,检查操作过程中是否存在以下问题,分析、讨论应如何避免并总结规范的操作方法(表20-4)。

表 20-4　　自检

检查项目	检查结果
拆卸启动机之前是否断开蓄电池负极	是 □　否 □
启动机故障点是否找到，故障是否排除	是 □　否 □
检查点火系统之前是否进行发动机舱内清洁	是 □　否 □
检查过程中是否存在安全隐患	是 □　否 □
点火系统故障点是否找到，故障是否排除	是 □　否 □
工具、设备是否清洁并归位	是 □　否 □

(二)互检

组与组之间相互进行操作过程及结果检查，并把检查结果填写在表 20-5 中。

表 20-5　　互检

检查项目	检查结果
启动系统故障点是否找到，故障是否排除	是 □　否 □
是否对点火线圈、高压缸线、火花塞进行检查	是 □　否 □
点火系统故障点是否找到，故障是否排除	是 □　否 □
工位是否干净、整洁	是 □　否 □

七、课堂小结

微课动画

实操视频

任务二十一 发动机总成分解

<table>
<tr><th colspan="4">汽车发动机机械系统拆装与修理任务工单</th></tr>
<tr><td>发动机信息</td><td>型号</td><td>应用车型</td><td>发动机号</td></tr>
<tr><td>故障信息</td><td colspan="3">顶气门 □ 气缸漏气 □ 气缸拉缸 □ 曲轴抱死 □ 缸体冻裂 □
曲轴断裂 □ 连杆断裂 □ 轴瓦烧毁 □ 烧机油 □ 缸垫漏气 □
敲缸异响 □ 正时传动带断裂 □
其他：</td></tr>
<tr><th colspan="4">大修发动机</th></tr>
<tr><th>工作内容</th><th colspan="3">具体项目</th></tr>
<tr><td>发动机拆检工艺 □</td><td colspan="3"></td></tr>
<tr><td>配气机构大修工艺 □</td><td colspan="3"></td></tr>
<tr><td>曲柄连杆机构大修工艺 □</td><td colspan="3"></td></tr>
<tr><td>发动机总装工艺 □</td><td colspan="3"></td></tr>
</table>

- 能够通过查阅维修手册制订相应的工作计划
- 能够使用维修手册掌握发动机总装流程
- 能够使用维修手册查阅发动机相关机械部件的标准参数
- 能够对总装的发动机进行性能评价
- 能够团结协作,与其他同学共同完成发动机总装的各个项目
- 能够正确、完整地填写项目单

任务内容

- 判断发动机机械系统故障原因
- 使用工具正确拆装发动机及其零部件
- 准确测量发动机部件尺寸并清洗
- 查阅维修手册制定发动机维修方案

- 发动机分解流程及方法
- 发动机附件的检查

- 发动机分解流程及方法

一、知识讲解

(一)发动机附件的拆卸

1.发动机大修的注意事项

(1)发动机分解顺序。拆卸发动机附件并检查,包括除气缸体与气缸盖以外的所有部件,然后分解、检查气缸体与气缸盖。

(2)发动机拆卸时的注意事项。首先,拆卸发动前必须固定发动机并且发动机内无润滑油、冷却液。其次,拆卸下来的螺栓、螺母、垫片等应根据其所在位置和作用,与拆下的部件放在一起,方便安装。

2.发动机附件的拆卸顺序(表21-1)

表21-1　　发动机附件的拆卸步骤

拆卸顺序	拆卸步骤
	拆卸凸轮轴位置传感器、曲轴位置传感器、节气门开度传感器、进气温度传感器、爆震传感器、水温传感器和氧传感器
	拆卸排气歧管
	拆卸点火模块总成
	拆卸上进气歧管
	拆卸节气门总成、增压总成控制盒
	拆卸硅油耦合器
	拆卸燃油共轨、燃油压力调节器、喷油器

续表

拆卸顺序	拆卸步骤
	拆卸发电机、转向助力泵及支架
	拆卸下进气歧管
	拆卸空调压缩机
	拆卸上、中、下正时传动带罩壳
	拆卸机油滤清器和机油尺
	拆卸水泵、正时传动带、凸轮轴传动带轮和曲轴传动带轮
	拆卸气缸罩盖、气缸罩盖密封垫
	拆卸挡油器、气缸盖总成、气缸衬垫

(二)发动机附件的检查项目

检查拆卸下来的螺栓螺纹是否损坏,垫片是否开裂、严重磨损、变形;检查进气歧管、排气歧管、喷油器、燃油压力调节器、燃油共轨、点火线圈控制模块总成、高压缸线、机油滤清器、气缸罩盖垫片、气缸盖垫片等。

二、任务准备

在下列图片中勾选出完成本任务所需的工具、设备、资料等。

工具车	工具套装	火花塞套筒扳手
吸尘枪	维修手册	发动机实训设备

三、防护措施

(1)进入车间应穿工作鞋、戴工作帽;工作服应整洁、无破损;操作时不可佩戴手表等金属饰品，以防划伤车辆表面。

（2）总装发动机时，应严格按照维修手册中的要求进行操作，以免损坏零部件。

（3）正确使用维修工具，以免造成发动机不必要的损坏。

四、任务分配

任务分配见表 21-2。

表 21-2　　任务分配

职务	代码	姓名	工作内容
组长	A		监督、管理组员工作
组员	B		准备实训所需车辆及设备
	C		
	D		准备实训所需工具及资料
	E		

五、任务实施

（一）操作流程

完成表 21-3 中每个工作步骤对应工作内容的填写。

表 21-3　　操作步骤

工作步骤	项目工作	内容
1	拆卸发动机线束及各传感器	（1）拆卸发动机线束
2	拆卸冷却系统、燃油供给系统及进气与排气系统附件	（1）拆卸水管
3	拆卸并检查发电机传动带及相关附件	（1）取下多楔带并检查传动带有无老化、裂纹等现象
4	拆卸并检查正时传动带及相关附件	（1）拆卸正时传动带张紧轮，取下传动带并对张紧轮和传动带进行检查 （2）拆卸发动机水泵并检查水泵是否转动自如，有无卡滞现象，叶轮有无裂纹、断裂现象
5	拆卸并检查润滑系统、启动系统与点火系统附件	（1）拆卸机油尺和机油尺座

续表

工作步骤	项目工作	内容
6	分解配气机构与曲柄连杆机构	(1)拆卸气缸罩盖并检查其有无变形、裂纹等损伤

(二)实施记录

对发动机附件进行拆卸与检查,并完成表 21-4 的填写。

表 21-4　　拆卸与检查发动机附件的项目单

<table>
<tr><th colspan="3">检查项目</th><th colspan="2">是否开裂</th><th colspan="2">是否脏污</th><th>处理方式</th></tr>
<tr><td rowspan="5">进、排气系统附件检查</td><td colspan="2">节气门体</td><td colspan="2">是 □ 否 □</td><td colspan="2">是 □ 否 □</td><td>维修 □ 更换 □ 继续使用 □</td></tr>
<tr><td colspan="2">进气歧管</td><td colspan="2">是 □ 否 □</td><td colspan="2">是 □ 否 □</td><td>维修 □ 更换 □ 继续使用 □</td></tr>
<tr><td colspan="2">进气歧管垫片</td><td colspan="2">是 □ 否 □</td><td colspan="2">是 □ 否 □</td><td>维修 □ 更换 □ 继续使用 □</td></tr>
<tr><td colspan="2">排气歧管</td><td colspan="2">是 □ 否 □</td><td colspan="2">是 □ 否 □</td><td>维修 □ 更换 □ 继续使用 □</td></tr>
<tr><td colspan="2">排气歧管垫片</td><td colspan="2">是 □ 否 □</td><td colspan="2">是 □ 否 □</td><td>维修 □ 更换 □ 继续使用 □</td></tr>
<tr><td rowspan="7">燃油系统附件检查</td><td colspan="2">燃油压力调节器</td><td colspan="2">是 □ 否 □</td><td colspan="2">是 □ 否 □</td><td>维修 □ 更换 □ 继续使用 □</td></tr>
<tr><td colspan="2">燃油共轨</td><td colspan="2">是 □ 否 □</td><td colspan="2">是 □ 否 □</td><td>维修 □ 更换 □ 继续使用 □</td></tr>
<tr><th colspan="2">喷油器</th><th colspan="2">60 s 2 400 次喷油量</th><th colspan="2">喷油雾化是否正常</th><th>处理方式</th></tr>
<tr><td colspan="2">1 缸喷油器</td><td colspan="2"></td><td colspan="2">是 □ 否 □</td><td>继续使用 □ 更换 □</td></tr>
<tr><td colspan="2">2 缸喷油器</td><td colspan="2"></td><td colspan="2">是 □ 否 □</td><td>继续使用 □ 更换 □</td></tr>
<tr><td colspan="2">3 缸喷油器</td><td colspan="2"></td><td colspan="2">是 □ 否 □</td><td>继续使用 □ 更换 □</td></tr>
<tr><td colspan="2">4 缸喷油器</td><td colspan="2"></td><td colspan="2">是 □ 否 □</td><td>继续使用 □ 更换 □</td></tr>
<tr><th colspan="3">检查项目</th><th colspan="2">是否破损</th><th colspan="2">电阻值</th><th>处理方式</th></tr>
<tr><td rowspan="9">点火系统检查</td><td rowspan="4">点火线圈</td><td>1 缸</td><td colspan="2">是 □ 否 □</td><td colspan="2"></td><td>维修 □ 更换 □ 继续使用 □</td></tr>
<tr><td>2 缸</td><td colspan="2">是 □ 否 □</td><td colspan="2"></td><td>维修 □ 更换 □ 继续使用 □</td></tr>
<tr><td>3 缸</td><td colspan="2">是 □ 否 □</td><td colspan="2"></td><td>维修 □ 更换 □ 继续使用 □</td></tr>
<tr><td>4 缸</td><td colspan="2">是 □ 否 □</td><td colspan="2"></td><td>维修 □ 更换 □ 继续使用 □</td></tr>
<tr><td rowspan="4">高压缸线</td><td>1 缸</td><td colspan="2">是 □ 否 □</td><td colspan="2"></td><td>维修 □ 更换 □ 继续使用 □</td></tr>
<tr><td>2 缸</td><td colspan="2">是 □ 否 □</td><td colspan="2"></td><td>维修 □ 更换 □ 继续使用 □</td></tr>
<tr><td>3 缸</td><td colspan="2">是 □ 否 □</td><td colspan="2"></td><td>维修 □ 更换 □ 继续使用 □</td></tr>
<tr><td>4 缸</td><td colspan="2">是 □ 否 □</td><td colspan="2"></td><td>维修 □ 更换 □ 继续使用 □</td></tr>
<tr><td colspan="2">点火控制模块</td><td colspan="2">是 □ 否 □</td><td colspan="2"></td><td>维修 □ 更换 □ 继续使用 □</td></tr>
<tr><th colspan="3">检查项目</th><th>是否开裂</th><th colspan="2">是否严重磨损</th><th>是否脏污</th><th>处理方式</th></tr>
<tr><td rowspan="4">传动带与垫片检查</td><td colspan="2">气缸罩盖垫片</td><td>是 □ 否 □</td><td colspan="2">是 □ 否 □</td><td>是 □ 否 □</td><td>继续使用 □ 更换 □</td></tr>
<tr><td colspan="2">气缸垫片</td><td>是 □ 否 □</td><td colspan="2">是 □ 否 □</td><td>是 □ 否 □</td><td>继续使用 □ 更换 □</td></tr>
<tr><td colspan="2">正时传动带</td><td>是 □ 否 □</td><td colspan="2">是 □ 否 □</td><td>是 □ 否 □</td><td>继续使用 □ 更换 □</td></tr>
<tr><td colspan="2">发电机传动带</td><td>是 □ 否 □</td><td colspan="2">是 □ 否 □</td><td>是 □ 否 □</td><td>继续使用 □ 更换 □</td></tr>
</table>

续表

检查项目		是否开裂		是否脏污	处理方式
传感器检查	凸轮轴位置传感器	是 □　否 □	是 □　否 □	是 □　否 □	继续使用 □　更换 □
	曲轴位置传感器	是 □　否 □	是 □　否 □	是 □　否 □	继续使用 □　更换 □
	机油压力传感器	是 □　否 □	是 □　否 □	是 □　否 □	继续使用 □　更换 □
	机油液位传感器	是 □　否 □	是 □　否 □	是 □　否 □	继续使用 □　更换 □
	喷油器电源线	是 □　否 □	是 □　否 □	是 □　否 □	继续使用 □　更换 □

检查项目		工作情况	处理方式
启动机与节温器检查	节温器	打开温度：________ ℃	继续使用 □　更换 □
	启动机	工作是否良好：是 □　否 □	继续使用 □　更换 □

六、检查

（一）自检

结合本组任务操作过程，对任务执行过程中的操作规范性进行检查，检查操作过程中是否存在以下问题，分析、讨论应如何避免并总结规范的操作方法（表 21-5）。

表 21-5　　　　自检

检查项目	检查结果
拆卸机件时是否存在安全隐患	是 □ 否 □
拆卸机件时是否存在遇到难拆部件用蛮力将其强行拆下的现象	是 □ 否 □
拆卸有规定顺序的螺栓时是否遵循其顺序拆卸	是 □ 否 □
是否将垫片和螺栓整齐地摆放在机件旁边	是 □ 否 □
检查项目是否全部完成	是 □ 否 □
检查过程中是否对工具、量具或设备造成损坏	是 □ 否 □
工作台上是否有大量油污未清理	是 □ 否 □
工具、设备是否整理归位	是 □ 否 □

（二）互检

组与组之间相互进行操作过程及结果检查，并把检查结果填写在表 21-6 中。

表 21-6　　　　互检

检查项目	检查结果
所有附件是否全部拆下	是 □　否 □
是否将垫片和螺栓整齐地摆放在机件旁边	是 □　否 □
项目单是否按要求完成	是 □　否 □
检查结果与实际情况是否偏差过大	是 □　否 □
工作台上是否有大量油污未清理	是 □　否 □
工具、设备是否整理归位	是 □　否 □

七、课堂小结

任务二十二 配气机构检修工艺

<table>
<tr><th colspan="4">汽车发动机机械系统拆装与修理任务工单</th></tr>
<tr><td>发动机信息</td><td>型号</td><td>应用车型</td><td>发动机号</td></tr>
<tr><td>故障信息</td><td colspan="3">顶气门 □ 气缸漏气 □ 气缸拉缸 □ 曲轴抱死 □ 缸体冻裂 □
曲轴断裂 □ 连杆断裂 □ 轴瓦烧毁 □ 烧机油 □ 缸垫漏气 □
敲缸异响 □ 正时传动带断裂 □
其他：</td></tr>
<tr><th colspan="4">大修发动机</th></tr>
<tr><th>工作内容</th><th colspan="3">具体项目</th></tr>
<tr><td>发动机拆检工艺 □</td><td colspan="3"></td></tr>
<tr><td>配气机构大修工艺 □</td><td colspan="3"></td></tr>
<tr><td>曲柄连杆机构大修工艺 □</td><td colspan="3"></td></tr>
<tr><td>发动机总装工艺 □</td><td colspan="3"></td></tr>
</table>

- 能够准确地对发动机配气机构进行分解、检查和测量
- 能够严格按照发动机组装工艺完成配气机构的组装

- 对发动机配气机构进行分解
- 对发动机配气机构各元件进行检测
- 对检查完毕的配气机构进行组装

- 发动机配气机构的分解
- 发动机配气机构的检查与测量
- 发动机配气机构的组装

- 发动机配气机构的检查与测量
- 发动机配气机构组装工艺

一、知识讲解

(一)配气机构的分解

1.配气机构的分解步骤

(1)使用抹布清洁气缸盖。

(2)使用 T30 套筒、长接杆、棘轮,均匀地拆下各凸轮轴轴瓦盖,并按安装顺序摆放好。

(3)取下凸轮轴,并用磁力棒取下液压挺柱,按顺序摆放整齐。

(4)使用气门拆装工具分解气门组,并将分解完的气门组按照安装位置摆放好。

2.配气机构分解的注意事项

(1)拆下来的凸轮轴轴承盖,应按安装顺序进行摆放,液压挺柱应按安装位置摆放。

(2)拆卸下来的气门锁片应放到固定容器中,防止遗失。

(3)使用气门弹簧压缩器拆卸气门时,一定要将气门弹簧压缩器安装到位。

(4)拆下的气门应按照安装位置摆放,或在每个气门上做相应的安装位置标记。

(5)选用气门弹簧压缩器的上、下压头时,应与气缸盖上的气门孔径相匹配,防止划伤气缸盖。

(6)拆卸下来的气门油封必须更换新品。

(二)配气机构的组装

组装配气机构的注意事项如图 22-1 所示。

(1)安装气门锁片时,使用小号一字旋具蘸取润滑脂粘住锁片,可提高装配效率,如图 22-1(a) 所示。

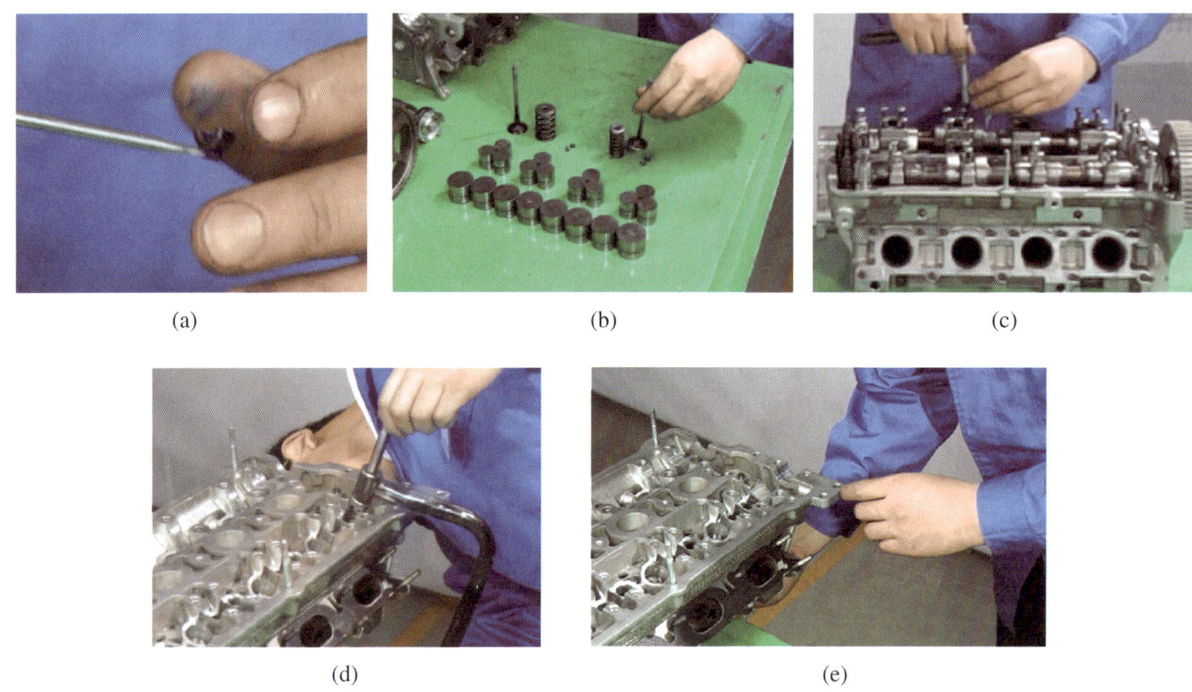

图 22-1　组装配气机构的注意事项

(2)安装气门时，必须将气门安装回原来的安装位置或配合好的气门座圈内，以防密封不严，如图 22-1(b)所示。

(3)安装凸轮轴轴承盖时，应按顺序分多次拧紧，防止凸轮轴受力不均产生弯曲，并按规定力矩拧紧，如图 22-1(c)所示。

(4)使用气门弹簧压缩器安装气门时，不能将气门弹簧压缩得过大，否则可能会导致安装困难，如图 22-1(d)所示。

(5)组装各元件之前应先用汽油清洗干净，并用高压空气吹干，如图 22-1(e)所示。

二、任务准备

在下列图片中勾选出完成本任务所需的工具、设备、资料等。

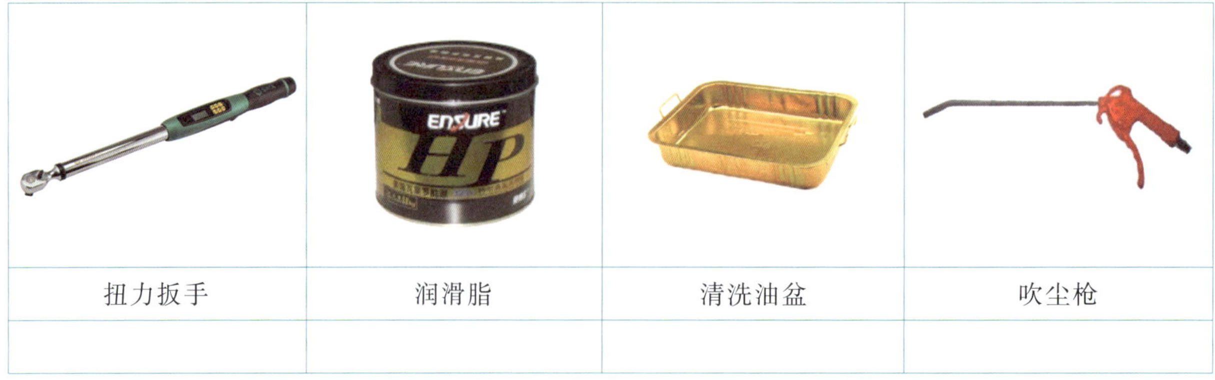

扭力扳手	润滑脂	清洗油盆	吹尘枪

带磁力表座的百分表	工具车	工具套件	抹布
气门油封拆卸钳	气门弹簧压缩器	润滑油滴壶	塞尺
刀口尺	V 形架	46 件套筒组	旋具套件
工作台	维修手册	发动机实训设备	

三、防护措施

(1)进入车间应穿工作鞋、戴工作帽;工作服应整洁、无破损;操作时不可佩戴手表等金属饰品,以防划伤车辆表面。

(2)拆卸与组装配气机构时,应严格按照维修手册中的要求进行操作,以免损坏零部件。

(3)正确使用维修工具,以免造成发动机不必要的损坏。

四、任务分配

任务分配见表 22-1。

表 22-1　任务分配

职务	代码	姓名	工作内容
组长	A		监督、管理组员工作
组员	B		准备实训所需车辆及设备
	C		
	D		准备实训所需工具及资料
	E		

五、任务实施

(一)操作流程

完成表 22-2 中每个工作步骤对应工作内容的排序。

表 22-2　操作步骤

工作步骤	项目	工作内容
1	分解与清洗配气机构	(1)使用工具拆卸凸轮轴轴承盖,并将拆卸下来的轴承盖按安装位置摆放 ( )拆下所有气门导管油封 ( )使用气门弹簧压缩器拆卸各气门,并将拆下的气门及气门弹簧按安装位置摆放整齐,将所有气门锁片放在专门的容器中,以防丢失 ( )使用磁力棒拆下所有气门液压挺柱,并按照安装位置摆放整齐 (5)使用航空煤油或汽油清洗配件,并重新按安装位置摆放好
2	检查气门组	(1)使用游标卡尺检查气门高度及气门平顶直径,使用外径千分尺检查气门杆直径 (2)检查气门杆与气门导管之间的间隙是否正常 (3)使用直角尺检查气门弹簧有无弯曲或扭曲变形 (4)使用游标卡尺检查所有气门弹簧高度是否一致
3	检查气缸盖	(1)使用刀口尺及塞尺检查气缸盖平面度 ( )使用渗漏法或画线法检查气门密封性是否良好 ( )检查气缸体有无裂纹等损伤
4	检查凸轮轴	( )测量凸轮轴弯曲度与各个轴承轴颈的磨损程度 ( )使用外径千分尺检查液压挺柱的磨损程度 (3)将凸轮轴安装到气缸盖上,并用规定力矩拧紧凸轮轴轴承盖 (4)使用百分表与磁力表座检查凸轮轴轴向间隙是否正常

续表

工作步骤	项目	工作内容
5	组装配气机构	(1)安装新的气门导管油封,并将各气门安装到气缸盖上 (2)将液压挺柱安装到气缸盖上 (3)将凸轮轴安装到气缸盖上并使用规定力矩拧紧

(二)实施记录

完成配气机构的检查与测量,将检查与测量结果填入表 22-3 和表 22-4 中。

表 22-3　　检查与测量凸轮轴的项目单　　mm

项目	凸轮轴径向圆跳动极限值	凸轮轴最大径向跳动量	在合适的选项中打"√"		
			校正	更换	继续使用
进气凸轮	0.02	0.01			
排气凸轮	0.02	0.01			
液压挺柱	是否需要更换		是 □ 否 □		

表 22-4　　检查与测量气门组的项目单　　mm

项目	测量值	处理意见
测量气门杆端面磨损		更换 □ 继续使用 □
		更换 □ 继续使用 □
测量气门杆直径磨损		更换 □ 继续使用 □
		更换 □ 继续使用 □
测量气门平顶直径磨损		更换 □ 继续使用 □
		更换 □ 继续使用 □
测量气门与导管之间的配合间隙		更换 □ 继续使用 □
		更换 □ 继续使用 □
测量气门弹簧自由长度		更换 □ 继续使用 □
		更换 □ 继续使用 □
测量气门弹簧弯曲或扭曲变形		更换 □ 继续使用 □
		更换 □ 继续使用 □

六、检查

(一)自检

结合本组任务操作过程,对任务执行过程中的操作规范性进行检查,检查操作过程中是否存在以下问题,分析、讨论应如何避免并总结规范的操作方法(表 22-5)。

表 22-5　　自检

检查项目	检查结果
所有检查项目是否顺利完成	是 □　否 □
检查过程中是否存在安全隐患	是 □　否 □
对检查结果的处理是否得当	是 □　否 □
工具是否摆放整齐、归位	是 □　否 □

(二)互检

组与组之间相互进行操作过程及结果检查,并把检查结果填写在表 22-6 中。

表 22-6　　互检

检查项目	检查结果
所有检查项目是否顺利完成	是 □　否 □
对检查结果的处理是否得当	是 □　否 □
工具是否摆放整齐、归位	是 □　否 □

七、课堂小结

任务二十三 曲柄连杆机构检修工艺

<table>
<tr><th colspan="4">汽车发动机机械系统拆装与修理任务工单</th></tr>
<tr><td>发动机信息</td><td>型号</td><td>应用车型</td><td>发动机号</td></tr>
<tr><td>故障信息</td><td colspan="3">顶气门 □ 气缸漏气 □ 气缸拉缸 □ 曲轴抱死 □ 缸体冻裂 □
曲轴断裂 □ 连杆断裂 □ 轴瓦烧毁 □ 烧机油 □ 缸垫漏气 □
敲缸异响 □ 正时传动带断裂 □
其他：</td></tr>
<tr><th colspan="4">大修发动机</th></tr>
<tr><th>工作内容</th><th colspan="3">具体项目</th></tr>
<tr><td>发动机拆检工艺 □</td><td colspan="3"></td></tr>
<tr><td>配气机构大修工艺 □</td><td colspan="3"></td></tr>
<tr><td>曲柄连杆机构大修工艺 □</td><td colspan="3"></td></tr>
<tr><td>发动机总装工艺 □</td><td colspan="3"></td></tr>
</table>

- 能够正确地对发动机曲柄连杆机构进行分解
- 能够正确地对发动机气缸体、活塞连杆组、曲轴飞轮组进行检查
- 能够严格按照发动机组装工艺完成曲柄连杆机构的组装

任务内容

- 发动机曲柄连杆机构的分解及注意事项
- 测量发动机部件尺寸
- 发动机曲柄连杆机构的组装工艺

任务重点

- 发动机曲柄连杆机构的分解
- 发动机曲柄连杆机构的检查
- 发动机曲柄连杆机构的组装工艺

- 发动机曲柄连杆机构的检查
- 发动机曲柄连杆机构的组装工艺

一、知识讲解

(一)曲柄连杆机构的分解

1.曲柄连杆机构的分解步骤

(1)测量曲轴轴向间隙,如图 23-1(a)所示。

(2)拆卸活塞连杆盖螺栓,如图 23-1(b)所示。

(3)用木槌柄顶出活塞,并按拆装顺序摆放好,如图 23-1(c)所示。

(4)拆卸曲轴轴瓦盖,并按顺序摆放好,如图 23-1(d)所示。

(5)取下曲轴,如图 23-1(e)所示。

(6)检查并清理气缸内壁积炭,如图 23-1(f)所示。

(7)拆卸活塞环的两道气环和一道油环,如图 23-1(g)所示。

(8)取下连杆轴承,如图 23-1(h)所示。

(9)使用卡簧钳拆下活塞销卡簧并取出活塞销,如图 23-1(i)所示。

2.分解曲柄连杆机构的注意事项

(1)将拆下的连杆轴承盖拧到相应的活塞连杆上,然后按照活塞相应的位置顺序摆放。

(2)拆卸曲轴轴承盖时,要按照由外到内并交叉的顺序分多次拧松曲轴轴承盖螺栓。

(3)拆下的轴承盖应按照相应的位置顺序摆放。

(4)用旋具撬曲轴和轴承盖的时候不要用力过大,以免损坏工件表面。

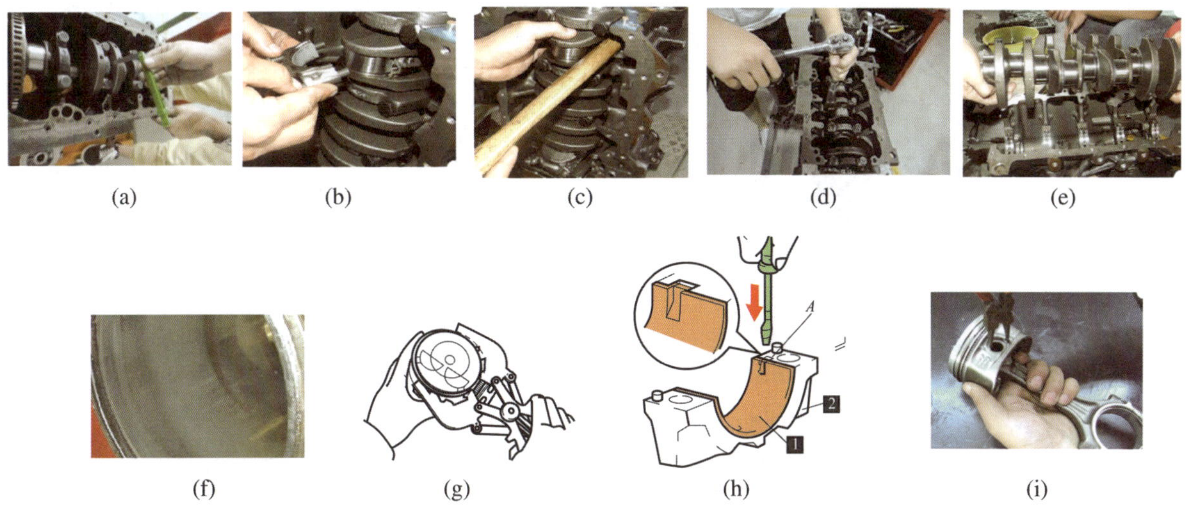

图 23-1　曲轴连杆机构的分解步骤

(二)曲柄连杆机构的检查

曲柄连杆机构的检查见表 23-1。

表 23-1　　曲柄连杆机构的检查

检查项目	图示	检查内容
曲轴弯曲度		将曲轴两端支在平板上的 V 形架上,将百分表触头触及曲轴中间部分的主轴颈,用手慢慢转动曲轴一周,观察百分表指针的变化情况,跳动量大于 0.15 mm 时,说明曲轴弯曲度超出规定值,应进行调整或更改
曲轴 轴颈磨损		用外径千分尺检查主轴颈和连杆轴颈的圆度和圆柱度,各轴颈的圆度和圆柱度应不超过 0.04 mm,表面无损伤时,曲轴可以继续使用。不满足上述条件之一时需进行磨修
活塞与缸筒 之间的间隙		先使用外径千分尺测量活塞裙部直径,然后再使用外径千分尺与量缸表测量气缸缸筒直径,计算出活塞与缸筒之间的油膜间隙
活塞环		活塞环检查主要指活塞环三隙检查和活塞环漏光度检查。活塞环三隙检查包括端隙、侧隙和背隙检查。漏光度检查的主要目的是保证活塞环与气缸壁之间的配合间隙

续表

检查项目	图示	检查内容
气缸体		气缸体的检查主要包括气缸平面度检查和缸筒检查，其中缸筒检查主要是检查气缸的圆度和圆柱度
轴瓦	主轴承定位（在主轴承盖上）	轴瓦的检查主要是检查曲轴主轴瓦和连杆轴瓦有无烧蚀变色情况，检查轴瓦承孔有无过度磨损等现象
连杆衬套过盈量	测量连杆小头内径 测量连杆衬套外径	首先使用外径千分尺测量连杆衬套外径，用内径卡规测量连杆小头内径，最后利用公式计算出连杆衬套过盈量

（三）曲柄连杆机构的组装

组装曲柄连杆机构的注意事项如图 23-2 所示。

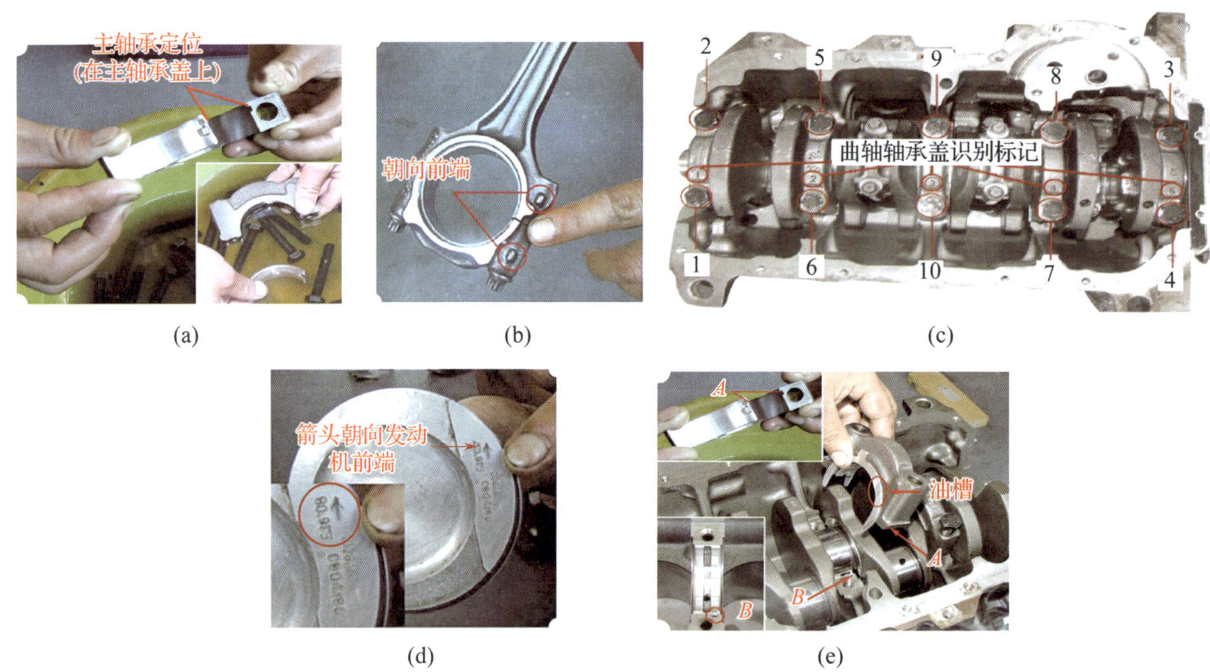

(a) (b) (c) (d) (e)

图 23-2　组装曲柄连杆机构的注意事项

（1）安装轴瓦时应涂抹润滑油，瓦片的定位唇应定位到轴承孔上的槽口上，如图 23-2(a)所示。

（2）安装活塞与连杆时应注意装配标记，连杆大头上的凸点应朝向发动机前端，如图 23-2(b)所示。

(3)曲轴主轴承盖螺栓应按顺序拧紧,如图 23-2(c)所示。

(4)安装活塞与连杆时应注意装配标记,活塞顶部的箭头应朝向发动机前端,如图 23-2(d)所示。

(5)安装主轴承盖时,轴承孔上的槽口应朝向同一边,如图 23-2(e)所示。

二、任务准备

在下列图片中勾选出完成本任务所需的工具、设备、资料等。

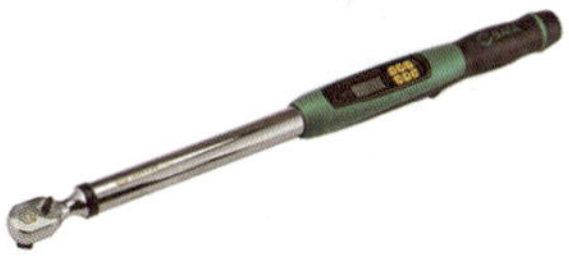			
扭力扳手	V 形架	清洗油盆	吹尘枪
		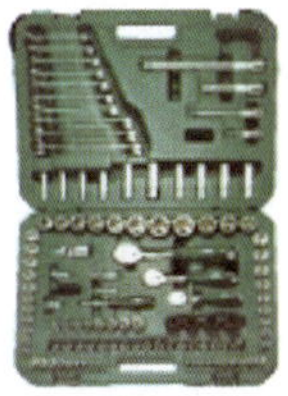	
带磁力表座的百分表	工具车	工具套件	抹布
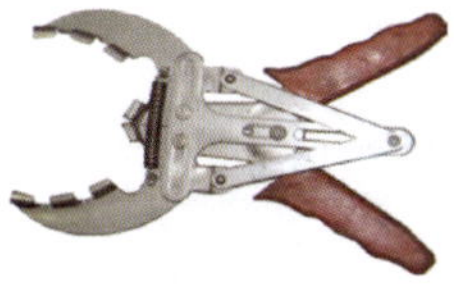	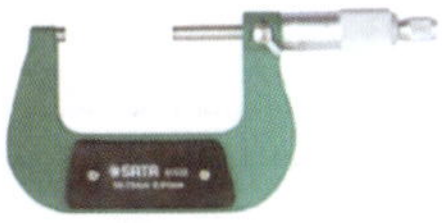		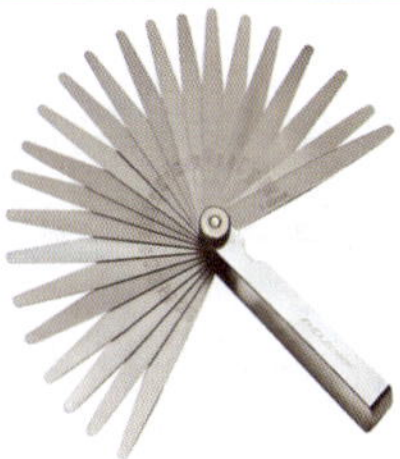
活塞环扩张器	外径千分尺	润滑油滴壶	塞尺
	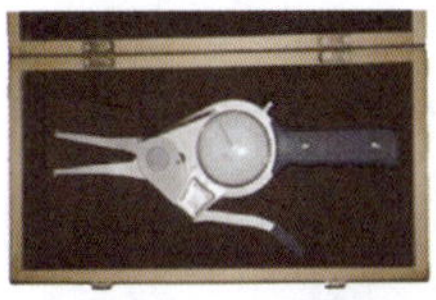		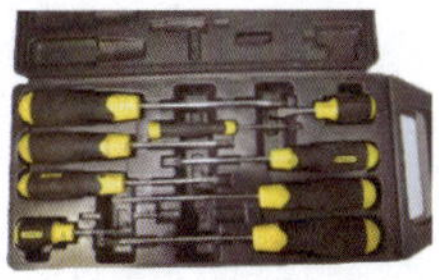
刀口尺	带表内径卡规	量缸表	旋具套件

活塞安装工具	橡胶锤	手电筒	飞轮固定卡具

工作台	维修手册	发动机实训设备

三、防护措施

(1)进入车间应穿工作鞋、戴工作帽;工作服应整洁、无破损;操作时不可佩戴手表等金属饰品,以防划伤车辆表面。

(2)拆卸与组装曲柄连杆机构时,应严格按照维修手册中的要求进行操作,以免损坏零部件。

(3)正确使用维修工具,以免造成发动机不必要的损坏。

四、任务分配

任务分配见表 23-2。

表 23-2 **任务分配**

职务	代码	姓名	工作内容
组长	A		监督、管理组员工作
组员	B		准备实训所需车辆及设备
	C		
	D		准备实训所需工具及资料
	E		

五、任务实施

(一)操作流程

完成表 23-3 中每个工作步骤对应工作内容的排序。

表 23-3 操作步骤

工作步骤	项目	工作内容
1	分解曲柄连杆机构	(1)使用专用工具固定飞轮,并松开飞轮固定螺栓,取下飞轮 ( )取下曲轴并摆放好 ( )拆卸主轴瓦,并按安装顺序摆放 ( )拆卸活塞连杆轴瓦,并将活塞依次摆放 (5)分解活塞连杆组
2	检查活塞连杆组	(1)使用游标卡尺、塞尺等量具测量活塞环三隙是否正常 ( )使用手电筒检查活塞环漏光度 ( )使用外径千分尺、量缸表等工具检查活塞与气缸之间的配合间隙 ( )使用内径卡规与外径千分尺检查活塞销过盈量 (5)检查连杆轴瓦与连杆轴承孔的磨损情况
3	检查气缸体	(1)使用刀口尺与塞尺检查气缸体平面度 ( )使用量缸表及外径千分尺检查气缸圆度与圆柱度 ( )检查气缸体有无裂纹等损伤
4	检查曲轴飞轮组	( )对曲柄连杆机构各元件进行清洗,并使用高压气体吹干 ( )测量曲轴弯曲度与主轴颈、连杆轴颈的圆度和圆柱度 ( )检查主轴瓦和轴承孔的磨损程度 (4)将曲轴安装到气缸体上,并用规定力矩拧紧主轴瓦 (5)使用百分表与磁力表座检查曲轴轴向间隙是否正常 (6)检查飞轮有无缺齿、裂纹等损伤
5	组装曲柄连杆机构	( )组装活塞连杆组 ( )使用活塞环压缩器将活塞连杆组按安装顺序安装到气缸内,并安装连杆盖 ( )将飞轮安装到曲轴上,并将螺栓拧到底 ( )使用专用工具卡住飞轮,按对角线顺序依次拧紧飞轮的固定螺栓

(二)实施记录

结合实施过程,对照表 23-4、表 23-5 和表 23-6 中的检查项目,勾选或填写实际的检查结果。

表 23-4　　检查、测量曲轴飞轮组的实施记录　　mm

检测项目			检测结果				
连杆轴颈	标准值		标准直径	最大磨损量	圆度极限值	圆柱度极限值	
			48.7	0.75	0.04	0.04	
			第一连杆轴颈	第二连杆轴颈	第三连杆轴颈	第四连杆轴颈	
	第一截面	垂直直径					
		水平直径					
		圆度					
	第二截面	垂直直径					
		水平直径					
		圆度					
	圆柱度						
主轴颈	标准值		标准直径	最大磨损量	圆度极限值	圆柱度极限值	
			54	0.75	0.04	0.04	
			第一主轴颈	第二主轴颈	第三主轴颈	第四主轴颈	第五主轴颈
	第一截面	垂直直径					
		水平直径					
		圆度					
	第二截面	垂直直径					
		水平直径					
		圆度					
	圆柱度						
飞轮检查			正常 □　　裂纹 □　　缺齿 □				

表 23-5　　检查、测量活塞连杆组的实施记录　　mm

检测项目			检测结果		
活塞环三隙			侧隙	背隙	端隙
	标准值	第一道气环	0.04～0.10	0～0.35	0.25～0.50
		其他气环	0.03～0.07	0～0.35	0.25～0.50
		油环	0.025～0.07	0～0.35	0.25～0.50
	实际测量值	第一道气环			
		其他气环			
		油环			
	圆柱度				
活塞环漏光度			是否正常：　是 □　　否 □		
活塞销与连杆衬套过盈量		标准值	0.10～0.20		
		测量值			

表 23-6　　检查、测量气缸体的实施记录　　mm

<table>
<tr><td>检测项目</td><td colspan="7">检测结果</td></tr>
<tr><td rowspan="15">气缸内径磨损</td><td colspan="2" rowspan="2">标准值</td><td>标准直径</td><td>最大磨损量</td><td>圆度极限值</td><td colspan="2">圆柱度极限值</td></tr>
<tr><td></td><td></td><td></td><td colspan="2"></td></tr>
<tr><td colspan="2"></td><td>1 缸</td><td>2 缸</td><td>3 缸</td><td colspan="2">4 缸</td></tr>
<tr><td rowspan="4">上截面</td><td>横向直径</td><td></td><td></td><td></td><td colspan="2"></td></tr>
<tr><td>纵向直径</td><td></td><td></td><td></td><td colspan="2"></td></tr>
<tr><td>磨损量</td><td></td><td></td><td></td><td colspan="2"></td></tr>
<tr><td>圆度</td><td></td><td></td><td></td><td colspan="2"></td></tr>
<tr><td rowspan="4">中截面</td><td>横向直径</td><td></td><td></td><td></td><td colspan="2"></td></tr>
<tr><td>纵向直径</td><td></td><td></td><td></td><td colspan="2"></td></tr>
<tr><td>磨损量</td><td></td><td></td><td></td><td colspan="2"></td></tr>
<tr><td>圆度</td><td></td><td></td><td></td><td colspan="2"></td></tr>
<tr><td rowspan="4">下截面</td><td>横向直径</td><td></td><td></td><td></td><td colspan="2"></td></tr>
<tr><td>纵向直径</td><td></td><td></td><td></td><td colspan="2"></td></tr>
<tr><td>磨损量</td><td></td><td></td><td></td><td colspan="2"></td></tr>
<tr><td>圆度</td><td></td><td></td><td></td><td colspan="2"></td></tr>
<tr><td colspan="2">圆柱度</td><td></td><td></td><td></td><td colspan="2"></td></tr>
<tr><td rowspan="3">气缸平面度</td><td colspan="2">标准值</td><td colspan="5">最大变形量不超过 0.10</td></tr>
<tr><td>位置 1</td><td>位置 2</td><td>位置 3</td><td>位置 4</td><td>位置 5</td><td colspan="2">位置 6</td></tr>
<tr><td></td><td></td><td></td><td></td><td></td><td colspan="2"></td></tr>
</table>

六、检查

(一)自检

结合本组任务操作过程,对任务执行过程中的操作规范性进行检查,检查操作过程中是否存在以下问题,分析、讨论应如何避免并总结规范的操作方法(表 23-7)。

表 23-7　　自检

检查项目	检查结果
各紧固螺栓是否按规定力矩拧紧	是 □　否 □
组装发动机部件的顺序是否正确	是 □　否 □
自锁螺栓和气缸垫片是否更换新品	是 □　否 □
安装密封垫片时是否均匀涂抹密封胶	是 □　否 □
实施过程中是否存在安全隐患	是 □　否 □
工具是否摆放整齐,工作台上是否有明显油污	是 □　否 □
检测到的气缸压力值是否符合要求	是 □　否 □

(二)互检

组与组之间进行操作过程及结果检查,并把检查结果填写在表 23-8 中。

表 23-8　　互检

检查项目	检查结果
是否按照规定力矩拧紧螺栓	是 □　否 □
各附件是否安装到位	是 □　否 □
工具是否摆放整齐,工作台上是否有明显油污	是 □　否 □
检测到的气缸压力值是否符合要求	是 □　否 □

七、课堂小结

任务二十四 发动机总装工艺

<table>
<tr><th colspan="6">汽车发动机机械系统拆装与修理任务工单</th></tr>
<tr><td>发动机信息</td><td colspan="2">型号</td><td colspan="2">应用车型</td><td>发动机号</td></tr>
<tr><td>故障信息</td><td colspan="5">顶气门 □ 气缸漏气 □ 气缸拉缸 □ 曲轴抱死 □ 缸体冻裂 □
曲轴断裂 □ 连杆断裂 □ 轴瓦烧毁 □ 烧机油 □ 缸垫漏气 □
敲缸异响 □ 正时传动带断裂 □
其他：</td></tr>
<tr><th colspan="6">大修发动机</th></tr>
<tr><th colspan="2">工作内容</th><th colspan="4">具体项目</th></tr>
<tr><td colspan="2">发动机拆检工艺 □</td><td colspan="4"></td></tr>
<tr><td colspan="2">配气机构大修工艺 □</td><td colspan="4"></td></tr>
<tr><td colspan="2">曲柄连杆机构大修工艺 □</td><td colspan="4"></td></tr>
<tr><td colspan="2">发动机总装工艺 □</td><td colspan="4"></td></tr>
</table>

- 能够正确使用维修手册，掌握发动机的总装流程
- 能够正确使用维修手册，查阅发动机相关机械部件的标准参数
- 能够对总装的发动机进行性能评价
- 能够与其他同学共同完成发动机总装的各个项目
- 能够正确、完整地填写项目单

任务内容

- 安装发动机及其零部件
- 测量发动机部件尺寸并清洗部件
- 查阅维修手册，制定发动机维修方案

任务重点

- 发动机总装流程
- 发动机总装工艺
- 发动机大修竣工检验方法

- 发动机总装工艺
- 发动机大修竣工检验方法

一、知识讲解

（一）组装发动机的注意事项

（1）确保各密封部位的密封，防止漏水、漏油、漏气、漏电，对重要的密封部位应涂抹密封胶。

（2）装配时尽量使用专用工具，作业过程中不得直接用锤子击打零部件，必要时应垫上铜棒等。

（3）各部件的紧固螺栓、螺母应按规定力矩拧紧，拧紧过程中若有裂纹或变形，应立即更换。

（4）严格按照维修手册中要求的装配工艺进行装配作业，各部位的配合应符合技术要求。

（5）安装发动机齿形传动带轮时必须对好正时。

（二）发动机大修总装检验

发动机大修竣工总装工艺最有效的验证方法是检查发动机的气缸压力。通过气缸压力可以判断出组装过程中有无漏气和正时错位等现象。另外，还应使用水箱压力测试仪检测冷却系统的密封性能。

气缸压力的检测步骤见表 24-1。

表 24-1 气缸压力的检测步骤

工作步骤	工作内容
1	组装气缸压力表
2	检查表头压力是否已归零
3	将接头旋入待测气缸火花塞座孔处
4	拔掉燃油泵熔丝或继电器
5	将加速踏板踩到底，保证节气门全开，同时转动点火开关，使启动机运转 3～5 s，待气缸压力表指针指示并保持最大压力后停止，同时记下读数。按下单向阀使压力表读数归 0，再次测量该气缸的压力，与上一次压力值取平均值
6	检查维修手册，各缸压力应为 900～1 400 kPa，各缸压力差不能大于 300 kPa

二、任务准备

在下列图片中勾选出完成本任务所需的工具、设备、资料等。

扭力扳手	密封胶	三件套	吹尘枪
工具车	工具套件	气缸压力表	火花塞套筒扳手
发动机吊架	维修手册	发动机实训设备	实训车辆

三、防护措施

(1)进入车间应穿工作鞋、戴工作帽;工作服应整洁、无破损;操作时不可佩戴手表等金属饰品,以防划伤车辆表面。

(2)总装发动机时,应严格按照维修手册中的要求进行操作,以免损坏零部件。

(3)正确使用维修工具,以免造成发动机不必要的损坏。

四、任务分配

任务分配见表24-2。

表 24-2　任务分配

职务	代码	姓名	工作内容
组长	A		监督、管理组员工作
组员	B		准备实训所需车辆及设备
	C		
	D		准备实训所需工具及资料
	E		

五、任务实施

(一)操作流程

完成表24-3中每个工作步骤对应工作内容的排序。

表 24-3　操作步骤

工作步骤	项目	工作内容
1	组装发动机	(1)将气缸体固定到发动机实训设备上 (2)在气缸体接触面上均匀地涂上密封胶 (3)在曲轴前端盖上涂抹密封胶,并将其安装到发动机前端 (4)在气缸垫两面涂抹密封胶,将其按照正确位置摆放好 ( )将气缸盖固定螺栓按照正确位置进行安装 ( )按照结构特征将气缸盖安放在气缸体上 ( )将气缸罩盖安装在气缸盖上,并将其固定螺栓拧紧 ( )将气缸罩盖衬垫安装在气缸盖上,并在衬垫两面涂抹密封胶

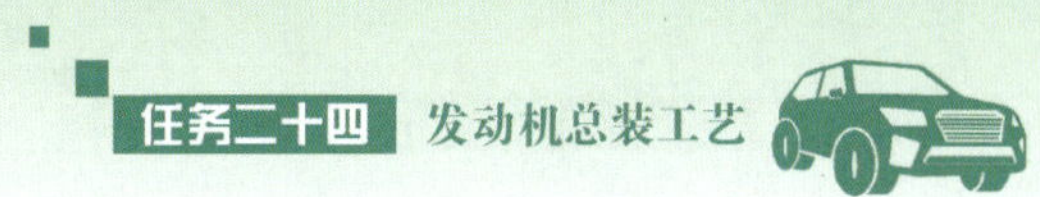

续表

工作步骤	项目	工作内容
2	安装发动机附件	( )将更换了新的密封垫的机油滤清器座安装好 ( )将进水管座涂抹密封胶后安装到发动机气缸体上 ( )安装机油滤清器 ( )将节温器及密封垫安装到发动机气缸体上 ( )安装发动机后方的出水管座和水温传感器 ( )安装、固定发电机、硅油耦合器、转向助力泵的支架，并安装发电机和硅油耦合器 ( )在水泵密封圈位置涂抹一圈润滑油，将水泵安装在发动机气缸体上
3	安装发动机 正时传动带	( )安装正时传动带中部罩盖和上部罩盖 ( )安装发动机正时传动带及正时传动带下罩盖 ( )安装发动机曲轴前端多楔带轮 ( )挂好正时传动带并用张紧轮张紧，用 23 N·m 的力矩紧固张紧轮 ( )转动曲轴两圈，检查正时传动带安装是否正确 ( )对准发动机凸轮轴传动带轮和曲轴传动带轮正时标记
4	安装发动机进、排气 歧管及其他系统配件	(1)安装发电机多楔带轮张紧器 ( )安装发动机喷油器支架并用固定螺栓固定 ( )安装发动机进气歧管 ( )安装发电机多楔带 ( )安装发动机冷却液管并用卡箍固定 (6)安装并固定机油尺 (7)安装发动机排气歧管
5	安装发动机各个 传感器并将发动机 装复到车上	( )安装各个传感器并用固定螺栓固定 ( )使用发动机吊架将发动机吊入发动机舱，并用连接螺栓与变速器连接在一起 ( )安装启动机并使用规定力矩拧紧 ( )放下发动机吊架并固定发动机支撑 ( )将所有线束插接器与相应的传感器和执行器连接起来，并固定牢靠 ( )安装发动机进气总管与空气滤清器
6	测量气缸压力	(1)启动发动机使发动机达到正常工作温度，并保证蓄电池电量充足 ( )将加速踏板踩到底并启动发动机，3～5 s 后读取气缸压力表数据 ( )拔下油泵熔丝，断开点火线圈插头 (4)组装气缸压力表，并将其安装到 1 缸上 ( )清洁发动机舱并拆下火花塞 (6)重复测量步骤，分别测出 4 个气缸的压力值 (7)对比测量出的数

(二)实施记录

查阅维修手册,将螺栓拧紧力矩填写在表 24-4 中。

表 24-4　　实施记录

名称	固定螺栓拧紧力矩	名称	固定螺栓拧紧力矩
曲轴齿形传动带轮		正式传动带罩壳	
曲轴多楔带轮		气缸罩盖	
发电机		凸轮轴齿形传动带轮	
硅油耦合器		冷却液温度传感器	
风扇叶轮与硅油耦合器		凸轮轴传感器	
转向助力泵		气缸盖	
空调压缩机		发电机张紧轮	
水泵			

查阅维修手册,对照实际检测情况填写表 24-5。

表 24-5　　检测气缸压力的实施记录　　kPa

测量数值	标准数值	处理结果
1 缸压力值	>750 或<1 400	正常使用 □
	<750	维修 □
2 缸压力值	>750 或<1 400	正常使用 □
	<750	维修 □
3 缸压力值	>750 或<1 400	正常使用 □
	<750	维修 □
4 缸压力值	>750 或<1 400	正常使用 □
	<750	维修 □
各缸压力允许偏差最大不能超过 300		
最大缸压	最小缸压	缸压偏差

六、检查

(一)自检

结合本组任务操作过程,对任务执行过程中的操作规范性进行检查,检查操作过程中是否存在以下问题,分析、讨论应如何避免并总结规范的操作方法(表 24-6)。

表 24-6　　自检

检查项目	检查结果
实施过程中各紧固螺栓是否按规定力矩拧紧	是 □ 否 □
组装发动机部件的顺序是否正确	是 □ 否 □
自锁螺栓和气缸垫片是否更换新品	是 □ 否 □
安装密封垫片时是否均匀涂抹密封胶	是 □ 否 □
实施过程中是否存在安全隐患	是 □ 否 □
工具是否摆放整齐,工作台上是否有明显油污	是 □ 否 □
检测到的气缸压力值是否符合要求	是 □ 否 □

(二)互检

组与组之间相互进行操作过程及结果检查,并把检查结果填写在表 24-7 中。

表 24-7　　互检

检查项目	检查结果
是否按照规定力矩拧紧螺栓	是 □ 否 □
各附件是否安装到位	是 □ 否 □
工具是否摆放整齐,工作台上是否有明显油污	是 □ 否 □
检测到的气缸压力值是否符合要求	是 □ 否 □

七、课堂小结

微课动画

实操视频